Anatomy of Failure: Why America Loses Every War It Starts
Harlan Ullman

アメリカはなぜ戦争に負け続けたのか

ハーラン・ウルマン
中本義彦【監修】 田口未和【訳】

歴代大統領と失敗の戦後史

中央公論新社

はじめに

冷戦が正式に終結した一九九一年から現在まで、アメリカはじつにその三分の二を超える年月を、戦争、あるいは大掛かりな武力衝突や武力介入に費やしてきた。これらの紛争で何万人もの陸海空軍兵士や海兵隊員が戦死または負傷した。一九九一年のイラクとの戦争、一九九二〜九三年のソマリア内戦への介入、二〇〇一年から継続中のアフガニスタン紛争と世界規模の対テロ戦争、二〇〇三年から継続中のイラク戦争、二〇一六年に始まったシリアとイエメンでの紛争など、一九九一年以降の二六年間のうち、合わせて一九年にもわたってアメリカの軍隊は戦闘に従事してきたのである。

一九四五年の第二次世界大戦の終結を第二の起点として、朝鮮戦争（一九五〇〜五三年）とヴェトナム戦争（米軍に最初の戦死者が出た一九五九年から一九七四年の撤退まで）を含めれば、アメリカは過去七二年間のうち、その半分を優に超える三七年間は戦争状態にあった。戦績はそれほど目覚ましいものではない。朝鮮戦争は引き分けだった。ヴェトナム戦争は不面目な敗北に終わった。サイゴン（現ホーチミン）のアメリカ大使館が包囲され、その屋上から最後の救出用ヒューイ・ヘリコプターが飛び立つ映像は、痛恨の敗北を象徴する忘れられない光景となった。

この六〇年間で唯一明白な勝利と呼べるのは、一九九一年の第一次イラク戦争（湾岸戦争）だ。ジョージ・H・W・ブッシュ大統領が賢明な判断を下し、戦争の目的をサダム・フセインとイラク軍をクウェートから追い出すことに限定し、その目的を達成したところで大部分の部隊を引き揚げさせた。アメリカにとっては悲劇とも呼べることだが、そのブッシュ大統領の息子ジョージ・W・ブッシュが、のちに第二次湾岸戦争の指揮をとった。こちらはおそらく、南北戦争以来最大の戦略的過ちとなった。この戦争が「イスラム国（IS）」の興隆につながり、現在もまだ戦闘が続き、収束の目途も立っていない。冒頭で挙げた他の武力介入の結果については、読者のみなさん自身が評価を下せるだろう。

この何度も繰り返される失敗の歴史から引き出されるいくつかの考察結果もまた、失敗の歴史そのものと同じくらい散々なものだ。第一に、アメリカ人のほとんどは、この数十年間に自分の国がどれほど長く軍事紛争に関わってきたかに気づいてすらいないか、まるで懸念を抱いていない。「アメリカ例外主義」を掲げ、世界に民主主義を広める「平和的」努力を続けてきたことを誇る国としては、なんとも長い期間である。第二に、世界最強の軍隊を持つと誰もが認める国でありながら、戦争や武力介入の結果がこれほど失敗続きなのはなぜなのか、と疑問を持つアメリカ人もほとんどいない。第三に、アメリカ人自らがこう自問しなければならない。「国民全般の無関心を踏まえたうえで、この国が大きな紛争あるいは武力介入を決断したときに、つねに成功できるようにするにはどうすればよいのか？」

本書では、アメリカはなぜ自らが始めた戦争で負けるのか（また武力介入で失敗するのか）を理解するために、過去六〇年間のアメリカの武力行使のなかでもとくに重要な意味を持つ事例を分析する。また、軍事行動の決断を下すための効果的な枠組みが不可欠であることについても論じる。これは私が「戦略的思考への頭脳ベース・アプローチ」と名づけてきたものだ。この呼び方を傲慢だと思う人もいるかもしれないが、私たちは脳みそをフルに活用しないことがあまりに多く、それが度重なる悲惨な結果につながってきたのだ。

成功するためには、政治、イデオロギー、単純化しすぎた選挙スローガン、希望的観測といった当てにならない要素よりも健全な戦略的思考を優先させ、これらの要素の影響を最小限に抑えるしかない。もちろん、最高司令官である大統領の経験不足も足を引っ張る一因である。これについてはのちの章で取り上げるが、司令官としての経験不足が、最近の三人の大統領に不利な状況を強いてきた。おそらく、現在その地位にある現職大統領にも同様の影響を与えるだろう。以上のような分析を通して、アメリカはどうしたら戦争に勝てるのか、どうしたら武力行使に成功できるのか、その対策を導き出していく。

本書の主張をより明確にするために、主要な軍事紛争と関わりのある会話場面を随所に挿入している。これらの会話の内容は一部には議論を引き起こすものかもしれない。しかし、失敗の大きな理由と、健全な戦略的思考の欠如がもたらす悲惨な影響を、個人レベルで考えさせるものにもなるだろう。私が記憶するかぎりでは、どのエピソードも実際に起きた出来事を正確に要約している。ただし、慎重に扱うべき情報や情報源を守るために、いくつか背景を変えたものもある。

どの著作についても言えることだが、本書の内容に不備や間違いがあれば、それはすべて著者ひとりの責任である。読者に課される責任はただ一つ。しっかり目と心を開いて、アメリカがなぜ自らが始めた戦争で負けてしまうのかを理解してほしい。

ハーラン・ウルマン

二〇一六年九月三〇日、ワシントンDCにて

アメリカはなぜ戦争に負け続けたのか◆目次

はじめに　i
序　章　戦時に形作られるシンプルな真実……3
第1章　なぜ失敗するのかを分析的に考える……34
第2章　ソ連、ヴェトナムへの道――J・F・ケネディ……48
第3章　泥沼化するヴェトナム――L・ジョンソン、R・ニクソン、J・カーター……67
第4章　悪の帝国とスターウォーズ計画――R・レーガン……94
第5章　冷戦終結から第一次湾岸戦争へ――G・H・W・ブッシュ……130

第6章　ソマリア内戦、ユーゴスラヴィア紛争――W・J・クリントン……161
第7章　対テロ戦争――G・W・ブッシュ……202
第8章　バラク・オバマからドナルド・トランプへ……236
第9章　どうしたら勝てるのか――歴史が答えを教えてくれる……293
第10章　将来への道――健全な戦略的思考への頭脳ベース・アプローチ……313
解説　豊かな経験に支えられた「実践的知識」の書　中本義彦　335
主要参考文献　341
人名索引　347

凡　例

一、本書は *Anatomy of Failure: Why America Loses Every War It Starts*, Naval Institute Press, 2017 の全訳である。

一、本文中の〔　〕は訳注であることを示す。

一、索引は人名のみに限った。

アメリカはなぜ戦争に負け続けたのか

――歴代大統領と失敗の戦後史

序　章　戦時に形作られるシンプルな真実

大統領も政治家も国民も、このシンプルな真実をこれまで理解できずにきた。半世紀以上もの間、アメリカは自ら始めた戦争すべてで敗北してきたという真実である。同じように、アメリカは自ら始めた武力介入でも失敗してきた。しかも、のちになってから、その介入の理由は誤った情報に基づいていたか、仕組まれたものだったか、根拠がなかったか、無知だったか、あるいは単純に間違っていたかのどれかだとわかった。

重大な人道的危機、とくに罪のない人々の大量殺戮や虐殺を含む危機が起きた場合に、援助や救助だけにとどまらず、武力介入をすべきかどうかはむずかしい判断になる。そうした人道的な介入は、たいていは一時的な状況の改善をもたらすだけで、長期的な解決にはならない。成功例はわずかしかなく、たとえば、一九九一年のイラク北部のクルド人地域での救援作戦や、一九九〇年代のバルカン半島の民族紛争の際に、NATO（北大西洋条約機構）が最終的に武力介入を決めたことなどに限られる。

残念ながら、正しい理由による武力介入であっても失敗に終わることがある。一九九〇年代初めのソマリア、そしてとりわけ二〇一一年のリビアは、痛恨の失敗例だ。ときには、リスクが明らかで成功の見込みがなかったとしても、時の政権にとって介入以外に選択肢がない場合もある。また、現在シリアで深刻化している人道的危機のように、どの選択肢を選んだとしても、結果は「悪い」か「より悪い」かの違いでしかない場合もある。

批判的な目で、客観的に、感情を排して分析してみれば、武力行使が失敗に終わってきた理由や要因は明白で反論の余地がない。しかし、私たちはあまりに多くの場合に、こうした現実が見えなくなっているか、否定してかかっている。ヴェトナムと（二〇〇三年の侵攻以降の）イラクは、武力介入が失敗し破滅的な影響をもたらした最も明らかな例だ。アフガニスタンもほぼ間違いなく同じ状況に向かうだろう。そのアフガニスタンの紛争に、アメリカは三五年以上も関わってきた。

それなのに、アメリカが自ら始める戦争でいつも敗北しているという問題提起は、共和・民主両党の歴代大統領にも、さらには国民にも、あまりにも長く無視されてきた。それは、第二次世界大戦と冷戦が偉大な勝利に終わったという記憶のためかもしれない。本書では、「戦争」を大規模な紛争における軍事力の行使と定義する。麻薬や犯罪、貧困などの社会的な害悪、人間以外の敵に対する比喩的な意味での戦いは含めない。ついでながら、こちらの「戦争」も、やはり失敗に終わってきた。とくに命名からして問題がある「テロとのグローバル戦争」は失敗の最たる例だ。

本書の目的は、将来のリーダーと国民に警鐘を鳴らし、アメリカが始めた近年の戦争の悲惨な結果についてしっかり認識してもらうこと、そして、そうした過ちが繰り返されないように、あるいは被害を最小限に抑えるために、より健全な戦略的思考を用いた解決策と行動を提案することである。武力行使が間違った方向に進んだのは、意思決定者の判断ミスが原因だった。彼らは健全とはいえない誤った戦略的思考を取り入れたために、間違った決断をしてしまったのだ。

本書が生まれるきっかけは、ヴェトナム戦争中の一九六五年にさかのぼる。当時、私は南ヴェトナム共和国の最北端地域で、哨戒艇（スウィフトボート）の艇長を務めていた。私がその地域で任務に就いていたのは一九六五年から六七年までだったが、海軍の下級士官の私でさえ、アメリカの政治的、軍事的指導者がこの戦争を遂行するなかで見せる傲慢さ、鈍重さ、無知、愚かさ、無能力さを、しだいに無視できないほど頻繁に目にするようになった。ヴェトナムで戦い、死んでいった多くの兵士の献身的で英雄的な行為にもかかわらず、この戦争は、他の多くの戦争と同様、これほど大真面目に戦われたものでなければ、その愚かさと不合理さのため悲喜劇とも呼べるものになっていただろう。そして、間違えようのない真実が一つ。この泥沼化していった戦争は、アメリカが自ら始めたのだ。

一九六四年八月、トンキン湾決議が採択された。アメリカ連邦議会の両院合わせて反対票がわずか二票という圧倒的多数の支持を得たこの決議が、それから三代の大統領にヴェトナムでの戦争を続ける実質的な自由裁量権を与えた。しかし残念ながら、その権限はまったく誤った前提に基づいて与えられたものだった。北ヴェトナム沖の公海上にいたアメリカの駆逐艦に、北ヴェトナムの政府が二度の意図的な攻撃を命じたという報告は、事実ではなかったのだ。実際には二度目の攻撃など起こりはしなかった。

アメリカは圧倒的に優位な兵器と機動力を活用した戦術を、戦略の代わりにしていた。この目的と手段の混同が、致命的な結果につながる。間違いの一つは、戦術を正当化するために数と量に依存しすぎたことだ。それをよく表しているのが、「ボディカウント（死者数）」を成功の尺度にするという回りくどい方針の採用だった。敵の死者数が多いのは自分たちが勝っている証拠なのだから、実際に勝っているはずだと考えたのである。

◆

失敗の構造を理解し分析するための私自身の年代記は、一九六五年に始まる。長引くヴェトナム戦争に従軍した大勢のアメリカ人兵士の多くと同様、私のこの戦争に対する見方は特定のいくつかの出来事にとくに影響された。そのうち三つの出来事が、アメリカがなぜ、どのようにヴェトナムで負けたのか、なぜ同じ重大な間違いがそれ以降もたびたび繰り返されたのかを個人レベルで理解することにつながる強烈な経験となった。それぞれの出来事が、目的と手段の関係を理解せずに、あるいは健全な戦略的思考なしに武力を行使する愚かさをはっきりと示している。これは敗北を自ら呼び込む失敗だった。もちろん、これらの出来事は、すべての戦争が人間の弱さと意図せざる結果を反映するという見方の正しさを証明する例でもある。

第一の出来事は、戦争は各軍や機関が独立して、あるいは個別に戦ってもうまくいかないことを示している。協調の欠如はもってのほかで、最終的には致命的な失敗をもたらす。第二の出来事は、前線で戦う兵士たちと、そこから何千キロも離れた場所にいる政治家や指揮官の間に存在しがちな大きな隔たりをよく表している（運を味方につけることも大事というナポレオンの言葉の正しさも強調する）。

そして、最後の最も忘れがたい出来事は、欠陥のある戦略的思考と、そもそも戦争に突入した理由が誤っていたために目的と手段がかみ合わないときには、戦争努力は道徳的にも政治的にも罪深いものになることを示している。

一九六五年、ヴェトナム戦争はエスカレートする一方となり、海軍は東南アジアで戦う志願兵を募った。北ヴェトナムで空中戦を任されていた海軍は、南ヴェトナムでの地上戦と川や海岸での戦闘にどのような形で参加すべきかが不確かなまま、北ヴェトナム軍による海からの武器と兵員の補充を断つため、控えめな（ほとんど意味のない）作戦を開始した。「マーケットタイム作戦」と呼ばれたこの作戦の意図は、南ヴェトナムの海岸線を海上哨戒機、戦艦、「スウィフトボート」と呼ばれる小型の哨戒艇で監視することだった。スウィフトボート（PCF）は全長約一五メートルのアルミニウム製の船で、セワート・シークラフト社がメキシコ湾の石油掘削リグ用に、荒れた天候のときにも使える船として設計したものだ。カミンズ社製のディーゼルエンジン二基を動力とし、海が荒れていなければ三〇ノット（時速約五五キロ）で進むことができた。

スウィフトボートは前方の操舵室の上に五〇口径機関銃二丁、上下二連式で射程約一八〇〇メートルの八一ミリ迫撃砲一門を備え、迫撃砲の管の上にも五〇口径の機関銃が据えつけてあった。乗組員はAR‐15自動小銃と、七九ミリ擲弾発射筒、ほかにも小火器を装備していた。アルミニウムの船体はかろうじて海に浮かんでいる状態で、敵の銃弾や手榴弾を跳ね返す強度がなかったことは言うまでもない。乗組員の数は通常五人か六人で、任務によってそれ以上の数になることもあった。

この戦略の欠点は、北ヴェトナムがすでに南への効果的な陸上の補給ルートを確保していたことだ。

ホーチミン・ルートと呼ばれるこの道は、東南アジア内陸部の奥深い地域を通る。要するに、北ヴェトナムは海上ルートを必要としなかった。しかし、海軍はなんとか作戦に加わり貢献しようと必死だった。実際のところ、なすべき活動はほとんどなかったとしても。

私がカリフォルニア州コロナドの海軍基地で受けたささやかな訓練には、ヴェトナム文化を表面だけなぞる速習コースも含まれていた。私の場合、このコースには一つだけ高く評価できたところがあった。ジョン・ポール・ヴァン退役陸軍中佐による講義だ。ヴァンはなにかと物議を醸すことが多かった元将校で、ヴェトナムでは第二軍団戦術区域（サイゴンの北の中央高地）の事実上の指揮官となり、一九七二年のイースター攻勢での勇敢な働きのために民間人としてははじめて殊勲十字章を与えられた。しかし同年六月、第二軍団戦術区域での夜間飛行中、乗っていたヘリコプターが樹木に衝突して死亡した。

海軍基地での講義のなかで、ヴァンは北ヴェトナム人とヴェトコンを褒め称え、アメリカの同盟者である南ヴェトナム人を見下すような言葉を使った。なぜ敵をそれほど高く評価し、味方をこきおろすのかたずねられると、一瞬のためらいを見せたあと、「神がすべての善良な人間を敵側に置いたのではないかと思う」と答えた。

教室での講義の次にはカリフォルニア山中の凍りつくような寒さのなか、SERE（生存、回避、抵抗、脱出）訓練が続いた——ヴェトナムの暑さと密林に備えるには理想的な訓練だ。その後、私を含む何人かのスウィフトボートの乗組員がサンフランシスコ郊外のトラヴィス空軍基地で民間のチャーター機に乗り込み、太平洋を横断する長距離飛行で、南ヴェトナム共和国の首都サイゴン郊外のタンソンニャット空軍基地を目指すことになった。しかし、この旅は予定どおりにはいかなかった。

経由地であるフィリピンのクラーク空軍基地に到着し、そこからさらにヴェトナムまで行くはずが、私たちのチケットはフィリピン止まりであることをその場で知らされた。私たちは最優先で搭乗できるはずで、ヴェトナムでの作戦上の必要から「至急」現地に送り込まれることになったと聞かされていたのに、誰もわざわざフィリピンからサイゴンまでの飛行機の予約をしていなかったのだ。頼みこんでも、言葉を荒らげても、無駄だった。せいぜい期待できるとすれば、二週間くらい先に空軍の輸送機がやってくることで、ハリウッドから乗せてくる大人数の米軍慰問団（USO）と、他の有名人や民間人を送り届けたあと、私たちをサイゴンまで運んでくれるかもしれなかった（部隊を楽しませることで士気を高められるという疑わしい理由から慰問活動を行うのは、アメリカのすべての戦争で共通している）。さらに悪いことに、クラーク基地の独身幹部と兵員用宿舎はいっぱいで、宿屋にもまったく空きがなかった。

「スウィフトボートの四人の乗組員にどこで寝ろと言うのですか？　閲兵場のテントですか？」憤慨した指揮官――私のこと――が、途方に暮れ、少ししどろもどろになっていた空軍兵に詰め寄った。

「そんなことはありません。基地内よりずっといい最高の場所をご用意します。アンヘレス市では一番の、『天使の家』という売春宿です」。その言葉に従って私たちはその売春宿に向かい、フィリピンで足止めを食らっている間、そこに滞在することになった。なんとか戦地にたどり着こうと手をつくし、発券オフィスに行って飛行順を繰り上げるようにしつこく言い続けはしたものの、その一方で、乗組員たちは出発日が早まることをそれほど望んでいるわけではなかった。部屋はなかなか快適で、基地のＢＯＱ（独身幹部宿舎）と違ってエアコンがきいている。食事もおいしく、ビールや酒類は豊富で安く、この宿にいて退屈することはない。サイゴンの海軍本部と直接連絡する手段がなかったため、私たちはクラークから動けなかった。基地での数少ないレクリエーションの一つは、将校クラブだ。そこで、私は保養休暇（Ｒ＆Ｒ）中の空軍Ｆ－４ファントム戦闘機のパイロットたちの集まりに加わった。彼らは南ヴェトナムのファンランに駐留中の第三八九戦術戦闘飛行隊に属していた。

スウィフト乗りの私たちは、なにしろ売春宿に滞在していたくらいだから、土地には多少詳しくなっている。私がアンヘレスの町へ繰り出そうと言うと、五、六人かそれ以上のパイロットがついてきた。彼らはヴェトナムで飛行任務に就いて二、三ヵ月がたっていた。当時のアメリカ兵がみなそうあろうとしていたように、彼らも過剰なまでに攻撃的で、「戦い」に戻りたくて仕方がなかった。酒を浴びるように飲んだあと、私たちはひとまとまりになってクラーク将校クラブに戻った。クラブには二つのバーがあった。階下のバーは「自らの責任で」入る場所で、アンヘレス市のいくつかの酒場と大きな違いはなかった。しばらくして、空軍パイロットのひとりと海兵隊員のひとりが口論を始めた。

小競り合いが終わると、海兵隊員はどこかに姿を消し、空軍パイロットたちは巨体の用心棒たちによって外へ連れ出された。追い出されたことが気に入らず、力づくで再びバーに入ろうとしたため、用心棒たちとのけんかが始まった。誰かが空軍警察（ＡＰ）に通報した。仲間たちと比べれば酔いがひどくなかった私は、けんかを止めようと割って入った。そこへＡＰの憲兵たちが到着し、ののしり言葉がさらなる殴り合いにつながり、憲兵、用心棒、パイロットたちの三つ巴の乱闘に発展した。憲兵と用心棒はパイロットたちに数で勝り、ひとりひとり手荒に突き動かして、外で待つ護送車に押し込んだ。これは仲間に不都合な状況だと気づいた私は、上等空兵に指揮官を呼ぶように言った。

私はうわべだけは落ち着き払って見えたはずだ。しかし、空軍基地では見かけることのない海軍の夏用の白い軍服を目にしてか、空軍警察の若い指揮官は混乱していた。その混乱に乗じて、私は途方もない作り話を思いつき、このパイロットたちはまもなく北ヴェトナムでの危険な極秘任務に向かう予定なのだと話した。こうやって浮かれ騒ぐのは、これが最後かもしれない、と。これは穏便に事を収めようとする試みだった。もうひと押しするために、私はマーマデューク・スメドレー将軍の代理人として、必要であれば誰でも拘留する権限がある、とつけ加えた。

「もうすぐ死ぬかもしれない」という言葉に効果があったかどうかはわからない。しかし、なんとも奇妙な名前（最初に思いついた名前）の将軍を夜中に起こすという脅しのほうは、間違いなく効果があった。白い軍服のシャツの右ポケットに手を入れ、ありもしない電話番号を書いたメモを探すふりをして、私はこう言った。「ここに将軍の私用の電話番号がある。将軍はこんな夜遅くに起こされたくはないだろうが」。その言葉を信じたかどうかはわからないが、若い指揮官は将軍の怒りを買うよりも寛大さを見せるほうを選んだ。パイロットたちは解放されたが、若くて権力を嫌う彼らは数分もすると再びバーに戻っていった。今度は彼らだけで。

（その後も、私は彼らのひとりとごくたまにだが手紙のやりとりを続けていた。このときの出来事をすっかり忘れてしまっていた三五年後、当時は中尉だったジーン・クイックというそのパイロットが夫婦でワシントンを訪れた際に電話をくれ、私たちは会う約束をした。そのときにジーンがこのクラークでの一夜の話をしてくれたのだ。私の妻は信じようとしなかった。それでも、私は話のいくらかは真実だったと思う。ヴェトナムの一歩手前へようこそ）。

何度も頼みこんだ末に、ようやく私たちは飛行機に乗ることができ、一〇日遅れでサイゴンのタンソンニャット空軍基地に到着した。着陸したのは午前三時だったが、照明弾で照らされている野原にヴェトコンの迫撃砲がすでに降り注いでいた。私たちへの唯一の指令は、古い野戦電話で、在ヴェトナム海軍司令本部「タイガー345」を呼び出すことだった。同じ飛行機に乗っていた二〇〇人ほどの乗客がすばやく集められ、急いで安全な場所に送り出された。私たちだけが空っぽの格納庫の中に残り、腹を空かせ、恐怖にかられ、疲れ切ったまま身を寄せ合った。近くで迫撃砲が爆発し、自動小銃の銃撃音がときおり響き渡るのを聞きながら、私は第二次世界大戦の映画に出てくるような古い電話のクランクを回し続け、タイガー345と連絡をとろうと必死になっていた。

当時の戦争は、サイゴンに関しては午前八時から午後五時までというきっちりした時間帯で戦っていた。したがって、タイガー345にようやく電話がつながったのは、太陽が昇り、迫撃砲攻撃が止んでしばらくしてからだった。ヴェトナム人女性のやわらかい声が聞こえてきた。ヴェトナム語と英語が入り交じったような彼女の「タイガー345」の発音は、今も耳に残っている。一時間後、おんぼろの黄色いスクールバスがやってきた。窓が鉄製の網で覆われ、手榴弾や火炎瓶が投げ込まれるのを防いでいた。

サイゴンでのブリーフィングは、SERE訓練と同じくらい役に立たなかった。私たちはすぐに北のダナンにある「第一軍団戦術区域」（南ヴェトナム軍の第一軍団に割り振られた区域で、四区域のうち最も北に位置する）の「第一〇一PCF分隊」に送られた。全員がヴェトナムも戦争もはじめてだった。士官はみな若く、傲慢で、愚かにも敵の攻撃に対して不死身であるかのように思い込み、まったくの経験不足で戦争をする準備などできていなかった。

◆

私自身が経験した三つのエピソードの最初の一つは、一九六六年八月一〇日から一一日にかけての夜に起こった出来事だ。三隻のスウィフトボートと四人の乗組員が第一軍団戦術区域の最北部、クアヴィエット川の入り江にある小さな基地に派遣された。北と南を分ける非武装地域は目と鼻の先だ。数キロ先に位置する南ヴェトナム軍の粗末な基地が、いくらかの安全を与えてくれるはずだった。しかし、ほとんど身を守る術のないこの土地での最大の不安要因は、私たちの送られた地域には石油や潤滑油（まとめてPOLと呼ばれる）を置いてある海兵隊最大の保管所もあり、それを守るのは人員不足の一警備部隊だけだったということだ。

北ヴェトナム軍かヴェトコンのロケット弾が燃料の集積場所に命中したら、その煙はサンフランシスコからでも見えるだろう、と私たちは冗談で話していた。それでも、すぐ近くに敵の部隊がいるにもかかわらず、指揮系統の誰ひとりとして安全性をとくに心配しているようには見えなかった。運河や海へ向かう水路には、ボートもジャンク船もほとんど動いていなかった。艇長である私はボート一隻を「監視任務」用にしようと決め、さらなる安全を確保するために基地から数百メートルの範囲で夜間のパトロールを行わせた。その任務は、私たちの無防備な基地や、簡単に攻撃されそうなPOLの建物に敵が侵入していないかを監視し、必要であれば、その場で銃撃を行うというものだった。

その夜は、私たちのボートが監視任務を引き当てた。レーダーで唯一連絡がとれる相手は、やはりパトロール任務に就いていたアメリカ沿岸警備隊のパトロール船（WPB）二隻（八二フィート級カッター）だ。真夜中すぎ、ジェット機が二機、私たちの頭上を飛んでいった。アメリカ軍機であることは間違いない。北ヴェトナム空軍が南側に戦闘機を飛ばす危険を冒すことは決してなかったからだ。その直後に、WPB一隻の近くで炎が上がった。ジェット機が船を――アメリカ沿岸警備隊の「ポイント・ウェルカム号」を――攻撃したように見えた。

飛んでいたのが北ヴェトナムの戦闘機ではないとわかっていたので、私たちは最高速力まで上げて船に近づいた。しかし、到着したときには遅すぎた。信じられないことに、空軍のB-57キャンベラ爆撃機がポイント・ウェルカム号を敵のPTボート（哨戒魚雷艇）と間違い、数度の攻撃をしたあとだった。船長のデイヴィッド・ブロストロム中尉は、勇敢にも船のアメリカ国旗をサーチライトで照らし、爆撃機から見えることを期待したが、願いはかなわず死亡した。もうひとり、二級機関士のジェリー・フィリップスも死亡した。

私たちは海に飛び込んでいた生存者の救出に取りかかった。その間に、海岸で攻撃を目撃していた南ヴェトナム軍兵士たちが、私たちを敵だと思い、三〇口径と五〇口径の兵器で攻撃してきた。幸いにも、沿岸警備隊のリチャード・パターソン上等兵曹が勇気ある行動で指揮をとり、ポイント・ウェルカム号をなんとか救おうと、ありったけのライトをつけ、南ヴェトナム軍に敵ではないことを知らせて、ようやく攻撃を止めることができた。もう一隻のWPBも、負傷者の手当てのためにやってきた。

空軍のパイロットたちは告訴された。残念ながら「味方による誤射」は例外的な出来事ではなく日常的に起こっており、この地域で戦争に参加している各軍の間には、協調体制がないに等しかった。空軍はパイロットを必要としていたため、告訴は取り下げられた。「誤射」はこれ以外にも、とくに海岸部で多く発生していた。ヴェトナムでの任務中、私の船に関しては、海上でも海岸近くでも、誤射による犠牲になった乗組員はいなかったが、これは奇跡に近い（ただし一度だけ、アメリカの駆逐艦「ウールマン」の舷側砲で危うく船を沈められるところだった）。

ポイント・ウェルカム号の悲劇からちょうど三一年を迎えた月に、イギリスに住んでいた私の親しい友人のアメリカ人が、戦場写真家のティム・ペイジと一緒にワシントンDCにやってきた。CNNとニュージアム［訳注：ワシントンDCにあるニュースとジャーナリズムに関する博物館］の主催で開かれていた、ヴェトナム戦争中に死亡した南北両サイドの報道写真家に敬意を表する大型展覧会に参加するためだ。

夕食をともにしているとき、ティムが私に、ヴェトナムで最もぞっとした経験は何だったかをたずねてきた。私はポイント・ウェルカム号のエピソードをかいつまんで説明した。すると、ティムの顔が真っ青になった。「ティム、大丈夫かい？」友人は心配そうにたずねた。ティムは少しの間、茫然としていたが、わずかに生気を取り戻すと、私の顔を見て、感極まったようにこう言った。「あなたの船の乗組員は、赤い野球帽をかぶっていましたか？」

私は困惑して、彼を見た。「何ですって？」

ティムの顔にようやく少し赤味がさした。「赤い野球帽です。あなたのコールサインは、『レッド……』なんとかではありませんでしたか？」

「ええ、レッドバロンです……」そこまで言って、私は次の言葉が出てこなくなった。「そうです、ティム。私はレッドバロンでした」

彼の頬に涙がつたった。彼は恐れおののいたような声で言った。「あなたに命を救われました。私はポイント・ウェルカム号に乗っていたのです」

ジーン・クイックのときもそうだったように、ときに過去の出来事が追いかけてくることがある。

◆

ヴェトナムでのもっと大きな失敗は、若い海軍中尉にさえ明らかだった。アメリカは三つか四つの別々の戦争を戦っているようなものだった。少なくとも陸軍四隊と空軍、作戦指揮官がばらばらに戦っていた。地理的な区分を設け、協力体制をとることを避けていたのは、作戦上の必要のためというよりは、誤射を防ぐ、あるいはその数を減らすことが目的だった。中央情報局（ＣＩＡ）がさらに協力体制を混乱させた。ＣＩＡは南ヴェトナム全土に、独自の航空基地と地上の民兵組織を維持していた。さらには哨戒艇の船団を持ち、ダナンを拠点に活動していた。

協調と指揮の欠如はさらに、射撃規律の欠如を生んだ。火器が十分すぎるほどあったことが状況をさらに悪化させた。ボディカウントが成功の尺度となり、しばしば、勲章や適性報告の基礎になった。攻撃的であることが当たり前で、そのため、空軍のパイロットはポイント・ウェルカム号を北ヴェトナムのＰＴボートと間違って攻撃したのだ。北ヴェトナムが危険を冒して南側に入ることなどなかったにもかかわらず。「撃たれる前に撃て」は正式な命令ではなかったかもしれないが、ほとんどの部隊はそれが規範であるかのように行動していた。

共同作戦と統一された指揮系統の欠如は、その二〇年後の一九八六年に成立した「ゴールドウォーター・ニコルズ法」で見直される。しかし、いわゆる「全政府的アプローチ」ですべての機関の能力を統合することは、まだ完全には実現していない。アフガニスタンと第二次イラク戦争で、再び同じ失敗が繰り返される。このときには、軍以外の政府機関がこれらの地域に安定と安全をもたらすうえで、「次はどうする?」の問いに徹底して取り組むことができなかった。各省や機関の間の情報の遮断は今も残り、成功のためには政府のすべての部門の協調体制が必要であるにもかかわらず、そのたびに、政策の効果的な実施を妨げている。

◆

第二のエピソードは、一九六六年のクリスマスイヴを台無しにした出来事だ。この年は、仏教徒にとって重要な旧正月の「テト」が、クリスマスと重なっていた。そのため、この期間は戦闘を中止するというのが暗黙の合意事項となっていた。サイゴンの司令部は、敵が先に攻撃してきた場合にのみ、応戦してもよいという厳しい命令を出していた。しかし、戦争のさなかに祝祭日を尊重することはめったにない。このヴェトナム戦争ではとくにそうだった。野戦地にいた私たちは、ヴェトコンと北ヴェトナム人民軍(NVA)がしばしば休戦協定を無視することを知っていたので、サイゴンからの命令がどうであれ、敵の攻撃または偵察に備えていなければならなかった。第一〇一PCF分隊は海に浮かぶ荷船を基地にしていた。海軍の隠語でAPLと呼ばれていたその荷船はダナン港の海岸線から最短距離で四五〇メートルほど沖に停泊していた。

ビールを飲み、いつもより少しだけ豪華な食事をとることを除けば、クリスマスイヴにすることはほとんどなかったので、「待機船」の任務に当たることは何の面倒でもなかった。その年のもっと早い時期に、私の部下の乗組員がバタンガン岬（第一軍団戦術区域の南端にあったチュライの海兵隊基地の南に位置する半島）で、敵の攻撃を受け身動きできなくなっていた海兵隊員たちを救出したことがあった。バタンガン岬はヴェトコンの牙城で、何世紀も前の深い地層に多くの洞穴ができていた。ソンミ村のミライ集落もバタンガンにあった。のちの一九六八年三月に、この村で五〇〇人強のヴェトナム人男女と子どもがアメリカ陸軍の部隊に虐殺される。これは、ヴェトナム戦争中に起こった最悪の残虐行為とみなされている。

海軍が海岸線で行う発砲による支援には、直接爆撃と間接爆撃の二種類がある。直接攻撃は目視できる標的を攻撃する。間接攻撃は直接発射台からは見えないが、地図の座標または偵察兵からの報告で特定された標的に対する攻撃だ。海軍の軍艦は非常に正確な間接砲撃を可能にする制御コンピューターを搭載している。

スウィフトボートはコンピューターの類をいっさい装備していなかった。そのため、間接攻撃は実行不可能というだけでなく、この場合について言えば、バタンガン岬に釘づけになっている海兵隊員を危険にさらすことにもなっただろう。単純に、私たちの迫撃砲がどこに着弾するか保証できなかったのだ。このことを無線で説明すると、海兵隊大尉はこう答えてきた。「うまくいかなくても気にするな。とにかくすぐに撃ち始めろ」

「船乗りの目」を頼りに、敵の方角と距離を推測して迫撃砲の砲身の向きを調整すると、私たちは標的を見ることもせず、四〇発ほど砲弾を発射し続けた。ヴェトコンは逃走するか、八一ミリ砲がいくらかのダメージを与えたらしい。海兵隊から無線が入り、血痕から判断するかぎり、私たちの砲弾は標的に命中したようだと言ってきた。奇跡的に、海兵隊員を誰も傷つけずにすんだ。この経験で得た一つの教訓は、戦争にはつねに必要なことだが、起こり得るすべての状況を想定して準備を整えておくということだ。とくに、最もありそうもないこと、なかでも、上層部の人間が絶対にありえないと決めつけている状況を想定しておかなければならない。

クリスマスイヴの真夜中を迎えようとしていたとき、ダナンの海岸に上陸した海兵隊員が、ヴェトコンが彼らの前線を偵察していると報告してきた。援護砲撃が必要になった場合に備えて、私は船を動かした。海岸まで約九〇メートルあたりまで進んだところで、海兵隊と南ヴェトナム軍から緊急の砲撃要請が入った。私たちのスウィフトボートも攻撃を受け始める。今回は本当に敵からの攻撃だった。というのも、海岸に上陸した味方の兵士が私たちを敵だと思って攻撃してくることはめずらしくなかったからだ。つまり、ポイント・ウェルカム号の大失態の教訓から、何も学んでいなかったということだ。

私たちは照明弾と榴弾を組み合わせたものを撃ち始めた。二〇発ほど発射したあとで、船尾の迫撃砲に照明弾を装塡して、発射した。その照明弾は欠陥品だったか、敵からの攻撃で被弾していたのかもしれない。どちらにしても同じことだ。マグネシウムを含んだ弾は迫撃砲の砲身のすぐ外で爆発し、そのすぐ下には緊急支援用の弾薬箱が置いてあった。その中にはまだ二〇～三〇発の迫撃砲用の砲弾が残っていた。

照明弾を装塡していた三等掌砲兵曹のアーニー・フランジアが爆発に巻き込まれて、右腕にひどい火傷を負った。迫撃砲を操作していたのは上等掌帆兵曹のチャールズ・ノリスで、砲のすぐ後ろに立っていた。ノリスの仕事は迫撃砲についている自転車のハンドルのようなものを握り、方角を定めることだった。このとき、ノリスはとてつもない勇気を見せて、足を踏ん張り、迫撃砲を緊急支援用の弾薬箱から引き離し、弾薬に火がつくのを防いだ。奇跡的にノリスはほとんど無傷だったが、白リンを浴びた軍服のところどころから煙が上がっていた。

私は船の前方にあった二酸化炭素消火器をつかみ、後方に駆けつけてマグネシウムの炎が燃え広がるのを食い止めようとした。当然ながら、頭の中には爆発で全員が粉々に吹き飛ばされる光景が浮かんでいた。消火器のガスがなくなるまで炎に向けて放射しながら、ノリスのほうを振り向くと、彼はくすぶり続ける迫撃砲に必死にしがみつき、こう口走った。「最悪のクリスマスイヴの過ごし方だ。そうでしょう?」

ナポレオンは絶対的に正しかった。戦争では、運を味方につけることも重要だ。八一ミリ迫撃砲と砲台は一部が溶けていたが、弾薬箱への引火は避けられた。幸運にも、海軍の病院船がダナン港から香港に向かう途中ですぐそばにいた。数分後には、私たちはボートを病院船に横づけし、フランジアを降ろしていた。火傷はひどい痛みを与えたが、体を衰弱させることはなかった。彼は香港で一〇日間の保養休暇を過ごし、また病院船に乗ってダナンに戻ってきた。

フランジアを降ろしてから、私たちはＡＰＬに向かい、被弾したスウィフトボートを横づけした。乗組員はこの一件でいくぶん精神的に消耗していた。私は彼らに少し休みをとるように言った。そして、第二の緊急支援要請があった場合に備えて、別のボートと乗組員を見つけておいた。交代要員の乗組員はまさにその日の朝、ダナンに到着したばかりだった。艇長のアレックス・クレキッチ中尉は、海軍兵学校時代に見知っていた人物で、私より一年遅く卒業し、海軍フットボールチームでは優秀なラインマンだった。クリスマスイヴのこの日、ダナンに到着したばかりの乗組員のなかで、酔っ払っていないのはクレキッチだけだった。

予想どおり、第二の緊急支援要請が入ってきたため、私たちは新しいボートで海岸線に向かった。クレキッチのクルーは戦える状態ではなかったので、彼ひとりで船尾の迫撃砲を操作した。巨体のクレキッチが砲弾を装填し、方角を定め、発射する。私は操舵室からの指示を伝えた。数発撃ったところで任務は終了になった。私たちは礼を述べられ、ＡＰＬに戻ると、ささやかながらクリスマス気分を味わった。クリスマスイヴの残りは何事もなく過ぎていった。気の毒なクレキッチ――彼はのちに海軍中将になる――は、これがヴェトナム第一日だとしたら、残りの三六四日には何が待ち構えていることか、と思ったことだろう。いずれにしても、これが誰にとってもクリスマスイヴの最高の過ごし方ではなかったことは間違いない。

ノリス上等兵曹は信じられないほど勇敢だった。私ならおそらく海に飛び込んでいただろう。私は彼を銀星章に推薦した。銀星章は戦場での勇敢な行為に対して与えられる、アメリカでは三番目に価値が高い勲章だ。さらに、彼とフランジアに名誉負傷章を与えることも推薦した。のちに、彼らへの勲章の授与が不承認になったと知ったときには、愕然として激怒した。その理由というのが、彼らの行動は「休戦」中のことで、アメリカ軍は決して休戦協定を破らないとされていたからだった。

このことが、サイゴンの司令部と前線の隔たりをあらためて強く認識させる。どの戦争でも、同じような不平はよく聞かれる。しかし、ヴェトナム戦争ではとくに、最高司令部や政府上層部の戦争についての自己欺瞞が目立った。それは一九六八年初めの「テト攻勢」により、この戦争についての大きな苦痛を伴う見直しを迫られるまで変わらなかった。そのときになってようやく現実を直視せざるを得ない状況が訪れるが、アメリカが最終的に撤退するまで、それからさらに六年を費やすことになる。一九六六年のクリスマスイヴは、サイゴンがどれほど戦争の現実とは遠いところにあったか、そして、幻想がどれほど壊滅的な影響を与えるかを思い知らせるものとなった。

それから何年か過ぎても、私はまだノリスの英雄的行為を認めさせるための働きかけを続け、そのためにエルモ・〝バド〟・ズムウォルト大将の力を借りた。努力の甲斐あって海軍はようやくノリスに青銅星章を与えたが、彼が実際に勲章を受け取ったかどうかはわからない。しかし、彼の勇敢さがおそらく船だけではなく私たちの命も救ったのだ。

◆

第三のエピソードは、なぜアメリカが戦争に負けるのかを最も的確に説明するものだと思う。勝利への道として人を殺すことは、現在のテロとの戦いにも用いられている戦略に思えるが、この戦略は決してうまくいかないことをこのエピソードが教えてくれる。それがすべてだ。CIA主導の「フェニックス作戦」は、南ヴェトナムで破壊工作を続けるヴェトコンと北ヴェトナム軍を恐怖に陥れ、排除しようという計画だった。この作戦でどれだけの人が殺されたか、その正確な数は誰にもわからない。おそらく約五万人というのが妥当な数字だろう。この〝暗殺作戦〟を実行したのは、西・南ヴェトナムの傭兵たち（私たちは「メルク」と呼んでいた）で、CIAやアメリカの民間軍事会社が助言と指示を与えていた。

一九六七年初め、映画『地獄の黙示録』を思わせるような場面で、私はある陸軍准将のトレイラーに呼ばれた。ひとりの民間人が同席し、私はおそらくCIAの人間だろうと推測した。下士官が飲み物と、ごく普通のローストビーフのランチを配った。「君に非常に重要かつ困難な任務の指揮をとってもらうことになった」。准将はローストビーフの大きな塊を飲み込むと、そう言った。「有能で勇猛な男だからと、強く推薦されたのでね」

これが穏やかな説得になるだろうことは明らかだった。以前に一度、重警備の「タイガー島」を攻撃するため北ヴェトナムの海域に深く入り込むというばかげた任務を与えられたことがあったので（この任務は神のご加護で最後の瞬間に中止になった）、私の頭の中に同じくらいばかげた作戦の光景が浮かんだ。ほとんどの戦争に当てはまることだが、ヴェトナムでもしばしば常識的判断が失われた。私はこれがまた新たな無謀な作戦になるのではないかと不安になった。

ところが、この任務はこうして仰々しく言い渡されるには、あまりに普通すぎるように思えた。命じられたのは、夜中にヴェトナム人の「特殊部隊」の兵士を十数人、バタンガン岬にあるミライ集落からそれほど遠くない村に送り込み、その後、夜明け前に救出するという任務だ。潜入の目的については、私は知る立場ではなかった。しかし、アイゼンハワーでなくても、このチームがフェニックス作戦の実行部隊で、目的は敵の工作員と疑われる者を「極端な偏見をもって処分する」（当時の隠語で暗殺を意味する）ことだろうことは推測できた。

それから二、三週間後、月明かりのない夜に任務が――ある意味では――実行に移された。午前中に一台のバスが、私たちの船が停泊しているチュライの埠頭に止まった。チュライには第七海兵連隊と航空団の司令部もあった。ファーストネームしかわからない西洋人ふたりが一二人のヴェトナム人を率いてきた。弾帯、手榴弾、自動小銃、拳銃、ナイフで文字どおり完全武装している。私は傭兵隊長に人数を確認した。彼はぶっきらぼうに「一二人」と答えた。私がその質問をしたこと自体が不満だったようだ。しかし、船に乗り込んだヴェトナム人は一三人だった。一三人目の男を見つけ出すのは簡単だった。ひとりだけ、サンダル、短パン、白いTシャツ姿だったからだ。彼のことを悪魔の生まれ変わりででもあるかのようににらみつけたヴェトナム人傭兵のひとりが、彼に何者なのかはっきりさせるように迫った。「バスの運転手だ」。すっかり怯え切った男がヴェトナム語で答えた。「その男は乗せられない。任務の情報が漏れる可能性がある」。傭兵がそう言った。私はそもそもこの任務をかなり疑わしく思っていたので、強く反対した。「だめだ。一緒に連れて行き、戻ってきてから解放する」。ＣＩＡの工作員ふたりがぶつぶつ文句を言ったが、権限は私にあることをしぶしぶ受け入れなければならなかった。

午後一〇時ごろ、私たちは船を目標とする村まで九〇メートルほどの距離に近づけた。二つのゴムボートに乗り換えたチームがオールで漕いで岸に向かった。私たちは敵に気づかれないように、ディーゼルエンジンを一基だけ稼働させ、できるだけ音を立てないように海上にとどまった。ヴェトナム人特殊部隊は岸までほんの一〇分もあれば漕ぎ着くはずだった。しかし、彼らは無線で何度も連絡を取り合ったあとで（敵に気づかれる可能性が高いので、戦術的には危険が大きかった）、三〇分後にようやく、岸にたどり着いたと伝えてきた。私たちは岸から八キロほど離れた場所で待機した。

私はチュライの第七海兵連隊を説得して、通訳を同行させていた。ヴェトナム語を流暢に話すその海兵隊員は、何度か私たちと一緒に哨戒活動をしていた。哨戒活動はほとんどの場合は退屈なものなので、その長い時間を利用してある程度親しい関係を築くことができていた。彼は三〇代の伍長で、そのランクにしては年齢が高すぎた。完璧とは言えないながらも、軍歴は立派なものだった。海兵隊ではエリート部隊の武装偵察部隊員となり、やがて二等軍曹になった。優れた言語能力を持ち、ロシア語と中国語も流暢に話す。モスクワのアメリカ大使館に派遣されて専門通訳や保安警護隊員も務めた。そして、彼がそれまでの人生で出会った最も美しい女性だというロシア人と恋に落ちたという。

そこから先の彼の話は、疑わしいとまではいかなくても、いくぶん曖昧だ。彼はこの女性と関係を持ち、結婚した。大使館にそのロマンスがばれた。大使館では、機密情報取り扱い許可を持つスタッフが現地の女性と恋愛関係になることは厳しく禁じられていた。その厳格なルールを彼は破ったのだ。海兵隊員は、大使館が彼女を「ツバメ」――外国人外交官を誘惑する任務を与えられたKGBの工作員を意味する――だと決めつけた、と不満そうに言った。そして、彼女はスパイなどではない、と言い切った。

いずれにしても彼は罰せられ、降格処分を受け、ロシアを離れてヴェトナム語学校に通うように命じられ、その後、一三ヵ月の予定でヴェトナムに送られた。「妻」をどうするのかたずねてみると、最初の保養休暇でモスクワに戻り、彼女を探すつもりだと言った。彼はソ連当局が彼女を拘留しているると聞かされていた。時間の無駄になるのではないかと、私は彼に言ってみた。彼は伍長に昇格し、今では非常に有能な通訳として認められている。海兵隊武装偵察部隊員として、戦闘能力にも長けていた。彼の話には疑わしいところもあったが、それでも、身体的にも知的にも有能な海兵隊員だったことは間違いない。

午前四時ごろ、ヴェトナム人が無線で、任務を完了したのでスウィフトボートに戻ると伝えてきた。ボートは海岸近くに移動していた。行きは岸までかなり時間がかかっていたが、同じ距離を、今度は奪い取ったジャンク船に乗って数分で戻ってきた。明らかにゴムボートは海岸に放置してきたということだ。ジャンク船を横づけすると、船長がヴェトナム語でわめき散らした。傭兵ふたりでチームが乗り移るのを助ける間、伍長が私にささやいた。「大変です。あのヴェトナム人はこの男たちが村を襲い、時計や現金や薬品を盗み、何人かの女性をレイプしたと言っています」

「作り話かもしれない」と、私は言い返した。

伍長はヴェトナム人船長に話しかけ、証拠はあるのかとたずねた。その船長は、襲撃した部隊の持ち物を調べてみればいい、とだけ言った。これは厄介な状況になる。傭兵たちは船長と私たちの話が長引くのを見て、どんどん不安な様子になっていったからだ。傭兵たちのほうを振り返って、私はヴェトナム人チームをボートの船尾側に移動させるように言った。それから、操舵室の上の砲塔に備えつけた五〇口径二連式機関銃を扱っていた一級掌砲兵曹のユージン・サンズに向かって、ささやいた。

「掌砲兵曹、発射準備をしてくれ」

　静まり返った暗闇のなかで、五〇口径の砲弾が発射位置に押し込まれる断続的な音が、雷鳴のようにとどろいた。海岸で何が起こっているかは考えないようにして、私は言った。「掌砲兵曹、船尾にいる傭兵とヴェトナム人たちの頭上に向けて発射してくれ」。五〇口径弾は直径半インチ（約一二・七ミリ）で、発射速度は音速の数倍の速さだ。頭上をこの砲弾が通り過ぎると、衝撃波で体に痛みが走る。「彼らの誰かが武器を取り出すかどうか、見逃さないようにしてくれ」。そして、伍長と私のクルー三人が、一二人のヴェトナム人とふたりの工作指揮官の武器を押収した。伍長はヴェトナム人たちに服を脱ぐように言った。

　ヴェトナム人全員が略奪品を隠し持っていた。現金、腕時計、宝飾品、薬品、絹のほか、いくらかでも価値のありそうなものは何でもだ。私の部下のひとりが略奪品を抱え上げ、どうすべきか聞いてきた。私は彼に、船長に渡して立ち去らせるように言った。一時的に拘束していた気の毒なヴェトナム人のバス運転手は、何が起こっているかをすぐに察するだろう。私たちはプラスチック製の拘束具で一四人の男たちの手首を縛り、彼らに黙って座っているように言った。クルーのひとりで、クリスマスイヴに負傷していたアーニー・フランジアが、銃弾を装填したM‐16の銃口を彼らに向け、一等機関士のデイヴィッド・リースがその横で監視した。通訳の伍長は冗談でこう言った。「私がモスクワでトラブルに巻き込まれたと思っているでしょう。今度はあなたの番です。これからどうするつもりです？　CIAにけんかを売ったんですよ」

　それは非常によい質問だった。何が起こったかを報告したあとで、私たちはチュライではなく、もっと離れたダナンに戻るように命じられた。憤慨したＣＩＡ支部長が埠頭で待ち構えていた。話し合いは穏やかなものではなかった。私は海軍の大尉で、彼は准将に相当する地位だ。しかし、そんなことはたいした問題ではなかった。私はカッとなって――クルーのひとりによればだが、当然ながら彼の見方は偏っていたはずだ――ＣＩＡ支部長を口汚くののしり倒した。もちろん、それは賢いやり方ではなかった。

しばらくの間、私は窮地に陥った。私の報告と告発はもみ消された。ＣＩＡの友好者のリストに私の名前は載っていなかった。しかし、私はフェニックス作戦の副指揮官であるロバート・コマー大使とは知り合いだった。彼のはからいで、何らかの報復につながっていたかもしれないリストから名前を消してもらうことができた。フェニックス作戦の行きすぎた部分の（すべてではないが）一部は修正された。

チュライ空軍基地で「強化尋問技術」が実際に使われているところを一度目にしたことがある。ヴェトコンではないかと疑われた何人かがヒューイ・ヘリコプターに乗せられ、三〇〇メートルほど上空で、そのうちのひとりが開いたドアから外に突き落とされた。『ニューズウィーク』誌の表紙に、このヴェトコンが地面に落下する写真が載った。そうした場合、通常なら他の容疑者はどんなことでも白状する。しかし、その話の内容はでたらめであることがほとんどだ。これらの極端な尋問方法は、ヴェトナム戦争後もなくならなかった。

フェニックス作戦と同じように、アフガニスタンやイランのタリバンと反政府テロリストも、ＪＳＯＣ（統合特殊作戦司令部）と無人攻撃機「プレデター」の共同作戦で追跡されてきた。同様に、イスラム国（ＩＳ）との戦いにおいても、特殊部隊と無人攻撃機と空爆によって、シリア、イラク、アフガニスタンで少なくとも四万人のジハーディストが死亡し、最近ではパキスタンでも数人が殺害されたと報告されている。

◆

ヴェトナムでの私自身の経験と、現在のテロリストやイスラム過激派との戦いの間には、五〇年近くの時間的な隔たりがある。現在の軍事作戦と奇襲攻撃は、はるかに厳しく制御されている。たとえば、あらかじめ法律顧問の承認を得なければならない。アメリカは非戦闘員の犠牲者を最小限にし、巻き添え被害を避けるために、できるかぎりの努力をしている。ヴェトナム戦争で無差別発砲区域が設けられたことや、戦況判断の尺度として恐ろしいボディカウントを信頼していたこととは大違いだ。しかし、巻き添え被害は今でも起こる。

時間の経過とともに何が変わったのだろうか。人類が戦争を始めて以来ずっと、戦闘という緊張状態のなかでは、クラウゼヴィッツの言う「霧と摩擦」が最も簡単な任務ですら実行不可能にしてきた。混乱、不確かさ、恐怖は、昔も今も変わらず戦争にはつきものだ。現在のアメリカ軍は以前よりも何倍も高度な専門的能力を持ち、任務に献身的で、おもに徴兵で戦ったヴェトナムのときよりはるかに優れている。しかし、敵について、あるいはヴェトナム文化についての理解が欠けていたことが、二〇〇一年のアフガニスタンへの介入や、二〇〇三年のイラク、二〇一一年のリビアでも繰り返された。現地の状況と文化についての無知がいまや常態となり、まるで私たちの意思決定のＤＮＡに埋め込まれてしまっているかのようだ。アメリカの指導者たちは、敵もつねに自分たちと同じように考えていると信じ込んできた。これらはすべて、欠陥のある戦略的思考の症状である。

圧倒的な射撃能力であれ、無人攻撃機によるピンポイントの攻撃であれ、テクノロジーへの過度な信頼が相変わらず続いている。これまでのどの戦争も「フェア」ではなかったことを考えれば、アメリカ軍が最良の武器と支援システムを備えずに戦争に行くことは誰も望まないだろう。しかし、敵を殺すことで勝利への道を切り開くという戦略は、これまでと同じようにうまくはいかない。ヴェトナム戦争では「民心をつかむ」戦略のために、莫大な資源が投入された。その努力は失敗に終わった。なぜこうした失敗例はその数十年後に無視され、否定されたのだろう？　この疑問は、私が経験した唯一の戦争の最も困惑させる遺産の一つであり続けた。

私のクルーは運がよかった。危機一髪という状況は何度もあったが、負傷者はふたりだけで、いずれも深刻な負傷ではなかった。第一〇一ＰＣＦ分隊のボート一隻が、クアヴィエット川の岸からわずか数メートルのところで転覆し、沈没した。一〇一分隊全体で、戦死者はほんの数人だった。この戦争で戦死した五万八〇〇〇人のアメリカ人兵士は私たちほど運がよくなかった。皮肉なことに、私たちが海兵隊員を援護した最初の作戦は、「最後のチャンス」と呼ばれていた。敵の状況を意味するはずのものだったが、あまりにも多くの場合に、作戦のコードネームはアメリカ軍の戦い方をぴったり言い表すものになった。

私はのちに、ヴェトナムで戦うための訓練期間と実際に戦地で過ごしたあわせて一六ヵ月か一七ヵ月について、あれこれ考える時間をたっぷり持つことになる。帰国して間もないある日の夜遅く、ティーンエイジャーを詰め込んだ車が私のコンヴァーチブル車に衝突した。おかげで一年間の入院生活を送るはめになり、その半分は集中治療室で過ごした。なんとか生き延びることができたのは、外科のロバート・マリン医師と彼のスタッフの優れた技術、そしてケフリンという特効薬のおかげだ。もし同じけがをヴェトナムで負っていたら、助かっていたかどうか疑わしい。理路整然とものを考えられるまでに回復したとき、私はアメリカが勝った戦争、負けた戦争について、その理由を分析するという長い旅を始めた。これで読者のみなさんには、なぜ私のヴェトナムでの経験がこの本のベースになっているか理解してもらえただろう。

◆

ヴェトナムから戻って一〇年近くがたったころ、私は海軍大学の政治学、国際金融学の博士号を取得した（技術分野の学位よりも、こちらのほうが技術部門の職に役立った）。一九七五年六月には、ワシントンDCのアメリカ合衆国国防大学に送られた。私はこの国の最も古い国防大学で教える最も若い士官だった。学生となるのはおもに各軍の大佐たちで、国務省外交局、CIA、その他政府機関の人間がちらほら交じっていた。軍からの学生はほぼ全員がヴェトナム帰りだった。文官の学生の多くも、同じように東南アジアに駐在した経験を持っていた。

ヴェトナム戦争が話題になると、軍人学生のほとんどは不機嫌になり、守りの姿勢に入る。私たちはこの戦争に負けたのだ。軍服を着た学生全員が、同じように責任を感じていた。軍にとってはよい時代ではなかった。この前年にニクソン大統領がウォーターゲート事件のために辞任していた。そして、北ヴェトナム軍が意気揚々とサイゴンを行進するなか、最後のヒューイ・ヘリコプターがアメリカ大使館の屋上から飛び立つ映像によって、アメリカはさらに威信を失った。

国防大学での三年半は、なぜアメリカがヴェトナムで負けたのかを分析し、失敗の構造を解剖するかのごとく詳細に調べる十分な時間を私に与えてくれた。また、政府の要人たちと知り合う機会も得た。国防、外交政策、国家安全保障問題で将来重要な役割を果たすことになる人たちだ。なかでも将来の統合参謀本部議長のコリン・パウエルが、最も有名で尊敬される人物になる。しかしパウエルだけでなく、アメリカ建国から二〇〇周年にあたる一九七六年の国防大学の卒業生の多くが、軍や政府の他の部門で傑出したキャリアを築いていく。国防大学の学長で大勢に慕われた空軍のジェームズ・マーフィー少将にとって、この年度の卒業生は「偉大なアメリカ人たち」として記憶され、彼はよくこのフレーズを使っていた。

しかし、もし一九六五年が、かつてフランク・シナトラが甘い声で歌っていたような「とてもよい年」ではなかったとしても、当時は(今でさえ)誰も、ヴェトナム戦争がどんな戦争になり、どんな終わり方をするかは想像もできなかっただろう。残念なことにこれが将来の戦争のひな型に、そして、軍事力の誤った使い方によるさらなるアメリカの失敗の先駆けになるということも。半世紀が過ぎたころには、ヴェトナムでの敗北から学んだはずだったことが、何世代もの指導者の頭から抜け落ちていた。おそらく、アメリカの戦略的、政治的DNAに重要な遺伝子が欠けてしまったのだろう。

信頼できる正当な理由や戦略的思考なしに戦争や武力介入を始めたり、不必要な挑発をしたりすれば、失敗は避けられない。それなのに、あまりにも頻繁に、アメリカはこの明らかに失敗につながる戦争のやり方を選んできた。問題は、アメリカの指導者がこれからも同じ行動を繰り返して別の結果を期待するという愚策にとらわれ続けるのかどうかだ。どこかの時点で、アメリカ人は大統領の仕事がどれほど過酷であるかに気づかなければならない。そして大統領候補者に対しては、中身のない、あるいは間違いだらけの約束を真に受けるのではなく、厳しい現実に対処する具体的な計画を求めなければならない。しかし残念ながら、国民からのそうした働きかけは将来の選挙に影響を与えそうもない。二〇一六年の選挙には間違いなく影響を与えなかった。もっと悪いのは、アメリカ人があまりにも多くの政権に健全な戦略的思考が欠けていたことを忘れ、このたびたび繰り返される病いに立ち向かうように将来の大統領を励ます手段も影響力も持たなくなってしまうことだ。もし、ほんの小さな形でも、本書がその事実を広められるなら、もしかしたら（という但し書きで）、誰かが耳を傾け、行動の先頭に立ってくれさえするかもしれない。

第1章　なぜ失敗するのかを分析的に考える

二〇一五年五月、ラスベガスで開催された「スカイブリッジ・オルタナティヴス・コンファレンス（SALT）」で、私、ハーラン・K・ウルマン（HKU）は自著『*A Handful of Bullets: How the Murder of Archduke Franz Ferdinand Still Menaces the Peace*（ひと握りの弾丸――フランツ・フェルディナント大公の暗殺がなぜ今も平和を脅かすのか）』を紹介した。

会議司会者　あなたは、社会に対する最大の脅威は機能しなくなった政府であると主張されました。アメリカが一九四五年以降に始めたすべての戦争で負けてきた理由も説明できますか？　それは政府が機能しないからでしょうか、それとも他の理由があるのでしょうか？

HKU　その質問が私の次の本のテーマです。簡単に答えるなら、誰が、あるいはどの党が権力の座に就いたとしても、大統領が経験豊富であっても経験不足であっても、大きな違いはありません。健全な戦略的思考の代わりにイデオロギーや政治的ご都合主義が幅をきかせ、むずかしい問題への問いかけと答えを見つけようとせず、基本的な政策の前提に疑いを抱かずにいることが多すぎます。さらに、行動すること、しないことの問題と結果を完全に理解できてもいない状態です。ヴェトナムはその最も明らかな例です。第二次イラク戦争が二番目の例、二〇一一年のリビアへの介入が三番目の例です。

アメリカが正当な大義なしで、あるいは根拠となる相手からの挑発なしで武力介入を始めたときにはいつも、結果はアメリカの安全を損ねるばかりで、最悪なケースではもっと壊滅的な影響をもたらしました。残念ながら、ヴェトナム戦争以降のすべての政権は、ジョージ・H・W・ブッシュ政権を唯一の例外として、この現実を無視するか理解できていませんでした。

アメリカが国家としてどのように共同防衛と安全を提供するか、そのやり方を大きく改革しないかぎり、自国の利益を守る、あるいは促進するという目的で武力を行使すると決めたときに、将来の戦争が過去五〇年の戦争より成功できるとは期待できません。とくに不安にさせるのは、この間違った理由のために戦争を始め、武力を行使する傾向が、今ではアメリカのDNAに深く埋め込まれてしまっているかのように思えることです。

だからといって、必要なときにも武力を使うべきではないという意味ではありません。しかし、武力を使うときには、そうするだけの正しい理由があり、アメリカの国益のために戦うのだと確信できなければなりません。

二〇世紀を通じて、アメリカ合衆国は高度な工業力を誇り、軍事的には圧倒的に有利でありながら、正当な大義なしで始めた戦争では敗北してきた。それはなぜなのだろう？　五万八〇〇〇人のアメリカ人兵士が戦死したヴェトナム戦争から、より近年のイラク、アフガニスタン、リビアでの失態まで、疑いようのない失敗の例がある。これらの戦争は二度の世界大戦や冷戦のような、誤った戦い方をすると核による世界の終焉につながるような戦争ではなかった。一九一七年の皇帝時代のドイツ、それから二五年後のヒトラーと日本の軍事政権、そして、第二次世界大戦後のソビエト連邦に対しては、アメリカは、紛争を始めるか挑発した外からの脅威に対処するため、戦争に参加した。

朝鮮戦争はまだましな例で、引き分けという結果だった。もっとも、この戦争については一九五〇年六月に南に侵略した北朝鮮が明らかな攻撃者だった。二〇〇一年九月一一日のテロ攻撃は、ニューヨークの世界貿易センタービル二棟とワシントンDCの国防総省の建物（ペンタゴン）の一部を破壊し、それに対して強い姿勢を示す必要はあった。しかし、「テロとのグローバル戦争」という誤った名前がつけられた戦いは、暴力的なイスラム過激派による危険を封じ込めるのではなく悪化させたという点で、今のところは失敗している。

◆

こうした失敗の理由を明らかにし、分析していくうえで、私たちはこう問いかけなければならない。なぜこの数十年間の共和・民主両党の政権は、武力は最終手段と言いながら、実際には最初の政策として武力行使を選ぶことのほうが多く、政府が選択できるその他の手段を無視、あるいは過小評価してきたのだろう？　その結果として、この失敗の歴史について次の疑問が生じる。冷戦の終結以降、アメリカと両党の政権は、健全な戦略的思考と判断力を取り入れることができなかったように思える。そして、危機、脅威、安全と幸福を損なおうとする動きの徴候にばかり目を向けて、原因に対処することができず、いつも予想どおりの望ましくない結果に終わってきた。それはなぜなのだろう？

この失敗の傾向はアメリカの政治的DNAに永久に植えつけられてしまったのだろうか？　失敗とは、統治能力もその意欲もないように見える政治システムの産物なのだろうか？　その政治的システムがこの二〇年間に選んできた大統領は、その職に求められる非常に厳しい要求に応える資格も心構えも十分ではなかったということなのだろうか？　それとも、現在の多層的で複雑な、なかには解決不能なものも含まれる数多くの問題は、どれだけ有能な個人や政権であってもその能力が及ばず、効果的に対処できないものなのだろうか？

外交政策で成功するか失敗するかは、初代ウェリントン公爵［訳注：一八一五年のワーテルローの戦いでナポレオンを打ち破ったイギリスの軍人］の言葉を借りれば「紙一重」だ。しかし、冷戦の終結以前から、アメリカが間違った理由、とくに重大な欠陥を含む理由から介入または開始した戦争は、必ず失敗に終わるということは、ヴェトナム戦争が明らかにしたはずだった。アメリカは冷戦後にも、イラク、リビア、そしておそらくアフガニスタンへの介入で、不幸な結果を繰り返してきた。これらの失敗はさらに、批判する側の人たちに多くの攻撃材料を与えることにもなった。彼らはそれを武器に、すべての政権の外交政策と軍事戦略を非難してきた。

ジョージ・ワシントンにまでさかのぼる歴代大統領とその政権は、戦略をまったく持たないか、間違った戦略を用いたか、あるいは単純に、外交政策の基礎にするにはまったく効果のない戦略だったかで、非難されてきた。外交政策をめぐる辛辣な議論は、決して最近だけに限られた特別な現象ではない。一九四一年一二月七日の真珠湾攻撃以前には、アメリカ人の圧倒的多数が、ヒトラーが一九四〇年に文明に対する宣戦布告をして、西ヨーロッパのほぼ全域を占領したあとで、フランクリン・D・ルーズヴェルトがイギリス側についたことに反対するか、腹立たしく思っていた。ヴェトナム戦争もまた、アメリカを深く分裂させた。それでも、東南アジアでの戦争が敗北に終わり、撤退が避けられないとアメリカ政府が認めるまでには何年もかかった。

冷戦の終わりから二五年間、重要な外交政策での失敗があまりにも多かった。もしアメリカがこの危険な運命の逆転の流れを変え、もっと効果的な戦略を立案しようと思うなら、何ができるだろう？　あるいは、何をしなければならないだろう？　それとも、成功ではなく失敗の可能性が限りなく大きいというのが、新たな常態になってしまうのだろうか？

重要な問いかけをして、それに答える必要がある。とくに責任ある地位に就こうとしている人たちがそうしなければならない。武力行使を含むアメリカのこれまでの戦略は、なぜ、どのように成功また は失敗してきたのか。二一世紀の脅威と課題を考えれば、成功の理由と要因をしっかりと理解することが欠かせない。しかし、おそらくより重要なのは、失敗の理由と要因を理解することだ。成功の見込みを大きくするには、まず失敗の分析に注目することで多くの手がかりがつかめるかもしれない。

神か幸運が味方しないかぎり、アフガニスタンへの介入もまた同じコースをたどり、過去の失敗を繰り返すだろう。その当然の結果として生じる疑問は、他国の体制転換を図ろうとするアメリカの傾向は、なぜいつも破滅的な状況を引き起こすのか、ということだ。その答えはおそらく、私たちが大統領に選ぶ人物に見つかる。

大統領の職務は桁外れの困難を強いる。あまりに過酷なため、はじめて大統領職に就く者は、自分に課せられた仕事がどれほど苦悩に満ちたものかを完全には理解していない。ときには実行不可能なことさえある。ジョン・Ｆ・ケネディ大統領は、「大統領になるための学校がない」と冗談を言ったことで有名だ。おそらく、学校があってしかるべきなのだろう。候補者指名プロセスと選挙運動はたしかに学校の代わりにはならない。合衆国憲法は大統領になるための資格として次の四つの条件しか挙げていない。アメリカ生まれでアメリカ国籍を持つこと。三五歳以上であること。アメリカに一四年以上住んでいること。選挙人団の過半数の票を獲得することである。

第二次世界大戦後の歴代大統領は、ハリー・トルーマンからリチャード・ニクソンまでは、ＪＦＫを例外として、大統領職に就く準備をそれなりに整えていたと言っていい。トルーマンは外面的には大統領になる明らかな資格を持っていなかったかもしれず、原子爆弾を開発したマンハッタン計画を含め、ルーズヴェルトが下した多くの決定でそのプロセスから除外されていた。しかし、彼ほど歴史をよく学び、自分に先立つ政権についてよく知っていた大統領はほとんどいない。ドワイト・Ｄ・アイゼンハワー、ニクソン、ジェラルド・フォードはいずれも経験を積んでいた。若いケネディは、自身のカリスマ性と、「ベスト＆ブライテスト（最良にして最も聡明な人々）」を政策チームに選んだことで、経験不足を補っていた。ジミー・カーターは、大統領職にふさわしい人物かどうか、就任初日から疑いを持たれた最初の大統領だった。

ロナルド・レーガンを否定するのは簡単だが、彼は世界の大部分の国よりＧＤＰが大きい州の知事を二期務め、映画俳優組合の代表を何年も務めた。次のジョージ・H・W・ブッシュは間違いなく、近年のどの大統領と比べても十分な資格を持って大統領職に就いた。彼の政権がソ連の内部崩壊にどう対処したか、ヨーロッパをどのように「一体化し、自由で平和に」したか、一九九一年にどのようにサダム・フセインをクウェートから追い出したかは、健全な戦略的思考と判断力を教科書どおり用いた実例だ。残念ながら、彼に続いた四人の大統領はその経歴と資質ゆえに選ばれたわけではなかった。

ビル・クリントンは優れた政治家で、近年では最も見事な手腕を発揮した大統領の後を継いだ。ジョージ・H・W・ブッシュ政権が経済を立て直してくれたので、クリントンはその恩恵にあずかるだけでよかった。「砂漠の嵐作戦」と、イラクを占領しないという分別ある正しい決断は、ヴェトナムの悪魔を追い払った。ソビエト連邦の内部崩壊が冷戦と米ソ双方の壊滅という脅威を終わらせ、世界の安定と繁栄という大きな希望へと道を開いた。クリントンは幸運だったが、彼の大統領としての一年目は混乱続きだった。政権は大きな国際的危機は避けられたものの、ロシアを長期的にどう扱うかを決めないままNATOを拡大するという決定、コソボ危機の解決に七八日も要したこと、そしてクリントン本人とホワイトハウス実習生との不適切な関係が、大統領としての経歴に消せない汚点を残した。

ジョージ・W・ブッシュも同じように大統領職に就くための経験と資格に欠けていた。テキサス州知事（他のほとんどの州と比べ、知事の権威ははるかに低い）としての二期の経験も、それよりずっと上の地位に就くには不十分だった。父親が副大統領、そして大統領としてホワイトハウスで過ごした一二年を間近で見ていれば、教育的効果があったかもしれない。しかし、そうはならなかった。ブッシュはその地位に就いてから学び、最後の一年か二年にようやく大統領はどうあるべきかを理解したが、遅きに失した。アフガニスタンとイラク侵攻が引き起こしたダメージは取り返しがつかないものだった。実際に、イラク戦争は南北戦争以来最大の地政学上の誤りだったと論じる専門家は多い。

バラク・オバマはジョージ・W・ブッシュよりさらに経験が少なかった。クリントンとは対照的に、オバマは大恐慌の時代に政権に就いたフランクリン・D・ルーズヴェルト以来、どの歴代大統領よりも、国がひどい状態にあるときにその舵取りを引き継いだ。二〇〇八年の金融危機、イラク、アフガニスタン、テロとの戦い、そして、ロシアとの関係の崩壊は、ワシントン、リンカーン、フランクリン・ルーズヴェルトのような優れた大統領でさえ、困難な取り組みを強いられていただろう。

二〇一七年一月のドナルド・J・トランプの大統領就任は、政府での政治経験をたったの一日も持たない人物が、就任宣誓をしたことを意味した。実のところ、彼は大きな公企業の経営者として株主や取締役会への責任を果たしたことすらなかった。その彼が今は、アメリカ議会の五三五人の取締役と、アメリカ国民という約三億二〇〇〇万人の株主を抱えているに等しい。トランプ政権の成功と失敗について判断を下すには、まだ就任からの時間が短すぎる。しかし、トランプが就任後数週間に立て続けに署名した大統領令と、その結果として引き起こされた混乱は、よい徴候とはいえない。彼が選挙戦中に公約として口にしていた、少なくとも年率四パーセントの経済成長、数百万の職の創出、「オバマケア」の撤廃とそれに代わる保険医療制度、そして税制改革は、二〇一八年一一月の中間選挙でその是非が問われるだろう［本書四七ページ参照］。

しかしながら、成功と失敗の大きな原因の一つは、ホワイトハウスの主《あるじ》個人の資質だ。もし大統領が周りを有能な顧問や閣僚で固めれば、大統領自身の経験不足を他の人材で補えるという考えは、誤った結論に導く。おそらくそういうこともあるだろうが、個人の才能が人格や判断力の代わりになることはない。

以上のことすべてから、一つの疑問が浮かび上がる。過去七〇年間の共和・民主両党の多くの指導者が、賢く、巧みに、思慮深く統治する能力に欠けていた。外交政策が失敗しがちな傾向は、彼らが吸う空気のように、当たり前のものになってしまったのだろうか？　チェック・アンド・バランス（抑制と均衡）の政治システムと、一八世紀の優れたリーダーたちが考案した政府の権力分散が、二一世紀の現在にはもう通用しないというのは本当だろうか？　それとも、現在の課題や危機が手に負えない性格のものになり、それを解決するのは最も有能で知識のあるリーダーたちでさえ不可能になってしまったのだろうか？

ここにいくつか、仮の答えがある。現在の破綻した政治プロセスのために、責任ある地位に就く準備が十分ではなく、その職に必要な能力を手際よく身につけられないリーダーでも、選挙で当選したり任命されたりすることはおおいにありうる。うまく機能しない政府は、国が直面している複雑な問題や脅威について基本的な理解を持つ本当に有能なリーダーたちでさえ、失敗の道へと追い込むかもしれない。それでも、まだ救いと思えるのは、現時点ではアメリカの存続に関わる脅威は（環境破壊に関する暗い見通しを除いて）存在しないということだ。政治家たちがどれだけ中国とロシアを現代のナチスドイツやソビエト連邦に変えようと仕向けても、近い将来に野蛮人たちが門を突き破ってくることはないだろう。しかし、不安材料もある。それは、近い将来にはないとしても、こうしたことが永遠に起こらないとは言い切れないことだ。

緊張が増して非難合戦を繰り広げる党派間の対立環境が、失敗の可能性を何倍にも高める。スマートフォンさえあれば、ほぼ誰でもアクセスできるソーシャルメディアは、情報発信の場にもなる。二四時間休むことのないニュースサイクルと、しばしば極左や極右に偏向する報道メディアは、うわさや推測を事実として、また偏った意見を真実として伝えがちだ。そして、統治よりも選挙と再選挙で勝つことを最優先に考えさせる政治システムが、失敗に向かうもう一つの徴候となる。

さらには、実質的に世界中のすべての地域が瞬時に結びつき、世界で起こる出来事が以前とは比べられないほど相互につながっている二一世紀の環境のなかで、巨大な「帯域幅《バンド》」、つまりは処理能力の問題が大きくなった。これは、同時進行するいくつもの危機と問題がホワイトハウスと大統領にとって過重な負担になることを意味する。しかも、つねにメディアの精査を受ける。時間が敵になった。メディアが小さな危機や悪いニュースを次々と吐き出し、すべてに即時の対応を迫ってくるこの時代に、優先順位を設定するのはむずかしい。二四時間休むことのないニュースという暴虐のために、個々の危機すべてに十分な時間をかけて対応することは、それがどれほど重要なものであっても不可能になる。そして、大統領は人の生死にかかわる決定を含むその職務上の責任を誰かに委託することはできない。ハリー・トルーマンがたびたび経験したように、責任はほぼ間違いなく大統領執務室にとどまる。

最後に、私たちが暮らす世界で起こる危機、課題、危険のなかには、実際的な優れた解決策がほぼないに等しいものも存在する。ソビエト連邦の崩壊で、ジョージ・H・W・ブッシュは「新世界秩序」を継承する最初の最高指揮官になった。しかし、ソ連後の世界をそれ以前より安全にしようとしたブッシュ大統領や、彼の非常に有能な補佐官や顧問たちが、それまでとは異なる、あるいはどんどん変化していく国際環境がもたらす影響を完全に理解していたかどうかはわからない。いずれにしても、ブッシュの「新世界秩序」は、二〇一七年には「新世界無秩序」へと変質してしまったように思える。

本書が最も勧めたいのは、優れた判断につながる戦略的思考へのアプローチだ。健全な戦略的思考は三つの要素を結びつける。第一に、その問題を取り巻く状況について深い理解と知識を持つ必要性。ヴェトナム、イラク、アフガニスタンでは、ホワイトハウスは政策の基礎として必要な理解や知識を単純に無視するか、否定するか、まったく持たなかった。残念ながら、二〇一一年のリビアでの失態でも、イスラム国（IS）との戦闘でも、この理解と知識の欠如が繰り返された。

第二に、時代とともに変わりゆく戦略的環境を理解すること。歴代政権はそれができていなかった。たとえば、現在の外交政策の論理的枠組みは、かなりの部分が二〇世紀と冷戦時代の思考から成り立っている。二一世紀の地球規模のつながりと相互関係は、二極的な世界から、多くの勢力が対立しながらも利害を分け合う世界への移行によって生まれたものだが、その変化が戦略的思考の枠組みに取り入れられていない。

私たち――私たちアメリカ人――は、時代遅れの概念がもう通用しない世界で、それが幅をきかせるのを許してきた。この状況は、ケネディの戦略的思考にも当てはまる。誤った戦略的思考が、一九六一年四月の「ピッグス湾」の失態、そしてキューバのミサイル危機につながるソ連の介入を完全に読み違う原因となったのだ。二一世紀の現在にまだ生き残っている最も時代遅れの概念の一つは、二〇世紀型の抑止力の理論で、これはもう今の世界には通用しない。今世紀の抑止力はかつて考えられていたような軍事力や核戦争の脅威、社会の抹殺に依存するわけではない。現在の抑止力は、優れたアイデアと健全な戦略的思考にかかっている。それは、より攻撃的な（あるいはおびえ切った）ロシアが相手でも、政治的目的のために偉大な宗教を悪用してきたイスラム主義のテロリストたちが相手でも変わらない。時代遅れの概念は何の概念も持たないのと同じくらい、あるいはそれ以上に危険なものになりうる。もっとも、概念が欠如しているか、全般的に無視されていれば、少なくとも他国との関わりを制限するかもしれない。そのほうが、向こう見ずで最終的には逆効果でしかない行動を選ぶよりは、はるかにましだろう。

イスラム国に関しては、ロシア、イラン、湾岸諸国、EU諸国、トルコ、アメリカなど多くの国にとって、この敵を倒すことが共通の利益になる。しかし、ウクライナ問題、テロリズム、急進主義、イスラエルなど、利害が対立する複雑な問題も多数ある。かつてレーニンは、「同志よ、矛盾はおおいにある」と簡潔に言い放った。実際に、政策をめぐる矛盾を解決することは、（シリアでの状況がそうであるように）固く結んだいくつもの結び目を同時に解くようなものだ。

第三の要素は、政策の目的が標的または敵対者の意志と認識を変え、彼らに影響を与え、さらにはコントロールさえすることを通して達成されなければならないということだ。そのためには、しっかり準備を整えた、あらゆる政策ツールを駆使した総合戦略が必要になる。軍事力に過度に依存することなく、また軍事力を政府に欠けている、あるいは当てにならない要素の代わりにしてはならない。そして、その戦略は、誤った前提、あるいは徹底的に精査されていない前提に基づいたものであってはならない。スローガンやキャッチフレーズが戦略になりすましていることがあまりに多い。たとえば、「ハイブリッド戦争」と「テロとのグローバル戦争」という二つのフレーズを考えてみてほしい。本書はこうしたキャッチフレーズが健全な戦略的思考の対極であること、どれも非常に困難で複雑な問題をあまりに単純化して表現していることを説明する。

政策を効果的にするためには、まず現実に達成されうる結果を明らかにし、次に目的と手段、入手可能な資源を結びつけるプロセスに進まなければならない。提示される結果が曖昧すぎたり実現不能だったりすることが多すぎる。さらに悪いことに、政策の選択につながる前提が、しばしば検証や徹底的な議論がなされないまま、仮定ではなく真実として受け取られている。ヴェトナム、イラク、リビア、アフガニスタンは、戦略的思考の基本的な原則をこのように軽視した結果として生まれた悲劇だった。

この繰り返される失敗（と数少ない成功）の物語を語ることこそが、本書の最大の価値であり重要な点だ。アメリカの行動と政策がしばしば悲惨な結果に終わってきたことを認めないかぎり、どんな変化も期待できない。この一種の病いを認めることが、それを治す最初のステップになる。何が成功したかを理解すれば、失敗の理由が浮き彫りになる。

健全な戦略的思考を採用しないとき、あるいは武力行使が必要になるかもしれない場面で、状況についての総合的な知識と理解が欠けているときに、どれほど致命的な結果を招きうるか。それを明らかにし分析することが本書のテーマである。本書が提示する解決策はやや直接的で簡潔すぎるように見えるかもしれないが、アルバート・アインシュタインが示唆したように、困難な問題の解決策は、できるだけシンプルにしたほうがいい（ただしシンプルすぎてはいけない）。

訳注：二〇一八年一一月の中間選挙の結果、連邦議会上院ではトランプの共和党が多数派を維持したものの、下院では民主党が多数派を奪還。トランプ政権は厳しい政権運営を迫られることになった。

第2章　ソ連、ヴェトナムへの道
——J・F・ケネディ

二〇〇〇年初め、ロバート・ストレンジ・マクナマラ（RSM）とハーラン・K・ウルマン（HKU）の昼食時の会話。

HKU　今日はまた時間をおとりいただき、ありがとうございます。

RSM　どういたしまして。君とは以前、ヴェトナムをめぐって意見が対立していた。今、この段階で振り返ってみると、君が正しかったと思う。しかし、それはもう過去の話だ。

HKU　じつは、ソ連とペンコフスキー・ペーパーズ（機密文書）についてお話ししたいと思っていました。覚えていらっしゃると思いますが、これはソ連軍参謀本部が一九五九年から一九六一年ごろまで刊行していた『*Military Thought*（ミリタリー・ソート）』と呼ばれる機密文書のコピーで、核戦略や、どれだけ核兵器があれば十分かについての大々的な議論を記録したものです。オレグ・ペンコフスキーはソ連軍参謀本部情報総局（GRU）の大佐で、将官に昇進できないことに不満を抱えていました。彼は機密文書をなんとかマイクロフィルムに撮影して、それをイギリスの情報機関MI－6に渡しました。間に入ったのが、モスクワでジャーナリストを装って活動していたグレヴィル・ワインという工作員です。

RSM　その文書については私も知っていた。

HKU　ニキータ・フルシチョフが最終的に、西側との軍拡競争がソ連経済を弱らせていると判断したのは明らかです。アイゼンハワーが「大量報復戦略」を採用し、通常兵器よりも安くてすむ核兵器への依存を高めると、フルシチョフはソ連の国防支出を削減しました。もちろん、軍隊も縮小しました。『ミリタリー・ソート』は、この件に関する議論をリアルタイムで提示するもので、しばらくすると、それに続いて、機密扱いではないロシアのジャーナル誌が議論の両サイドの意見を公表しました。

RSM　CIAがその文書を入手したが、偽情報だという結論に達した。そのため、ジム・アングルトン［ジェームズ・ジーザス・アングルトン。当時の防諜責任者］が、この文書をはねつけたのだ。

HKU　しかし、アングルトンは被害妄想に陥り、ダレス［アレン・ダレス。当時のCIA長官］と同じように、ソ連を客観的に分析できなかったことはよく知られていたことです。

RSM　我々がそのことに気づいたのは、ピッグス湾のあとだった。ダレスは解任され、アングルトンは引退した。しかし、それで状況が変わったとは思わない。

HKU　それは、どういう意味ですか？

ＲＳＭ　大統領は再軍備をして軍を大幅に増強することを決定していた。彼はそれを公約に掲げて大統領選に出馬したのだから、その公約を守ったということだ。だから我々は核戦力の規模をほぼ倍増し、「柔軟反応戦略」に移行した。つまり、ゲリラ戦から核兵器まで、あらゆる面でロシアと対等になろうとした。軍事力の増強がソ連を抑止する唯一の方法だった。それが、私たちすべてがヒトラーと第二次世界大戦から学んだ教訓だった。

ＨＫＵ　フルシチョフが戦力を削減したのは明らかだったのに？　なぜアメリカはその事実を無視したのでしょう？　それに、ケネディは共和党保守派のニクソンと戦うにあたって、「ミサイルギャップ」の問題を取り上げましたが、当時のミサイルギャップは完全にアメリカが有利だったのではないですか？

ＲＳＭ　先ほど言ったように、それが事実だったとしても状況は変わらなかった。ケネディ大統領はすでに心を決めていた。そして、「ミサイルギャップ」は私たちが考えるほど不利な状況ではなかったが、運任せにすることなく戦力を増強することにした。

ＨＫＵ　もちろん、誰も大統領に異議を唱えたりはしなかったでしょう。たとえそれがアメリカをヴェトナム戦争に引きずり込み、おそらくは冷戦を一〇年かそれ以上長引かせることになったとしても。

ＲＳＭ　忘れないでほしいのだが、ピッグス湾侵攻についても、もちろん防衛力の増強についても、それを進めるように我々に助言したのは将軍たちだ。

ＨＫＵ　そして、誰も将軍たちに反対しなかったのですよね？　彼らは基本的にＪＦＫが望んでいたことに合意していたのですから。

RSM　そのとおり。

HKU　そのことを後悔していますか?

(ロバート・マクナマラは二〇〇九年に死去する前に、ヴェトナム戦争について二度、自身の見解を翻した。最初のときには自分の責任と失敗を認めたが、のちにまったく反対の考えを示した)。

◆

一九六一年一月二〇日、ジョン・F・ケネディは熱のこもった就任演説で、自由と解放を守り維持するためには、「いかなる代償も支払い、その重荷に耐える」と約束した。若々しい新大統領のカリスマ性は人々をとりこにした。「キャメロット」〔訳注:ケネディ政権とそれを取り巻く人々を指す〕と「ニューフロンティア」〔訳注:ケネディが打ち出した政策。戦争、貧困、差別などを新たなフロンティア(未開拓地)とみなし、解決を呼びかけた〕がワシントンに旋風を巻き起こした。

ケネディは四三歳という若さではあったが、のちに大統領職に「不可欠な資質」とみなされるものを持っていると広く認められていた。彼は父親のジョセフ・P・ケネディによって育てられ、教育されていた。その父親自身は、フランクリン・D・ルーズヴェルト政権で大使としてロンドンに赴任している間に、イギリスはヒトラーには勝てない、参戦はアメリカにとって愚かな選択だと大統領を説得しようとして、自らの政治的キャリアを台無しにした。FDRにとっては目障りな存在となり、それにふさわしい扱いを受けた。

ＪＦＫはハーヴァード大学時代に、卒業論文として『英国はなぜ眠ったか』を書いていた。父親はその論文を書き直させ、一九四〇年に出版した。八万部ほど売れたというこの本は、ヒトラーに対する宥和政策を批判する内容だった。多くの面で、この本がケネディののちの考え方の基礎になっている。一九三〇年代のナチスドイツの台頭という悲劇を繰り返さないために、ソ連とその独裁政治には武力で対抗しなければならない、という考えである。大統領に就任したとき、彼が任命した閣僚や顧問のほとんどは第二次世界大戦に従軍した経験があった。全員が、宥和政策は最終的には失敗するという彼の論文の主張を支持していた。ケネディは自らを究極の「冷戦の戦士」ととらえていた。

キューバのフィデル・カストロと共産主義体制を打倒するためのピッグス湾上陸作戦は、一九五九年末から一九六〇年初めにかけて計画が開始された。一九六〇年はアイゼンハワー政権の最後の年だ。それに先立ち、ＣＩＡが工作した一九五四年のグアテマラでのクーデターが成功し、その前年にはイランでも、やはりＣＩＡの〝工作〟により、モハンマド・モサデク首相がクーデターで失脚し、シャーが再び「孔雀の玉座」を復活させていた。こうした相次ぐ成功のため、ＣＩＡのアレン・ダレス長官とリチャード・ビッセル作戦担当副長官は、ＣＩＡが雇った傭兵に支援された亡命キューバ人活動家の侵攻部隊によって、カストロを簡単に排除できるだろうと自信を深めていた。

アイゼンハワーは一九六〇年の大統領選挙後に、最終計画についてブリーフィングを受けていた。その選挙では白熱した選挙戦の末、ケネディが現職副大統領のリチャード・ニクソンを制して勝利した。ケネディは選挙戦中、アイゼンハワーとニクソンよりも右寄りの姿勢を見せ、アイゼンハワー政権の核による抑止と「大量報復」から成る「戦略的ニュールック政策」は、アメリカとNATO同盟をソ連の通常戦力に対して脆弱にした、と主張した。ケネディは米ソ間には「ミサイルギャップ」が存在し、アメリカはソ連に遠く引き離されているとも主張したが、これは誤った認識だった。

キューバ侵攻計画は、最初は「プルート作戦」、次には「ザパタ作戦」として進められ、ようやく最終計画段階に入ったところだった。ケネディは就任後に早速、いくつかの補正予算案を通して防衛費を即座に増額しようとした。最終的に、アメリカの戦略的核戦力は、大陸間弾道ミサイル（ICBM）一〇五四基、ポラリス・ミサイル搭載潜水艦四一隻に合計六五六基のミサイル、そして、長距離爆撃機約六五〇機に設定される。さらに、核兵器の標的設定は「単一統合作戦計画（SIOP）」による集中管理とした。これは陸海空軍の核戦闘能力を協調させるためのものだ。そして、数千の短距離または戦術核兵器を陸軍、海軍、空軍に装備させた。

三軍の参謀総長はさらなる核武装を要求していたが、どれだけあれば十分かについてはその根拠を示すことはなかった。マクナマラはこれだけの防衛力増強を正当化する根拠が欠けていることに気づいていた。しかし、もっと核兵器を欲しがる将軍たちの飽くなき要求を抑えつけるために、どんな「分析的」証拠を彼が提供できたことだろう？　当時は、その答えは「何もない」だった。したがって、何らかの尺度が必要とされた。もしアメリカがソ連の人口の約三分の一と産業能力の半分ほどを破壊できるとしたら、ソ連はいかなる攻撃も思いとどまるだろう。マクナマラは勝手にそう想像した。彼はその後、「確証破壊」の曲線が書き込まれたグラフを作成した。その線は、彼が十分と思う戦力レベルに達したところで平らになる。つまり、それより大きなダメージを与えても費用対効果は小さく、したがって不必要ということだ。

マクナマラはJFKが承認した予算と戦略兵器の増強により、アメリカは十分すぎる核戦力を手に入れたと結論していた。彼は三軍が、不必要な兵器体系のための予算をそれ以上要求することを望まなかった。この主張がひねくれた考えによるものだったか常識にかなったものだったかは、今でも議論の余地がある。いずれにしても、のちにソ連が移動式核ミサイル弾頭の数でアメリカと並び、その後、上回ると、この戦略は見当違いの「MAD」（相互確証破壊）という呼び名で知られることになる。しかし一九六一年には、誰もそんなに先のことまで考えていなかった。また、マクナマラが一九六七年に「都市回避」の演説をしたときにも、そうした思考プロセスは見られなかった。マクナマラのそのときの主張は、アメリカの戦略核兵器の標的は「ソビエト戦略ロケット軍」であるべきというものだった。いわゆる「損害限定」戦略のなかで取り入れられた見解である。これは、戦争が起こった場合の最優先事項は、ソ連の核戦力を可能な限り破壊し、アメリカと同盟国の「損害を限定する」ことを意味した。

一九六一年四月四日、ケネディにザパタ作戦の最終計画が提出され、同じ月の後半、CIAの訓練を受けた亡命キューバ人およそ一四〇〇人がバイア・デ・コチノス（ピッグス湾）に上陸した。CIAと統合参謀本部はケネディに対し、この侵攻はカストロとその体制に対するキューバ国民の暴動を誘発するだろうと確約した。アイゼンハワー大統領がこの侵攻に同意していたのかどうか、あるいは退任する前か後にケネディに警告していたかどうかはわからないままだ。

四月一七日、侵攻が開始された。結果は惨憺たるものだった。上陸した部隊はキューバの政府軍に迎撃され無力な状態で、アメリカ軍による救出を待つしかなくなった。また、戦闘機による援護がうまくいくかどうかも疑わしかった。キューバ人の侵攻部隊と彼らを訓練したＣＩＡ要員が空からの援護を嘆願したにもかかわらず、ＪＦＫは損失を最小限に抑える決断を下し、侵攻計画も亡命キューバ人たちも見捨てられた。ケネディ政権は屈辱を与えられた。この大失態の直後に開かれた記者会見で、ケネディは「成功には大勢の親がいるが、失敗はいつも孤児である」と述べた。

ピッグス湾事件と存在もしないミサイルギャップを埋めるためのケネディの再軍備計画は、ソ連でもフルシチョフの新しい防衛戦略をめぐる激しい議論を引き起こした。ソ連はアメリカが核兵器でも通常兵器でもロシアよりはるかに先んじていることをよく理解していた。ソ連の軍隊は、アメリカが防衛能力でリードをさらに広げたと不満をもらしていた。フルシチョフはアイゼンハワーの大量報復戦略が核兵器を強調しているという情報に基づいて、一九六〇年にすでに通常戦力の削減を始めていた。しかし、ケネディ政権が再軍備を急いだことが、フルシチョフの計画への直接的で、致命的になりかねない挑発となる。一九六一年一〇月に開催されたソ連の第二二回共産党大会で、アメリカの新政権の強気な行動と軍事力増強の脅威に照らし合わせて、ソ連の防衛政策が見直された。将軍たちは、両国のこの不均衡は、フルシチョフの防衛費削減政策を覆し、ソ連の軍事力を大幅に強化することでしか解消できないだろうと主張した。

フルシチョフは守勢に立たされた。もし予算を防衛から民間部門にシフトし続けるつもりなら、配下の将軍たちをなだめ、急速に広がっていく米ソ超大国間の軍事力の差を埋め合わせる手段が必要になる。経済状況を考えれば、民間部門と防衛部門の両方に予算を投じることはできなかった。

この議論はソ連軍参謀本部の最高機密刊行物である『ミリタリー・ソート』で正式に報じられた。その関連記事をオレグ・ペンコフスキーがマイクロフィルムに収め、ひそかにイギリス情報部に渡した。そこでこの資料は「アイロンバーク（ユーカリの樹）」のコードネームがつけられ、CIAも情報提供を受けた。ペンコフスキーはその後に逮捕され、反逆罪で処刑される。一説によれば、生きたまま溶鉱炉に突き落とされたとも伝えられる。

フルシチョフはどうしただろうか？　彼の虚勢を張った演説、たとえば一九六〇年一月の「民族解放闘争」を訴える演説などは、欧米ではなく中国に向けたものだった。フルシチョフは政策声明だけではケネディ政権の新しい防衛政策を阻止することも、国内の将軍たちをなだめることもできないだろうことはわかっていた。抜け目ない代替策が必要だった。ベルリンとラオスの情勢について話し合った一九六一年六月のウィーン首脳会談で、フルシチョフはケネディを脅し、いたぶり、怯えさせた。その場で、フルシチョフは東ドイツと個別に和平協定を結ぶと脅しをかけた。そうなれば、共同占領しているベルリンが危機に陥るだろう。ソ連の指導者であるフルシチョフは、この首脳会談を通してケネディの人物像を見定めることができたと考え、経験不足で弱々しい若造にすぎないと判断した。

フルシチョフの戦略的思考ははっきりしていた。どうしたら戦略核兵器におけるアメリカの優位を覆し、抑え込めるのか。彼の計画はすばらしくシンプルだった。ソ連の短距離核ミサイルをキューバに配備するのだ。いったん配備してしまえば、このミサイルがアメリカの東海岸を射程距離に入れる。このたった一つの動きで、ソ連はアメリカを出し抜き、アメリカの核戦略を骨抜きにできる。それによって、長距離ミサイルにそれほど依存しなくてもよくなる。何十億ルーブルもの支出を節約でき、民間部門への資金投入も進められるだろう。

フルシチョフは、アメリカがトルコに中距離弾道ミサイル「ジュピター」を配備したことを知っていた。ほぼソ連との国境といってもいいくらいの場所だ。だからソ連も同じ方法をとり、ケネディが異議を唱えられなくする。ソ連のミサイルをひそかにキューバに配備し、既成事実にしてしまうのだ。皮肉にも、この時点でケネディはすでにトルコからのジュピター撤去を命じていたのだが、国防総省はまだ実行に移してはいなかった。

フルシチョフは国内での支持を取りつけ、計画は実行に移された。ソ連は一九六二年半ばにミサイル発射基地の建設を始めた。一〇月、キューバ上空を偵察していたアメリカのU－2機がこの発射基地の写真を撮った。そして同じ月、キューバ・ミサイル危機が勃発する。明白な危険が差し迫っていた。もしフルシチョフがミサイルの撤去を拒否すれば、考えられなかったはずの核戦争の可能性が現実のものになる。フルシチョフはウィーン首脳会談での印象から、たとえミサイル配備が露見しても、ケネディ政権は引き下がるだろうと確信していた。ケネディがどう反応するかについてのこのフルシチョフの予想は、完全な見込み違いだった。

キューバ・ミサイル危機の経緯については、ここで再び語る必要もないだろう。ロバート・F・〝ボビー〟・ケネディが率いる小人数から成る顧問団――「エクスコム（ＥＸＣＯＭ）」と呼ばれる国家安全保障会議執行委員会――が結成された。ケネディの将軍たちは空爆でミサイル基地を破壊することを提案した。とくに声高にそう主張したのは、カーティス・ルメイ空軍大将だ。しかし、軍の指導者たちは誰ひとりとして、一〇〇パーセント確実にすべてのミサイルを排除できるとは保証できなかった。そのため、外交的手段が探られた結果、解決策として浮かび上がったのが海上封鎖だった。表向きは「検疫」と呼ばれたものの、本当の目的は、核関連の資材を積んでキューバに入港しようとするソ連の商船を阻止することだ。ディーン・ラスク国務長官の言葉によれば、先に瞬きをしたのはケネディではなくフルシチョフのほうだった。ミサイル配備を暴かれた今、アメリカの圧倒的な軍事的優位を考えれば、ソ連には戦争の危険を冒す準備はできておらず、フルシチョフはミサイルを撤去するほかに方法がなかった。その交換条件として、アメリカがキューバへの侵攻、威嚇、攻撃をしないという秘密裏の合意がなされた。さらに、アメリカはトルコからジュピター弾道ミサイルを撤去するという、それまで無視されていたケネディの命令をようやく実行することになった。これについては派手な宣伝も公的コメントもないままだった。

欧米では、ミサイル危機の解決はケネディ大統領個人と政権の重要な勝利として広く認識された。ソ連では、フルシチョフがこの〝愚かな計画〟のために政治局を敵に回した。彼の失墜は時間の問題だった。一九六四年一〇月、クレムリン内の〝穏やかなクーデター〟により、フルシチョフからレオニード・ブレジネフに権力が移行した。欧米諸国にとっては不幸なことながら、ソ連はこれを機に防衛費削減から方向転換し、大々的な再軍備に乗り出す。そして、その流れはこの二五年後にソ連が解体するまで継続されていく。

ケネディは軍備縮小のためというよりは環境保護的な理由から核実験禁止を望んでもいた。しかし、彼にはもう一つの破滅的な結果をもたらす問題が差し迫っていた。ヴェトナムである。こちらはミサイル危機のようにはうまく解決に向かわなかった。一九六一年末の段階で、ケネディは信頼するウォルト・ロストウ国家安全保障担当次席補佐官とマックスウェル・テイラー退役陸軍大将をヴェトナムに派遣していた（テイラーは現役に復帰し、ケネディ政権の統合参謀本部議長となり、最終的には南ヴェトナム大使となる）。ロストウは戦争については楽観的で、アメリカと南ヴェトナムは反乱勢力を造作なくひねりつぶせるだろうと考えた。テイラーの見方はそれよりずっと悲観的だった。ジャーナリストのデイヴィッド・ハルバースタムが著書『ベスト＆ブライテスト』で書いているように、ふたりのまったく正反対の報告書を前にして、ケネディはこうたずねた。「君たちふたりは本当に同じ国を見てきたのか？」共産主義は東南アジアで影響力を増し、ラオスが危険な存在になりつつあった。そして、ヴェトコンがサイゴンの南ヴェトナム政府にとって大きな脅威となる徴候を見せ始めていた。

アメリカはアイゼンハワー政権時代の一九五〇年代半ばから、南ヴェトナム共和国を支援するための控えめな投資として、約七〇〇人の顧問団を送っていた。トルーマン政権以降のアメリカの外交政策は、ジョージ・ケナンの共産主義「封じ込め」の理論をもとにしてきた。東南アジアでは、いわゆる「ドミノ理論」に基づく共産主義拡大の恐怖が予想されていた。もし一つの国が共産主義に屈することがあれば、ドミノ倒しのように残りの国も共産主義の手に落ちるだろうという欠陥だらけの理論である。これもまた、スローガンそのものが現実のダメージをもたらすもう一つの例となった。

ヨーロッパでは、ドミノが実際に倒れ、鉄のカーテンが東ヨーロッパ全域に降りてきた。アメリカは周囲に同盟体制を築き、ソ連の封じ込めを始めた。最初にとった最も重要な動きが、一九四九年の北大西洋条約機構（NATO）の創設だ。一九五五年には東南アジアへのさらなる共産主義の波及を防ぐ目的で、東南アジア条約機構（SEATO）も創設された。しかし、ケネディが大統領に就任するころには、東南アジアへの共産主義の拡大を抑止する努力は不振に陥っていた。

南ヴェトナムでは、ゴ・ディン・ジエムの政府が機能しなくなっていた。仏教国のヴェトナムで、ジエムはカトリック教徒だった。この国は腐敗がはびこり、宗教対立も激しかった。ヴェトコンのゲリラによる成功が目につくようになっていた。ジエムの仏教徒抑圧に対する大衆の抗議が彼の支配の継続を脅かした。どんどん追い詰められていくジエムを支援するために、ケネディは援助の流れを加速させ、徐々にアメリカの軍事顧問団の数を増やし、一九六三年までにその数は一万六〇〇〇人を超えた。それにもかかわらず、ジエムに対する改革と腐敗の是正要求にもかかわらず、プラスになる変化はほとんど起こらず、そして、政治的、軍事的な状況は悪化の一途をたどった。

一九六三年六月、ひとりの仏僧が抗議の焼身自殺をした。ジエムの義妹のマダム・ヌー（チャン・レ・スアン）が無情にも、もし「仏教徒がまだバーベキューを続けたいなら、私がガソリンを提供してあげる」と暴言を吐いた。一方、ズオン・バン・〝ビッグ〟・ミン将軍率いる南ヴェトナム軍は、ジエムにはもう国を統率する力がないと判断する。クーデターの必要があり、軍はその計画を練り始めた。計画はCIAとアメリカ政府の知るところとなり、ケネディは主謀者たちに暗黙の承認を与えた。アメリカには他に選択肢がなく、クーデターを阻止する手段も持ち合わせていなかった。当初のクーデターの目的は大統領を排除することだけで、暗殺ではなかった。

一九六三年九月、苛立ちを深めたケネディ大統領は、ウォルター・クロンカイトとのインタビューで、ヴェトナムに関してこう宣言した。

結局のところ、これは彼ら［南ヴェトナム人］の戦争だ。勝敗は彼ら自身が決しなければならない。アメリカは彼らを助けることができる。装備を与えることができる。顧問を送り込むこともできる。しかし、戦うのはヴェトナム人であり、彼らが共産主義に対する勝利をつかまなければならない……しかし、アメリカは撤退すべきだと言う者たちには、私は同意できない。撤退は大きな間違いになるだろう……アメリカはヨーロッパを守るために同じ努力をした。現在、ヨーロッパは非常に安定した状態にある。アメリカはアジアを守るために、この戦いにも――好むと好まざるとにかかわらず――参加しなければならない。

一九六三年一一月一日、クーデターが実行された。混乱のなかでジエムは殺された。ズオン・バン・ミンがそれ以降の軍事政権を率いる何人もの陸・空軍の将軍の最初のひとりとして、実権を握った。驚くことではないが、クーデターとジエムの死の責任の大部分は不当にもアメリカ政府が負わされた。その日から三週間後、ケネディはダラスで暗殺される。

悲惨な結果に終わったピッグス湾侵攻、キューバ・ミサイル危機、そして、ジエムの失脚はすべて、健全さを欠いた戦略的思考と不十分な状況把握がその根本にある。ケネディと彼の世代は、大恐慌時代と第二次世界大戦が生み出した世代といってよい。健全で無邪気であることがこの時代の風潮で、善は必ず悪に勝つと信じられていた。ヴェトナムで姿を現した悪についても同じ見方をしていた。アメリカ人はまるでハリウッドの西部劇のなかにいるかのように、自分たちを「善人」そのものとみなしていたのだ。

両大戦間の時代に芽生えた孤立主義は、その時期を通じてアメリカの外交政策をほぼ支配したものの、将来的に外交政策の大部分を形作ることになるのは、アメリカの理想主義的な見解だった。この理想主義が、政争は理論的には「水際でとどまる」と信じる集団思考につながるわけだが、現実はそうではなかった。アメリカの集団思考は、ソ連を第二次世界大戦中に出現したファシズムと独裁政治の新しい形だと単純に結論づけた。

ケネディ政権の閣僚は、国務長官にディーン・ラスク、国防長官に共和党のロバート・マクナマラ、財務長官にダグラス・ディロン、内務長官にスチュワート・ユーダル、郵政長官にJ・エドワード・デイ、農務長官にオーヴィル・フリーマンという、超党派で新鮮な顔ぶれだった。全員が第二次世界大戦に従軍し、多くは実際に戦闘を経験した。したがって、ソ連に関しては、多様な見解ではなく同質的な見解がホワイトハウスに持ち込まれたとしても驚くことではない。

政府への信頼は本物だった。キューバ・ミサイル危機の間、ケネディはフランスのシャルル・ド・ゴール大統領にキューバのソ連製ミサイルの証拠写真を送った。ド・ゴールはアメリカ大統領の言葉を信用すると言い、証拠を見るまでもない、と片づけた。アメリカ人は自国の民主的プロセスを誇りに思っていた。皮肉や軽蔑はまだ潜伏を続けていた。人種間の分離を含め、社会の状況には卑しむべきものも見られたが、国内の危機感はまだ形を成す以前の段階だった。政府と同様に、軍も人気があった。アイゼンハワーは尊敬できるリーダーで、ケネディの将軍たちは戦時中の実績では抜きん出ていた。彼らの見解は尊重するに値し、たとえ間違いだとわかったものでさえ受け入れられた。

また、この時代には「ミラー・イメージング（鏡映し）」の傾向、つまり、相手を自分たちと同じように見ることが一般的だった。ハーヴァード大学の著名な政治学者であるスタンレー・ホフマンの表現を借りれば、私たちは相手側も自分たちと同じような戦略的思考を取り入れると思い込むか、相手を自分たちのレベルに引き上げようとする。そのため、CIAが「ザパタ作戦」を提案したときには、ダレスもビッセルも成功請負人として（実際には値しない）評価を築いていた。振り返って考えれば、アイゼンハワー時代にソ連と対抗するために企てられたクーデター計画の多くは、予想外の結果をもたらし、ときには悲劇的な結果を生んだ。しかし、誰もエスタブリッシュメントに異議を唱えようとはしなかった。

CIAの上層部は自分たちがそう思い込んでいただけの過去の成功を誇張していたが、それらは実際には成功とはいえないものだった。ピッグス湾の侵攻作戦は一九五三年のイラン、その翌年のグアテマラでの政権転覆を手本にしたものだ。「レッドチーム演習」［訳注：仮想敵をレッドチーム、自軍をブルーチームとして行う戦争シミュレーションで、攻撃・防御両面での戦略の穴を探す］は一度も行われなかった。専門家たちは状況を正しく理解していたはずだ。そうでなければ、彼らは専門家ではない。結果として、ピッグス湾侵攻はヒトラーのロシア侵攻、あるいは日本の真珠湾攻撃の決定と同じように、間違いだらけの前提に基づいたものになった。

同じように、冷戦の戦士としてのケネディのイデオロギーが、実際には存在しないソ連とのミサイルギャップを埋めるため、露骨な軍事力でソ連の野心を抑え込もうとすることへとつながった。イデオロギーが健全な戦略的思考に取って代わったのだ。さらに悪いことに、この健全な戦略的思考の欠如とイデオロギーへの信頼は、四〇年後に起こることの先触れとなった。すなわち、存在しない大量破壊兵器を排除するためにイラクに侵攻するという決定である。

ケネディ政権が「ペンコフスキー・ペーパーズ」から得られる情報を無視した理由の一つは、防諜部門の責任者だったジェームズ・ジーザス・アングルトンが被害妄想にとりつかれ、何事も信用しなかったからだ。しかし、もっと大きな理由は、マクナマラがのちに語っているように、ケネディが防衛力の再建を公約に掲げて大統領選を戦っていたからだった。事実と証拠は決定にほとんど影響を与えず、イデオロギーと先入観のほうが重視された。こうした欠陥はその後も根強く残った。

ケネディの再軍備とそれに対するフルシチョフの反応がぶつかり合い、キューバ・ミサイル危機を生んだ。たしかに、この危機はアメリカにとって戦術的、政治的には勝利だった。しかし戦略的には、おそらく冷戦を何年も余計に長引かせる結果となった。一つの見方として、フルシチョフの最低限の抑止という考え方を覆し、防衛費を大幅に増加するというソ連の決定は、最終的には国を破綻させ、ソ連崩壊の原因になったと論じることができるかもしれない。しかし、もう一方では、もしケネディがフルシチョフの戦略とその理論的根拠を理解し、存在しないミサイルギャップを問題にして大統領選に臨むことなく、また、キューバに侵攻するという亡命キューバ人たちの計画を無視していれば、おそらく長期的な結果は双方にとってもっと望ましいものになっていただろう。

知識と理解の欠如という形の無知は、失敗の言い訳にはならない。そして、それは成功の邪魔をする。失敗はさらに、ヴェトナム戦争ではアメリカを泥沼に引きずり込んだ。ケネディがもっと長く生きていたとしたら、彼の後継者がそうしたように、ヴェトナム戦争をエスカレートさせていただろうか？　その答えを知ることはできない。しかし、顧問団を一〇〇〇〇人未満から一万六〇〇〇〇人にまで増やし、ジエムに対するクーデターを暗黙のうちに支援したこと、また、「ドミノ理論」を信じていたことなど、すべての状況を考え合わせれば、ケネディ政権が東南アジアへの介入を終わらせることはなかっただろうと思われる。いずれにしても、ケネディは政治決定を下すうえでの基本的前提に疑問を持つことはなかった。

キューバ・ミサイル危機やソ連との交渉のときと同じように、経験豊富な外交官や見識豊かな学者が大勢いたにもかかわらず、アメリカは他国の文化についての認識と理解が欠けたままだった。ホワイトハウスはピッグス湾侵攻へのカストロとキューバ国民の反応については、大きく見誤っていた。アメリカの指導者たちは、ロシア人もそれ以外の国の人々も、自分たちと同じように考えるものと信じ、またアメリカの戦略的思考は普遍的な魅力を持つと考えていた。しかし、実際にはその考えは大間違いだった。同様に、アメリカ人はヴェトナムのこと、南ヴェトナムの脆さ、北ヴェトナムの忍耐力の強さについて無知だった。理解の欠如というこの失敗はそれから半世紀以上の間、たびたび繰返される。ケネディ時代から変わることのない問いかけは、「なぜ私たちは学ばなかったのか？」ということだ。そして、その答えは、アメリカが学ぼうとしてこなかったから、なのである。

また、健全な戦略的思考と問題に対する十分な理解が必要なのは、アメリカだけではない。アメリカの戦略核戦力の優位を出し抜くというフルシチョフの考えは、天才的とは言わずとも賢いものだった。しかし、その戦略は失敗した。なぜなら、フルシチョフは完全にケネディという人物を読み間違っていたからだ。さらには、アメリカの情報収集能力を過小評価し、キューバのミサイルが稼働可能になる前に、その建設現場を探知されるとは思っていなかった。相手にする人物のパーソナリティを見定めることも重要だ。外交的判断を下すときには、国のリーダーはそのことを決して忘れてはならない。

第3章　泥沼化するヴェトナム
——L・ジョンソン、R・ニクソン、J・カーター

一九六七年三月、ホワイトハウスの大統領一家居住区で。

リンドン・ジョンソン大統領は南ヴェトナムの戦況に苦悩を深めていた。戦死者数はどんどん増えていく。「ローリングサンダー（轟く雷鳴）作戦」と呼ばれた北爆を拡大してもなお、北ヴェトナムはひるむ気配を見せなかった。五〇万人以上のアメリカ陸海空軍、海兵隊の兵士がヴェトナムに送られ、その数は一九六八年には五五万人に達する。

暗い気分を振り払うため、ジョンソンはマクナマラ国防長官に各軍を代表する若い士官をホワイトハウスに招くように言った。彼らと戦争について語ろうというのだ。マクナマラは統合参謀本部議長のアール・G・〃バズ〃・ウィーラー陸軍大将に、この会合の手はずを整えるように指示を与えた。ウィーラーはヴェトナム派遣軍司令官のウィリアム・ウェストモーランド大将に大統領からの要求を伝え、将軍は大勢いた補佐官のひとりに人選を任せた。

三月のある涼しい夕方、若い三人の士官がカーキ色の軍服を着てホワイトハウスの西棟に入っ

た。四人目の士官は戦闘中に死亡したものと推測された。しかし実際には、その若い陸軍大尉はこの会合に備えるために与えられた三日間の特別休暇中に、サイゴンですっかり酔っ払ってしまったらしい。ジョンソンとともに同席したのは、マクナマラ国防長官とディーン・ラスク国務長官、ウィーラー統合参謀本部議長、ウォルト・ロストウ国家安全保障担当補佐官、そして文官、武官の補佐官数名だった。

ジョンソン（LBJ）は三人を居住区の広々としたリビングルームに招き入れた。外部の者はほとんど立ち入ることのできない部屋だ。そこで三人と力強く握手をすると、椅子に座るように促した。

LBJ　君たちにこうして会えたことを誇らしく、うれしく思っている。君たちは選り抜きの兵士だ。この会話を終えたら、君たちにふさわしい勲章を授与するつもりでいる。しかし、まずは君たちの率直な意見が聞きたい。テキサス流に、ここでは「嘘はご法度《ノー・ブルシット》」でいこう。

ジョンソンは三人のなかの海軍士官に向き直って、こう言った。「君とは何年か前に海軍兵学校で会ったことがあるね。成績優秀で卒業生代表だった君に卒業証書を渡した記憶がある」。ジョンソンのスタッフはしっかり下調べをしていた。

「はい、大統領。たしかに大統領から卒業証書を受け取りました。非常に名誉なことでした」

ＬＢＪ　それでは、本題に入ろう。

三人の若い士官は顔を見合わせ、大統領の言う「率直」とは何を意味するのだろうと頭を悩ませた。海軍士官は迷わなかった。

「大統領、先ほど『嘘はご法度』とおっしゃいましたので、正直に申し上げます。我々はヴェトナムから追い払われようとしています。大統領が何をお聞きになっているにせよ、相手はタフで、能力があり、戦闘をやめようとしません。我々には二つの選択肢があります……」。海軍士官はそこでひと息おいた。大統領のそばにいる上級補佐官たちを見回すと、彼らの表情は一様にこわばり、士官をにらみつけていた。

「大統領、我々は撤退と深入りの両方ができます。深入りとはつまり、戦場を相手側に移し、ハイフォンと他の港を封鎖し、ヴィン［北ヴェトナムの海岸線中部にある町］周辺に陸海空軍共同部隊を上陸させるということです。それが、北ヴェトナムの政府に戦争をやめるか交渉に応じるかを強いる唯一の手段です」

ジョンソンはゴクリと唾をのんだ。他のふたりの士官は自分たちの茶色い靴に視線を落としていた。短気で知られる大統領が、どう反応するかわからなかったからだ。ジョンソンは立ち上がって、海軍士官の肩を抱いた。そして、それから一時間、大統領と補佐官たちは三人に、なぜ自分たちの戦略がうまくいくのか、なぜアメリカが勝つのかを説明しようとした。三人とも納得はしなかった。

何年もたってから、ロバート・マクナマラと私は、その会合について話題にしたことがあった。彼は私にそのときのジョンソンの反応について耳にしたかどうかをたずねた。聞いていない、と私は答えた。マクナマラは笑顔になって、私たち若い士官が居住区を離れたあとで、ジョンソンは信頼する補佐官たちのほうを向き、こうぶちまけたと言った。「なぜこんな戦略がうまくいくと私は思っていたのだ?」

◆

リンドン・ベインズ・ジョンソンは一九六三年一一月二二日、テキサス州ダラスのディーリープラザでケネディが暗殺された数時間後、ラブフィールド空港に駐機中のエアフォースワンの機内で第三六代アメリカ大統領に就任した。まだ五五歳だった。

もし大統領職に就く準備を整えていた人物が誰かいるとすれば、それはジョンソンだ。一九三七年にテキサス州選出の連邦下院議員に当選し、一九四八年の選挙で上院へ移った(民主党の予備選挙は不正も疑われる僅差での勝利だったため、皮肉を込めた「地すべりジョンソン」のニックネームがついた)。一九六一年に副大統領になる前に、多数党院内総務を六年経験している。伝記作家のロバート・カロが「上院のボス」と呼んだジョンソンは、影響力と能力のある議員でありリーダーだった。

第二次世界大戦では海軍に従軍し、銀星章を受けている。これは戦功に対する勲章としては上から三番目の勲章だ。彼は偵察員として参加した当該任務で勲章を与えられた唯一の人物だったことが注目される。何年もの間、ジョンソンはいつもジャケットの左襟に、銀星章を思わせる小さな縞の記章を着けていた。大勢の批評家や彼に敵対する者たちは、ジョンソンが本当にこの勲章に値する働きをしたのかどうか疑問を抱いてきた。

ジョンソンは内政面では「偉大な社会」政策で目覚ましい成功を収め、一九六四年の「公民権法」と一九六五年の「投票権法」を成立させた。ジョンソンは貧困層や社会的弱者、少数派の思いがけない支援者となった。ヴェトナム戦争がなければ、おそらくアメリカの偉大な大統領のひとりになっていただろう。内政に関しては、間違いなく偉大な大統領だった。

しかし、ヴェトナムの状況はズオン・バン・ミン将軍の大統領就任では改善しなかった。一九六四年の前半を通して、ジョンソンはサイゴンのＭＡＣＶ（南ヴェトナム軍事援助司令部）から、さらなるアメリカの介入と支援を求める報告書を受け取り続けた。その後、八月二日、北ヴェトナム沖でＤＥＳＯＴＯ哨戒作戦（チンタオ沖デ・ヘイヴン特殊任務）と呼ばれる情報・偵察任務に就いていたアメリカ海軍の駆逐艦「マドックス」（ＤＤ７３１）が、少なくとも四隻の北ヴェトナムの魚雷艇から攻撃を受けた。

マドックスは応戦し、三〇〇発近くの五インチ砲を撃ち込んだ。マドックスが救援信号を発してからおよそ一五分後、強襲揚陸艦「ボノム・リシャール」（CV31）から発進したF‐8戦闘機（クルセーダー）が引き揚げていく北ヴェトナムの魚雷艇を攻撃する。当時、ヴェトナムでは「34A作戦」という秘密計画のもと、ＣＩＡと共同した南ヴェトナム軍の北に対する一連の攻撃が進められていた。のちに明らかになるように、間違いなく現地の北ヴェトナム指揮官は、マドックスも近くで進行中の「34A作戦」に参加していると思い込んだのだ。

二日後、第二の駆逐艦「ターナー・ジョイ」（DD951）とともに哨戒任務を再開したマドックスから、艦が攻撃を受けているという無線連絡が入った。しかし、その攻撃は実際には起こっていなかった。すぐ近くで実行中の「34A作戦」のものと混同したのだ。しかし、おそらくそれを知らなかったジョンソンと彼の政権は、報告書を疑うことなく鵜呑みにした。ジョンソンはこれを、北ヴェトナムに対する戦争をエスカレートさせ、北の政府を交渉のテーブルにつかせるための待ち望んでいた好機ととらえた。

反対票わずか二票で、議会は「トンキン湾決議」を通過させ、大統領にヴェトナムで国益のために必要と考える行動は何でも実行できる権限を与えた。要するに、戦争を始める権限を与えたということだ。この決議がそれから一〇年続くヴェトナム戦争へとつながり、その結果、五万八〇〇〇のアメリカ人兵士の命、そして、数百万とは言わずとも数十万にのぼるヴェトナム人の命が犠牲になった。

一九六八年一月、北ヴェトナム軍とヴェトコンは、南に対して激しい「テト攻勢」を開始した。どのような軍事的尺度に照らし合わせてみても、この一ヵ月に及ぶ戦闘はアメリカと南ヴェトナム軍の勝利だった。しかし、アメリカの家庭のリビングルームでは、完全な敗北だった。テレビニュース界の重鎮であるウォルター・クロンカイトは、この戦争は負けた、と言い切った。数ヵ月後、戦況をめぐり精神的に疲弊したジョンソンは、次の大統領選では再選を目指さないことを決断する。五年後の一九七三年にジョンソンは死亡した。間違いなく彼も戦争の犠牲者のひとりだった。

なぜアメリカと南ヴェトナムが負けたかについては、さんざん分析されてきた。ヴェトナム戦争は間違いなく、アメリカ政府が実際には起こらなかった出来事をもとにエスカレートさせることを選んだ戦争だった。そして、同じことが二〇〇三年に繰り返される。限定的な介入を全面的な対決に変えるという意味で、エスカレーションは戦争を始めるに等しい。しかし、アメリカは実際にはヴェトナムへの介入をエスカレートさせる準備も、この戦争で勝つために必要なリスクを負う準備もできていなかった。

アメリカがヴェトナム戦争で失敗した理由は、エスカレーション以前でも、戦争が敗北に終わるとはっきりしたあとでも明らかだった。一九六四年に健全な戦略的思考がしっかり取り入れられていれば、結果は違っていたかもしれない。もちろん、ジョンソンがその年、保守派のバリー・ゴールドウォーター上院議員と大統領選で争っていたことを考えれば、北ヴェトナムの「奇襲」に対して強い姿勢を見せるために提案された「トンキン湾決議」によって、ゴールドウォーターの右派へのアピール力を弱めることになった、という皮肉な見方もできるだろう。しかし、ジョンソンがトンキン湾決議で戦争をエスカレートさせようと早まった行動をとった理由として、選挙戦に目を向けたアナリストはほとんどいなかった。

なぜアメリカは失敗を続けるのかを理解するという点では、まず、「ドミノ理論」と、共産主義者が自分たちと同じように判断し、したがって、この段階的なエスカレーションに従うだろうという推論は、完全に間違っていた。たとえアメリカがメコン川で負けたとしても、ジョンソンが予想していたように、それが「ミシシッピ川」での戦いにつながることはない。ソ連と毛沢東の共産党政府が手を組み、アメリカを倒すためにモスクワで計画し実行している陰謀など存在しなかった。ケネディ政権のふたり目の国家安全保障担当補佐官になったウォルト・ロストウが、共著『中共の将来』で予想していた中ソ同盟の決裂は無視された。ヴェトナムと中国の歴史的なライバル関係についても、考慮されることはなかった。

知識と理解の両方が欠けていたのは致命的だった。アメリカの指導者たちは、南ヴェトナムでの戦闘が、サイゴンとハノイの間の単なる内戦ではなかったことを理解していなかった。南ヴェトナム解放民族戦線（NLF）、すなわちヴェトコンは、南の政権を倒そうとしてはいたが、必ずしも北と南の統一を求めていたわけではない。北ヴェトナムはヴェトコンをくどき落として利用し、その後、お払い箱にできるだろうとわかっていた。テト攻勢はヴェトコンの戦闘能力と指導部の大部分を破壊したので、その結果、北ヴェトナムが最終的に従来型軍隊で南に侵攻し、国を統一することが可能になった。

アメリカの指導者たちは圧倒的に優位な兵器と技術によって、比較的原始的で洗練されていない敵を倒せるだろうと考えていた。たしかにアメリカは、あらゆる通常戦力の分類で、圧倒的に優位に立っていた。ただ、ヴェトナム戦争は従来型の戦争ではなかった。一九六五年末のイア・ドラン渓谷での戦闘で、北ヴェトナム軍の指揮をとるヴォー・グエン・ザップ将軍は「ハグ・ザ・ベルト（hug the belt）作戦」を実行した。至近距離の戦闘に持ち込むことにより、味方への誤射でアメリカ兵士の犠牲者を出す危険を増し、アメリカ軍の優れた空軍力と兵器を無効にしようという作戦だ。

アメリカは勝利を数値で計ろうとした。そのため、恐ろしいことにボディカウント、すなわち敵の死者数が成功の目安になった。しかし、いくら敵を殺しても、勝利への道は開けなかった。さらに、アメリカが戦っていた戦争は一つだけではなかった。一回の従軍期間は一二ヵ月から一三ヵ月に限られていたので、兵員はローテーションで戦地に送られた。したがって一二～一三ヵ月単位で複数の戦争を遂行しているようなもので、これは兵員が継続して戦地で任務を果たした第二次世界大戦では経験しなかった状況だ。また、ヴェトナムでのアメリカの指揮統制は、しばしば作戦遂行に混乱をもたらした。

現地では、指揮系統が異なる陸軍の三隊か四隊と空軍四隊が任務にあたり、それに加えてＣＩＡが独自の作戦を進めていた。海兵隊は南ヴェトナムの四つに分けた戦術区域のうち最北部の第一軍団戦術区域を割り当てられた。陸軍は残る三戦術区域を担当した。こちらにはデルタ地域が含まれた。本来なら、海兵隊の水陸両用部隊を使ったほうが効果的だったはずの地域だ。ヴェトナム軍は地域ごとの民兵（ＲＦ／ＰＦ）で補強された。ＣＩＡは多数の傭兵を使い、とくに前述の「フェニックス作戦」では傭兵の数が目立った。

南ヴェトナム空軍に加えて、アメリカ陸海空軍と海兵隊がそれぞれの航空部隊を擁し、割り当てられた区域でほとんどの場合、個別に作戦を実行していた。区域分けをしたのは、同士討ちや誤射による犠牲を防ぎ、個々の軍に最大限の柔軟性を与えて戦わせようとしたからだ。アメリカ軍全体の、一つの統合された航空作戦というものはなかった。第一軍団戦術区域でダナンとクアヴィエット川を拠点に戦っていたスウィフトボートにとっては、最大の脅威はアメリカ空軍だった。空軍はときおり、海軍と沿岸警備隊の部隊を北ヴェトナムの哨戒艇と間違って攻撃していたからだ。しかし、根本的な計算違いは、北ヴェトナムの持久力と国の統一への意志と熱意を理解できなかったことだ。アメリカは有名な中国の戦略家、孫子の忠告にも従わなかった。二五〇〇年前、孫子は最善の戦略は敵の戦略をつぶすことだと教えていた。

それこそが、北ヴェトナムがホー・チ・ミン指揮のもとで実行した戦略だった。北は負けないことで勝利をつかもうとしていた。北の政府はアメリカ軍よりも長く持ちこたえることが、勝利への鍵だと理解していた。どこかの段階で、アメリカの南ヴェトナムへの支援は弱まるはずだった。北ヴェトナムのある将軍は、戦争を終結させたジュネーヴ会議の間に、アメリカ側の出席者にこう述べたとされる。「あなたたちはすべての戦闘で勝ったが、戦争に勝ったのは我々だ」

結論ははっきりしている。第一に、戦争においては敵とその戦略をよく知らなければならない。アメリカはそれを怠った。第二に、イデオロギーやミラー・イメージング、戦術の成功と戦略的勝利の混同で、判断力を鈍らせてはいけない。情報を歪めてはならず、集団思考や政治的な思惑を反映させてはいけない。客観的な見方に徹すること、基本的な前提を疑ってかかることが欠かせない。

第三に、文化を知ることが成功の必須条件となる。アメリカが友好国と敵の両方の文化と考え方をもっとよく理解しないかぎり、外交政策や戦争での成功は運任せになってしまうだろう。この警告は情報機関に対しても当てはまる。アメリカは二〇〇三年に再びこのことを教えられた。第二のトンキン湾攻撃が実際には起こらなかったのと同じように、イラクは大量破壊兵器を保有していなかった。北ヴェトナムが爆撃による損失や犠牲に耐えられないだろうという考えは、完全に間違っていた。

文化的な傲慢さも失敗の一要素だ。ホワイトハウスと軍の指導者の多くが、身体的に小柄なヴェトナム人が大柄でたくましいアメリカ兵士を倒せるとは思っていなかった。また、意志の力も大きな役割を果たす。引き金を引くのにも、底に竹串を仕掛けた落とし穴の設置にも、地雷を作動させるのにも、たいした力は必要ない。

第四に、技術的優位に依存した戦略は避けなければならない。また、現実を見誤った楽観的すぎる判断をしてはならない。

最後に、現在のアメリカ軍の組織編成や指揮系統は、政府のあらゆる部門も関わり複雑すぎる。この問題の一部は、一九四七年に修正された国家安全保障法にある。この法には二一世紀の状況が反映されておらず、間違いなくヴェトナム戦争でも成功を阻害する一因だった。各機関が別々に行動し、情報を遮断することは、失敗の処方箋にしかならない。

ヴェトナムの教訓は現在もまだ当てはまる。政府一丸となってのアプローチが官僚組織に阻害されるほど、成功の達成は、不可能とは言わずともむずかしくなる。ヴェトナム戦争からの結論は、残酷なほどシンプルだ。アメリカは負け、北ヴェトナムが勝った。そして、戦争を始めたのはアメリカだった。

◆

リチャード・ミルハウス・ニクソンは一九六九年一月二〇日に大統領に就任した。彼はその職に就く資格を類まれな形で持ち合わせていた。下院議員から上院議員となり、その後、ドワイト・アイゼンハワーのもとで八年間副大統領を務めた。一九六〇年の大統領選と、一九六二年のカリフォルニア州知事選の両方で敗れたニクソンは、その敗北を通して多くを理解し、そして学んだ。

一九六八年の大統領選に再び出馬したニクソンは、リンドン・ジョンソンの副大統領だったヒューバート・ハンフリーと争った。ハンフリーの民主党はひどい分裂状態に陥っていた。この年六月のロバート・ケネディの暗殺、シカゴでの悲惨な党大会、さらには大規模な暴動と抗議のために、党はばらばらに引き裂かれた状態だった。ニクソンは選挙戦で、ヴェトナム戦争を終結させる「秘策」がある、と約束した。ヴェトナム戦争はアメリカ国民の大多数には不人気な戦争になっていた。実際には、ニクソンに秘策などはなかった。しかし、彼にはソ連と中国を相手にしたもっとよい考えがあった。

ニクソンはヴェトナム戦争をラオスとカンボジアでの「秘密戦争」に拡大したとして、激しく批判されることになる。ニクソンの見解は、北ヴェトナムには自由に利用できる「ホーチミン・ルート」があり、その道がカンボジア国内を曲がりくねりながら貫いている、というものだった。そのルートを分断することが彼の計画だった。もちろん、カンボジア侵攻への国内の反発は激しく、一九七〇年五月のケント州立大学虐殺事件で状況はさらに悪化した。この大学でオハイオ州軍の兵士がパニックに襲われ、戦争に抗議している学生たちを銃撃し、四人が死亡、九人が負傷したのだ。この事件が戦争と結びつけられ、ニクソン政権は猛烈な攻撃にさらされた。国内での戦争反対の声が増し、ヴェトナムでの戦死者数も増える一方だった。ニクソンの「秘策」は、「ヴェトナム化」へと形を変えていった。つまり、戦争をサイゴンの同盟者たちの手に委ね、アメリカの兵力を縮小するということだ。

残念な結論の一つは、「秘密戦争」と「秘策」は必ずしもうまくいかないということだ。情報を守る必要はあるものの、透明性（少なくとも正直であること）を保つことがしばしば重要になる。メディアを「反対勢力」と考えるトランプ大統領の補佐官たちは、このことを理解しているだろうか。

ニクソンの外交政策が優れていたのは、中国に目を転じたことにある。中国政府とソ連政府の不和を利用して、ニクソンは両国との関係改善に乗り出した。かつての敵である両国が、アメリカをヴェトナムから解放する手伝いをしてくれるかもしれないと、賭けに出たのだ。ニクソンのこの三角外交が成し遂げた大きな成果の一つは、一九七二年の歴史的なソ連との軍縮合意だ。弾道弾迎撃ミサイル（ABM）制限条約は、防御用兵器を制限し、戦略兵器制限交渉（SALT）の行政協定は、両国が維持できる攻撃用兵器の弾頭数を制限した。しかし、それより前の同年初めに、ニクソンは歴史的な中国訪問を果たしていた。

ニクソンがソ連と中国との秘密交渉を委ねたのは、国家安全保障担当補佐官のヘンリー・キッシンジャーだ。キッシンジャーのヨーロッパでの生い立ちに起因する知性と洗練さが、レオニード・ブレジネフとクレムリンの指導部、そして毛沢東の中国政府との関係構築には不可欠だった。一九七一年末には、どちらの計画もうまく進んでいた。

筋金入りの反共主義者だったニクソンでなければ、中国との和解を実現させられなかっただろう。民主党員や共和党のリベラル派なら、右派から猛烈な反対を受けたはずだ。しかし、ニクソンへの信任は厚かったため、右派からの批判を封じ込めることができた。ソ連政府との戦略兵器制限交渉は条約締結に近づきつつあった。その間も、北ヴェトナムはニクソンの三角外交と、一九七二年二月に迫っていた北京訪問について十分な情報を得ていた。

北ヴェトナム政府はのちに「イースター攻勢」と呼ばれることになる作戦計画を完成させつつあった。ヴェトナム語では「赤い炎のような夏」作戦としても知られる攻勢だ。一九七二年三月三〇日、北はヴェトナム人民軍の約三〇万人から成る部隊を南へ送り込み、大々的な従来型攻撃を開始した。

北ヴェトナムにはこの時点で南を征服する意図はなく、ただできるかぎり南を弱体化させ、アメリカ国民にこの戦争は勝てないと思い知らせ、ジュネーヴ会議での交渉を優位に進めようと考えていただけだった。

ソ連政府は北ヴェトナムを支援するよりアメリカとの軍縮交渉を選ぶだろうと踏んだニクソンは、「ラインバッカー作戦」を命じた。同じくらい大規模な攻撃でイースター攻勢に抵抗しようというものだ。空と海からの攻撃を軸に、北ヴェトナムからの海路による再補給を遮断するためにハイフォン港への機雷敷設も行った。彼の読みは正しかった。五月、ニクソンはモスクワを訪問し、ABM条約に署名した。これで、両国が維持できる弾道ミサイル発射台は二基に制限された。さらに、攻撃用弾頭数を制限する行政協定も結んだ。ABM条約はその後、上院で承認される。また、核兵器削減の「行政協定」という形式は、上院での票決を避けるために意図的に使われたものだ。この合意は国内で議論を引き起こしかねず、必要な三分の二の票を獲得できない可能性があったからである。

イースター攻勢は一〇月半ばまで続き、犠牲者数が増えた北ヴェトナムがようやく南から撤退した。中国との和解と、ソ連との軍縮交渉を達成し、北ヴェトナムの攻撃を止めたニクソンは、一一月の大統領選では圧倒的な選挙人票を獲得して民主党のジョージ・マクガヴァン上院議員を破った。ジュネーヴ会議での交渉へと北ヴェトナムを促し、ハノイで拘束されているアメリカ軍の戦争捕虜の解放を確実にするために、ニクソンは一九七二年の「クリスマス爆撃」を承認した。アメリカ国内では広範な抗議を引き起こしたものの、北ヴェトナムは後退し、ジュネーヴ協定が一九七三年初めに締結された。

しかし、こうした外交政策の成功にもかかわらず、国内の〝腫瘍〟が大統領を脅かした。一九七二年六月一七日、ワシントンDCのウォーターゲート・ホテルの民主党全国委員会本部に侵入を試みた五人の男たちを警察が逮捕した。その不法侵入と、その後の隠蔽が問題を大きくし、翌年の議会での公聴会へとつながっていく。公聴会は最終的に、ニクソン政権の幕を下ろさせた。政権は実際に法を犯し、権力を乱用して犯罪行為を隠蔽していた。ニクソンは一九七四年八月に辞職を余儀なくされる。そのころにはもう、下院が彼を弾劾し、上院が有罪判決を下すことは避けられない状況だった。ニクソンから大統領職を引き継いだのは、汚職容疑のために一九七三年に辞任したスピロ・アグニューの後任として副大統領に就いていたジェラルド・フォードだった。

しかし、ニクソンが辞職に追い込まれる前にいったん話を戻そう。一九七三年一〇月に起こった「ヨム・キプール（贖罪の日）戦争」（ヨム・キプールはユダヤ教で最も神聖な祭日）が、一九六二年のキューバ危機以来、経験していなかったレベルの危機を米ソ間にもたらした。エジプトと他のアラブ諸国がイスラエルに先制攻撃を仕掛けたのだ。エジプト軍はスエズ運河を横切り、一九六七年の戦争以来イスラエルに占領されていたシナイ半島に侵攻した。第二の前線として、シリア軍がゴラン高原のすぐ南のクネイトラを攻撃し、イスラエル北部を二つに切り裂きかねない勢いだった。イスラエルは警告を受けて軍を動員するたびに誤報だとわかるという状況が続き、疲弊して警戒態勢を解いていたところを、不意打ちを食らう形となった。

シナイ半島での激しい戦闘で、イスラエル軍は勇敢に反撃したが、空からの援護がなく、エジプト軍に撃退された。イスラエル軍の大胆なウリ・ウリ将軍は、数的な不利を承知で戦車攻撃を指揮し、北部でのシリアの攻撃を食い止めた。イスラエルは最終的には全戦域を平定する。大部分において、これはアメリカからの弾薬、武器、航空燃料の空輸による手厚い再補給のおかげだった（私は当時の統合参謀本部議長トーマス・H・モーラー大将と、戦略国際問題研究所で同室になったことがある。そのときに彼は、イスラエルに空輸する燃料一ガロン当たりに、七〜八ガロンの輸送用燃料が必要だった、と話してくれた）。まもなく、戦況は引っくり返った。

ウォーターゲート事件のプレッシャーで、ニクソンは精神的に不安定になっているといううわさが広まった。ジェームズ・R・シュレシンジャー国防長官はニクソンの精神状態を心配し、軍部に対して、ホワイトハウスからのすべての命令は自分を経由する、と伝えた。「統合軍計画」に明記された指揮系統で、たしかに彼は上から二番目に位置していた。

ニクソンは「デフコン（戦争準備態勢）3」を発令した（国の「防衛体制」、つまり戦闘準備を平時の「デフコン5」から二段階上げることを意味する）。これはソ連に向けた、この紛争に介入するなという合図だった。実際にソ連政府は介入しなかった。その理由の一つは、同じ年の夏、エジプトのアンワル・サダト大統領が二万五〇〇〇人規模のソ連軍を追放していたので、近くに動員できる部隊がほとんど存在しなかったからだ。戦争は数日後には終わっていた。キッシンジャーのシャトル外交が終結を早めたといえる。エジプトとシリアは最後の瞬間にイスラエルに敗れたように見えたが、それまでのサダト大統領の戦略はすばらしかった。占領されたエジプトの領土を取り戻すために、シナイ半島に軍を送ることで、彼はエジプトとイスラエルの間の最終的な和解の種をまいた。その結果として実現した和平協定は現在もまだ有効だ。

ニクソンと彼の右腕であるキッシンジャーは、中国とソ連に対して見事な外交的成果をあげた。ふたりとも国際政治をよく理解し、歴史を熟知していた。どちらも経験豊かだった。そして、危険は伴うものの、よく考え抜かれた戦略を実行するだけの才覚を持ち合わせていた。ただし、ヴェトナム戦争を終結させるための秘密の計画については、褒め言葉を送ることはできない。

一九六八年の大統領戦で誰が勝っていたとしても、ヴェトナム戦争につながった悲劇的な過ちを修正することは政治的に不可能だった。誰も、北ヴェトナムに侵攻し攻撃するところまで戦争をエスカレートさせるなどとは考えていなかっただろう。ニクソンは、中国とソ連に対する自分の戦略を進めるには、ヴェトナムでの行動を先延ばしにすることが不可欠だと判断した。もし一九六九年一月に「ラインバッカー作戦」を開始し、ハイフォン港に機雷を敷設していたら、そして、北ヴェトナムに対してもっと激しい空爆を実行していたら、北ヴェトナム政府をもっと早く交渉の場に引きずり出すことができていただろう。

しかし、アメリカ国民はそうした彼の政策を支持していただろうか？　一九六八年のテト攻勢、ウォルター・クロンカイトの戦争批判、リンドン・ジョンソンの再選をあきらめるという決断以来、ヴェトナムでより過激な行動をとることは、政治的には危険が大きすぎる賭けだっただろう。とはいうものの、ニクソン時代にさらに多くのアメリカ兵が犠牲になる。ヴェトナム人の犠牲はもちろん、それよりもっと多かった。

ニクソン自身に関して言えば、彼は間違いなく戦略的思考に長けていた。しかし、性格上の欠点とひどい劣等感は人格障害の域に達し、大統領としての任務遂行には致命的であることが証明される。

ニクソンはヴェトナム戦争を拡大しはしたが、彼が戦争を始めたわけではない。残念だったのは、彼の権力をもってすれば、戦争をもっと早く終わらせることができたはずだということだ。現実はその方向には向かわなかった。ヴェトナムからの撤退は、中国とソ連に対するアメリカのクレディビリティを失わせることになる、とニクソンが考えたからだ。しかし、もし彼が中国とソ連に対してそうしたように、イギリス陸軍特殊空挺部隊の「危険を犯す者が勝つ」というモットーをヴェトナムにも採用していれば、おそらく戦争はもっと早く、もっと有利な条件で終結していただろう。

◆

一九七七年六月、ホワイトハウス西棟の地階および国家安全保障担当次席補佐官（DNSA）室で。

DNSA　我々が国家安全保障会議のスタッフの採用面接をしていることはご存じですね？
HKU　はい。
DNSA　ご自分にその資格があると思いますか？
HKU　何の資格ですか？　特別なポジションか任務に空きがあるのですか？
DNSA　まだわかりません。まずは面接してみるというだけです。
HKU　わかりました。そうですね、あなたの上司にあたるズビグニュー・ブレジンスキーのことは非常に尊敬しています。

DNSA　個人的に彼を知っているのですか？

HKU　いいえ。ただ一度か二度、お会いしたことがあります。

DNSA　彼をどう思いますか？

HKU　ずば抜けて頭脳明晰で、自分の仕事をよく理解されていると思います。いつも正しいとは限りませんが、彼の意見には耳を傾ける必要があります。

DNSA　どうしてそう思うのですか？　どの部分で彼の意見に反対なのですか？

HKU　ブレジンスキー博士は、政治的収斂が東と西を接近させるだろうという、見事な見解をとりました。ソ連は改革と近代化を必要としているからです。彼はソ連が改革を必要としているという点では、非常に正しい判断をしました。しかし、それは諸刃の剣になりかねません。私はいつも、すべての独裁体制、とくにロシアのような機能不全の体制は、もろいものだと考えてきました。

それに、私はアメリカの戦略にも――必ずしもブレジンスキー博士のものとはかぎりませんが――不賛成です。もし戦争が起こるとすれば、舞台を中央ヨーロッパに変えた第二次世界大戦の再現になるだろうという考えです。ソ連の参謀本部の頭にある戦争は、彼らの言葉を借りれば、勝負がつくまで戦い抜く戦争でしょう。ほぼ間違いなく核兵器が使われるはずです。西側はその考えを受け入れず、戦争は通常兵器のレベルで抑えられるだろうと主張しています。

幸いにも、ブレジネフもソ連共産党政治局も、私たちと同じように、戦争を望んではいないだろうと考えられます。ですから、我々はアメリカに有利な方向に緊張緩和を賢く推し進める必要があります。ニクソン後、ウォーターゲート後、ヴェトナム後のアメリカにとって、非常に険しい道にはなるでしょうが。

DNSA　わかりました。ご意見を今後の参考にさせていただきます。現在、国家安全保障会議（NSC）の見直しを進めている最中ですが、それについて何かお考えはありますか？

HKU　はい。ただし、私はヴェトナム戦争でその信じられないほど愚かな戦い方と軍の編成を経験した身です。これは歴史上、最も情報と連絡が分断されていた戦争でした。各軍に責任が分散され、全体を統率する者がいませんでした。CIAについても同じです。

DNSA　［スタンスフィールド・］ターナー大将をCIAの責任者に据えたことはご存じですよね？

HKU　知っています。大将のことはよく知っていますし、彼が一九七二年か七三年に、［エルモ・］ズムウォルト大将から［ロードアイランド州］ニューポートの海軍大学の学長に任命されたときに、かなり付き合いがありました。私がフレッチャースクール［訳注：マサチューセッツ州にある国際関係学の専門大学院］にいたころのことです。

DNSA　ターナー大将をどう思いましたか？

HKU　ターナー大将は海軍大学を改革し、近代化しました。私が唯一不満だったのは、彼がカリキュラムを第二次世界大戦の終結まででストップしたことです。ヴェトナム戦争は学生にはまだ感情的に大きな影響を与えすぎると考えたからです。私はそれに反対でした。感情をゆさぶり、記憶に新しいからこそ、カリキュラムに含まれるべきでしたから。少なくとも、私たちが同じ失敗を繰り返さないために。

DNSA　あなたはここで働きたいと思いますか？

HKU　その質問には答えられません。大統領の下で直接、あるいはすぐそばで働くことは、どんなときにも名誉なことです。しかし、どんな責任と権限を与えられるかを知っておく必要があります。ブレジンスキー博士にもお会いしておく必要があります。大統領は政治と国家安全保障については、少し経験が浅いのではないかと少々心配です。ジョージア州の上院議員として四年、州知事として四年ですよね。それに、私自身も海軍学校を出ていますが、学業を修めることが大統領になるための優れた経歴になるのかどうか、わかりません。大統領のように原子力訓練生に選ばれることで、知識が制限されるかもしれません。とくに、指導に当たったリッコーヴァー大将があれほど細かく管理していた状況では。あなたは大統領をよくご存じですよね。どう考えますか？

DNSA　追ってご連絡します。今日はお越しいただき、ありがとうございました。

その後、私のところには誰からの連絡もなかった。

◆

第三九代合衆国大統領ジミー・カーターは、ジョージア州の田舎町で育った。地元の大学で学んだあと海軍兵学校に入り、一九四六年度生として卒業した。クラスメートには、将来の統合参謀本部議長であるウィリアム・クロウや、将来のCIA長官のスタンスフィールド・ターナーがいた。カーターは潜水艦課程を選び、のちに海軍の原子力開発部門の責任者であるハイマン・リッコーヴァー大将が厳しく指導する原子力訓練生に選ばれた。カーターはリッコーヴァーのことを、両親以外で最も大きな影響を受けた人物のひとりとみなしていた。しかし、一九五六年三月に原子力訓練に参加したあとで父親が死亡し、カーターは妻のロザリン、三人の子どもたちと一緒に故郷のジョージア州プレーンズで家族が営んでいたピーナッツ農場に戻った。

カーター家は苦しい生活を強いられ、公営住宅を探さざるを得なくなった。しかし、カーターはそこから運を切り開き、暮らし向きは改善され、一九六三年から六七年までジョージア州上院議員を二期務めるに至る。その四年後にはジョージア州知事選に勝利し、一九七五年までの任期を務めたのち、民主党の大統領候補に選ばれ、一九七六年の選挙で共和党のジェラルド・フォードを僅差で破った。

一九七六年のワシントンとアメリカは、幸せな場所ではなかった。ヴェトナム戦争、ウォーターゲート事件、エネルギー危機、そして二桁の利率とインフレ率が国を疲弊させていた。国内の雰囲気は悪かった。世界に目を向ければ、ソ連が勢力を増しているように見えた。大統領にとっては厳しい時代だった。カーターは大統領として、国民に嘘をつかないことを約束した。ウォーターゲート事件やヴェトナム戦争のあとで、国をまっさらな状態に戻したいと切望していた。大統領に就任して二日目に、ヴェトナム徴兵忌避者全員に恩赦を与えたが、戦争に対してまだ苦々しい思いを抱えていた国民は、それを喜ばなかった。彼の国家安全保障会議（NSC）は、知識人であるズビグニュー・ブレジンスキー博士の圧倒的なリーダーシップのもとで、新しい安全保障のアプローチを模索し始めた。

カーターはアイゼンハワーとケネディ政権の介入主義を覆し、ヴェトナムとウォーターゲートの傷を癒そうとしていた。防衛費を削減し、ソ連に対しては軍拡競争を制限するだけでなく、対抗意識を持ちながらの緊張緩和を望んだ。一九七七年八月二四日、彼は極秘の国家安全保障戦略に関する大統領指令一八号「PD／NSC一八」に署名した（PDは「大統領指令 presidential directive」を表す）。

- 同盟国、友好国と共同での軍事力、政治的努力、経済プログラムの組み合わせにより、ソ連の軍事力と対抗する力を持ち、重要地域、とくにヨーロッパ、中東、東アジアへの影響力を取り戻す
- 人権と国家の独立への基本的な援助を増すことで、ソ連に対する政治的競争力を増す
- 米ソの対決につながるおそれのある地域での紛争解決と緊張緩和において、ソ連との協力の余地を模索する
- 検証可能な軍備制限と軍縮協定に関するソ連との交渉を通して、軍拡競争を抑制し、安定を強化し、アメリカの安全保障上の利益を促進する
- ソ連を世界規模の活動、たとえば経済・社会の発展や平和的で非戦略的な通商に建設的に参加させる

同じ文書で、カーターは朝鮮半島の駐留米軍の削減と撤退、アメリカおよびNATO同盟国の防衛費の年率約三パーセントの実質的引き上げを求めた。また、のちにはパナマ運河のパナマへの返還についての交渉を開始するための文書も発表するが、これらの動きは強い反発を招くことになる。

不運なことに、カーターと彼の政策は、外交問題から手を引き、アメリカを自由世界のリーダーとしての地位から後退させようとしているとみなされた。間違いなく、カーターは国際主義者だった。しかし、彼の政策と意図は、ソ連に関してはどっちつかずで曖昧だった。ソ連政府との交渉と積極的関与を論じる一方で、ソ連の他国への影響力拡大と人権の軽視に関しては非難していた点で、本質的な矛盾があった。そうした政策を実行するにはそこそこの外交手腕と知識だけでは足りない。そうした資質はゼロからは生まれない。カーターがこの本質的な矛盾と折り合いをつけることは不可能であることがのちにわかる。

しかし、カーターは戦争を始めるという落とし穴にははまらなかった。彼は「キャンプ・デイヴィッド合意」のお膳立てをし、イスラエルとエジプトの和平を実現させた。これは、まさにノーベル平和賞受賞にふさわしい外交的勝利だった。カーターはまた、ソ連とのSALTⅡ（第二次戦略兵器制限交渉）も開始した。しかし、パナマ運河の返還と、朝鮮半島からの米軍撤退に関しては、激しい議論を巻き起こした。結局、朝鮮半島から手を引くという考えは捨てざるを得なくなった。

一九七九年には、カーターは国内でも国外でも弱腰とみなされるようになっていた。この年の初めには閣僚の入れ替えを行った。そして一九七九年末、大統領を窮地に陥れる出来事が起こる。一九七九年一一月四日、イランの学生たちがテヘランのアメリカ大使館を襲撃して占拠し、五四人を人質にとった。立てこもりはそれから四四四日間続く。同じ一九七九年のクリスマスには、ソ連軍がアフガニスタンに侵攻した。カーターは政治的な大打撃を受けた。ソ連がアフガニスタンに侵攻するとは思いもよらなかった、と本人が認めている。

ソ連との交渉と妥協を優先する政策は失敗した。イランに関しては、その年の初めに国外亡命してパリに住んでいた老齢の聖職者が革命を起こし、シャー（アメリカの最も強力な同盟者）の追放を指揮していた可能性がある、というだけでもアメリカにとっては十分な痛手だった。しかし、国際法を完全に無視して大使館を占拠することは、決して許すことはできない。それでも、カーターはどちらに対しても、ほとんど何もできなかった。モスクワで開催される一九八〇年の夏のオリンピックへのアメリカ人の参加を禁止したくらいだ。ボイコットが厳しい罰になるとでも考えたかのように。しかし、カーターは人質を奪還するための救出計画を練り始めていた。当初は「イーグルクロー（鷲の爪）」と呼ばれていた作戦だ。

「デザートワン作戦」（イランでの着陸地点が砂漠だったことからついた暗号名が、そのまま作戦名として知られることになった）は、悲劇的な失敗に終わった。海軍の航空母艦「ニミッツ」（CVN68）に送られた八機のヘリコプターは、この任務に就いた海兵隊のパイロットがそれまで一度も飛ばしたことのないものだった。つまり、彼らはこのヘリの扱いに慣れる機会がなかった。離陸時に、二機に機械的なトラブルが発生した。もう一機は予想外の砂嵐のため、空母に戻ってきた。実際にあまりにひどい砂嵐のため、任務遂行以前に、パイロットたちには類まれな飛行技術が求められた。

目標のデザートワンに到達すると、まだ砂嵐がやまないなか、ヘリは着陸して給油を始めた。一機が地上に駐機していたC－130輸送機と衝突して、火災と爆発を引き起こした。この事故で八人の兵士が死亡した。大統領は任務の中止を命じた。ヘリはその場に放置され、チームは別のC－130輸送機で撤退した。皮肉なことに、捕獲されたヘリの二機は、今もイラン海軍が使用している。

この失態で、カーターの再選の可能性は消えた。彼は品行方正ではあるが、大統領の責務の重さに圧倒された弱腰の男とみなされた。民主党予備選ではエドワード・M・ケネディ上院議員の挑戦を受け、かろうじて五〇パーセントを超える票を得て指名を勝ち取るが、本選挙ではロナルド・レーガンに大敗北を喫した。

カーターは一つも戦争を始めなかったにしても、大統領としての能力の欠如のためにその外交政策は暗礁に乗り上げた。もっとも、キャンプ・デイヴィッド合意は重要な成果だったため、その一つだけでも、運に見放された他の数々の失敗を埋め合わせるだけの価値がある。カーターの意図は立派だったが、彼が健全な戦略的思考というものを完全に理解していたかどうかは疑わしい。彼の知的枠組みは、技術者の実用主義に似たものではなかっただろうか。彼はまた、将来について理想主義的な見方をしていた。したがって、有能で革新的な戦略的思考の持ち主である国家安全保障担当補佐官の最善の努力にもかかわらず、ヴィジョンと行動が戦略から切り離されてしまった。

カーターは軍部の「統合性」と呼ばれるものの欠如にも、足を引っ張られた。一九八六年、「デザートワン」をはじめとする軍事上のいくつもの失敗からずっとあとに、軍部からの強硬な反対を押し切り、ゴールドウォーター・ニコルズ法が成立した。この新しい法は、陸海空軍と海兵隊の四軍を分離させていた構造を打ち壊すうえで、大きな役割を果たした。しかし、法律が定着するまでにはそれからかなりの時間がかかった。

カーターは、イランの石油資源を手に入れようとザグロス山脈を越えて南下してくるソ連の脅威に対して、「ペルシア湾研究」を承認した。これが「緊急展開統合任務部隊（ＲＤＪＴＦ）」の創設につながった。その初代司令官となった海兵隊大将でのちに総司令官となるP・X・ケリーは、この部隊は緊急展開などできず、統合されてもいないと宣言した。それにもかかわらず、この部隊が最終的には「中央軍」となり、中東からパキスタンに及ぶ地域に責任を持つことになる。

将来の大統領は、理想主義的あるいは思想的な見解は、現実によって試されるべきだと理解しなければならない。ヴィジョンが現実から切り離されるとき、失敗の可能性ははっきりと高まる。そして、大統領が必要な経験と判断力、学習能力という必須条件なしで選ばれるかぎり、失敗の可能性はますます大きくなる。カーター後の歴代大統領はひとりを除き、全員がこの残酷な真実を学ぶ必要があったのだが、誰ひとりとしてそうしなかった。

第4章　悪の帝国とスターウォーズ計画
――R・レーガン

一九八二年初め、国防総省一階のEリングで。

海軍作戦次長（VCNO）　知ってのとおり、我々は次期CNO（海軍作戦部長）の現太平洋艦隊司令官ジェームズ・ワトキンス大将にブリーフィング冊子を準備しなければならない。

HKU　承知しています。何か指針となるものは？

VCNO　ない。君の優れた判断力だけが頼りだ。おそらく知っているだろうが、ワトキンス大将はカリフォルニア政治によく通じておられる。母君は州下院議長や他の高位の公職に就いておられた。彼女は大統領夫妻とも親しい。

HKU　ご存じのように、我々の多くは、レーガンの六〇〇隻艦隊構想に対して徹底した評価がなされなかったことを強く批判してきました。私は海軍長官を存じ上げています。同時期に大学院に行っていましたから。彼は海軍拡大の強固な支持者でした。私はただ、この構想を支持できるだけの正しい戦略的根拠が欠けているのではないかと心配しているのです。それから、防衛支出を大幅に増加しても、予算増額の期間が過ぎてから、海軍と海兵隊が組織拡大のための支出をどう賄っていくのかがわかりません。

VCNO　だからこそ君にブリーフィング文書を準備してもらい、その要旨を述べた書状に私がサインしたいと考えている。その書状は短いほうがいい。せいぜい二、三ページにまとめてもらいたい。どのくらいで仕上げられる？

HKU　数日いただければ。

VCNO　わかった。用意できたら持ってきてくれたまえ。

一週間後、ＶＣＮＯのオフィスで。

HKU　大将、ブリーフィング文書をお持ちしました。おもな見解を三点にしぼっています。まず、最も重要なこととして、我々は戦争計画と緊急時対応作戦を協調させられる海軍戦略を必要としています。そのために、海軍と海兵隊の増強に賛成し、艦隊に行動計画を与え、それをもとにプログラム、訓練、人材登用、資材調達を組み立てます。

私は現ＣＮＯが「海上攻撃（Sea Strike）」計画を戦略として使うことに満足していると知っています（「海上攻撃」は太平洋に面したカムチャッカ半島のソ連の海軍基地を四グループの艦隊で攻撃する計画）。しかし、これは全体的な戦略というよりは、ソ連の国土を海軍力で攻撃するという作戦計画にすぎません。CNOを混乱させる必要はありませんが、もっとよい戦略を必要としています。

VCNO　ほかに何ができる？

HKU　現在は、艦隊司令官とワシントンの間に計画共有と協調が存在しません。司令官たちが提出する優先リストは、ご存じのように、通常は無視されます。それに対して彼らが不満を述べ、要求したもののほんの一部だけを受け取ります。これは計画立案でも戦略でもありません。

VCNO　私もそう思う。その状況を正すための手はずを整えよう。

HKU　最後に、思い切った行動をとらないと、六〇〇隻海軍は絶対に費用負担ができません。その数に達することはできますが、維持するだけの予算がありません。長官は抜け目なく調達コストを削減してきました。それは問題ではありません。負担となるのは、作戦、維持管理、人件費、訓練コストです。

　以上の三つの提案事項それぞれの実施方法について、その考えを補足資料として加えてあります。しかし、私には心配に思うことがいくつかあります。

VCNO　続けたまえ。

HKU　レーガン政権は六〇〇隻の船を手に入れることばかり目指して、それを維持することについては考えていません。我々がどのような戦略を考案したとしても、文官は間違いなく、それを議会と国民に六〇〇隻の船を売り込むマーケティング計画として受け取るでしょう。それは構いませんが、軍事戦略を考えるうえで、単なる売り込みは優れた方法にはなりません。

我々は車を売っているジェネラル・モーターズ社ではないのですから。

ＶＣＮＯ　君はソ連軍についての論文を書いたのではなかったかな？

ＨＫＵ　そのとおりです。

ＶＣＮＯ　新しいＣＮＯは着任後、戦略的防衛について知る必要があるだろう。君の意見が役に立つかもしれない。

ＨＫＵ　戦略についてもう一つ申し上げてよろしいでしょうか。我々はつねに通常兵器による戦争のための計画を練ってきました。ソ連というオオカミの群れを相手に、大西洋の戦いを繰り返そうというものです。それは、ソ連の考え方とは違います。

　ロシア人はアメリカとの戦争を、最終戦争と考えています。核兵器や熱核兵器も戦略の一部になるはずです。もしアメリカが空母の船団と潜水艦を派遣すれば、ソ連は間違いなく核兵器を使うでしょう。我々のミサイル潜水艦を狙って、海上で核によるエリア爆撃をするかもしれません。

　ご存じのように、高高度での核爆発は広範囲をＥＭＰ（電磁波）で覆うため、わが軍の電子機器を無効にし、目隠しをするのに十分です。ですから、アメリカの戦略はこのようなソ連の考え方をよく認識したうえで、なぜＥＭＰに対処するため空母を強化する必要があるかを理解しなければなりません。そうするだけで、こちらが発する信号をソ連も読み取るでしょう。

　ホワイトハウスと大統領がこの点についてどう考えるかはわかりません。彼らは強硬な反ソ連の人たちです。最初の国家安全保障担当補佐官のディック（リチャード）・アレンや、ＣＩＡ

のビル（ウィリアム）・ケイシーを筆頭に。率直に言えば、これは私よりはるか上のレベルの人たちが取り組むべき検討事項ですが、私は恐怖を感じています。ソ連は大きな内政、経済問題を抱えています。指導部は年寄りばかりです。少し前に国防大学の教員をしていたときのことですが、当時のビル（ウィリアム）・コルビーCIA長官が毎年のように、ブレジネフの命もあと数ヵ月だと講義で述べていました。しかし、CIAは間違っていました。ブレジネフの後継者たちも、それほどよい健康状態ではありません。

VCNO　ホワイトハウスについては私が言うべきことはない。ロシア人についての理解については、私は君の意見に同意する。しかし、数十年も続いた考え方や戦争計画を変えるのは簡単ではない。アメリカとソ連では戦略についての見解が違うことは認めよう。しかし、その現実を行動に反映させるのは、我々にとって最も困難な仕事になるだろう。

ロナルド・レーガンは一九八一年一月二〇日正午に、アメリカ合衆国第四〇代大統領に就任した。彼の最も熱心な支持者たちは、「レーガン革命」を求めた。財政面での保守主義と、強硬な反共主義者というレーガンの評判を結びつけたものだ。その結びつきはソ連との軍備管理交渉での突破口につながる。その顕著な成果が、「中距離核戦力全廃条約（INF）」と、その五年後のレイキャビク首脳会談で、ミハイル・ゴルバチョフとの間でほとんど奇跡に近い、核兵器全廃についての（無謀な）努力がなされたことだ。レーガンとゴルバチョフは合わせて四度の首脳会談を行い、一九九一年に承認される「第一次戦略兵器削減条約（STARTI）」の基礎作りをした。

レーガンはまた、演説のうまさや記憶に残るフレーズを使うことでも有名だった。彼はソ連を「悪の帝国」と名指しした。一九八八年にモスクワで開かれたゴルバチョフとの最後の会談で撤回したフレーズだ。一九八三年三月に発表した戦略防衛構想（ＳＤＩ）は、一般には不遜にも「スターウォーズ計画」として知られる。そして一九八七年、レーガンはベルリンでこの有名な言葉を発した。「ミスター・ゴルバチョフ、この壁を取り壊してください」

力強い発言は目立ったものの、レーガンの考えのすべてが称賛されたわけではない。国家安全保障担当大統領補佐官を二度務めたブレント・スコウクロフト中将のような専門家は、「壁を取り壊せ」発言を、要求を通させる影響力も手段も伴わない、意味のない言葉だと批判した。これと同じ批判がそれから三〇年後にも繰り返される。時の大統領がシリアのバッシャール・アル・アサド大統領に対して権力の座を退くことと、化学兵器の使用を越えてはならない一線とすることを要求するのだ。アサドはどちらの要求もはねつけた。

一九八一年という新しい年の初めに、レーガンは「アメリカの夜明け」を約束した。これは、国にとっての新たな始まりというメッセージを伝えるキャンペーン・スローガンとしてはおおいに成功した。アメリカ国民はある種の「不安病」に陥っていた。カーターが決して使わなかったこの言葉は、一〇年の間に積み重なっていた悲観的なムードを表すものだ。ヴェトナムでの敗北に加え、経済面では貧困指数が二桁の利率とインフレに結びつき、石油の禁輸とエネルギー危機が続いた。イランではまだアメリカ人が人質のままで、「デザートワン」救出作戦は失敗した。ソ連は世界を率いる超大国の地位をアメリカから奪おうとしている。このすべてが、アメリカ国内に陰鬱なムードを引き起こしていた。

レーガンの改革プランは、現在の世界で言えばバンパーステッカーやツイッターのメッセージに相当するほど簡潔な、「減税、小さな政府、国防の再建」だ。実際に彼はこれらを実行に移した。国防長官のキャスパー・ワインバーガーはニクソン政権の行政管理予算局長として辣腕をふるい、行政予算を大幅に削減して〝キャップ・ザ・ナイフ〟の異名を得ていたが、ペンタゴンでの今度の仕事は大幅に国防支出を増やすことだった。ソ連の軍事力を追い越すために、国防総省に巨額の予算が割り当てられた。レーガンの主たる目的の一つは、「六〇〇隻艦隊」の創設だった。

レーガンの支持者の一部は、大統領は国防支出を増すことで、ソ連にもその流れを追随させようとしているのだと考えた。最終的には、この支出がソ連政府の財政を破綻させ、ソ連崩壊につながるという主張だ。しかしこれは、都合のよい希望的観測というのがいいところだった。後述するように、ソ連では高齢化した指導者たちが次々と死んでいき、比較的若いミハイル・ゴルバチョフが権力を握った。ゴルバチョフは「ペレストロイカ」(再建)と「グラスノスチ」(情報公開)を通してソ連の改革を試み、それが本質的に不安定で不合理なソ連の体制を崩し、ソビエト連邦を忘却の彼方へと追いやった。結局、ソ連の崩壊を招いたのは、レーガンの国防計画ではなかったのだ。

いわゆる「レーガン・ドクトリン」には、共産主義とソ連に世界規模で対抗することが含まれた。ウィリアム・ケイシーCIA長官は、秘密工作を実行する権限を与えられていた。レーガン政権はベイルートやグレナダに公然と地上軍を送り、ベイルートでは悲惨な結果を引き起こし、グレナダには混乱をもたらす。CIAは南米では密かにニカラグアの港湾に機雷を敷設するという違法行為を始め、国家安全保障会議（NSC）はイラン・コントラ事件を引き起こした。後者はもう少しでレーガン政権を終わらせるところだった。アフガニスタンのイスラム兵士（ムジャヒディン）にスティンガーミサイルなどの武器を提供し、侵攻したソ連軍に応戦させようという試みは、戦術的には効果的だったが、戦略としては短絡的すぎた。タリバンがナジーブッラー政権を倒し、一九九六年に権力を掌握するきっかけを与えてしまったのである。

イラン・イラク戦争が激しさを増すなか、イラン政府とアメリカ政府の間の強烈な敵対心のために、レーガン政権はサダム・フセインを事実上の同盟者とみなすようになった。アメリカはイラクにイランに関する大量の情報を提供した。レーガンの使節としてバグダッドに向かったドナルド・ラムズフェルドが、フセインと和やかに話しているところを撮影した写真は不評を買った。「タンカー戦争」の間、イランはペルシア湾を航行する巨大なタンカーを攻撃し、石油の輸送を妨害するか停止に追い込もうとした。アメリカは対抗手段として、クウェートのタンカーをアメリカ船籍に変えて星条旗を掲げ、イランからの攻撃を防ぐという巧みな作戦を用いて効果を発揮した。この「アーネスト・ウィル作戦」による船籍変更は一九八七年から約一年続けられ、湾岸からの石油輸送を守ることに役立った。

一九八七年、イラク軍はフランス製のミラージュ戦闘機に搭載したエグゾセ対艦ミサイルで、湾岸を哨戒中だったアメリカ海軍のミサイルフリゲート艦「スターク」（FFG31）を攻撃した。スタークはもう少しで沈没するところだった。イラクはこの間違いを謝罪し、アメリカ側はその謝罪を受け入れた。しかし翌年七月、アメリカのミサイル巡洋艦「ヴィンセンス」（CG49）がイラン沖を通過した直後に、民間機のイラン航空655便を撃ち落とし、乗客乗員全員が死亡するという弁解の余地のない誤射が起こった。アメリカは最終的には謝罪したが、ヴィンセンス事件はすでに雲行きの怪しかったイランとの関係を、当然のことながらさらに悪化させた。湾岸での緊張は増したが、また、イラン・イラク戦争はほぼ一〇年に及んでいたが、幸いにも、湾岸でのイランとアメリカのもっと大きな対立は避けられた。イラン・イラク戦争終結後、フセインは彼のクウェートに対する脅しに対して、アメリカから強い反応がないことを暗黙の了解と早とちりし、一九九〇年八月、クウェートへ侵攻した。アメリカの次の政権はこの侵攻に対処しなければならなくなる。

レーガンは一見したところ頭が切れる優れた政治家で、人をひきつける魅力があり、国民の心をつかんだ。彼の俳優としてのキャリアも役に立った。好感を持たれやすく、きちんとした人物として信頼された。違法行為そのもののイラン・コントラ事件の間、その人柄が彼の大統領職を救ったことは間違いない。実際には、レーガン政権は最初からスキャンダルだらけだった。それ以前のどの政権と比べても、犯罪や不祥事のために告発されるか有罪になった政権のスタッフの数が多い。ニクソン政権でさえ、これには及ばない。スキャンダルはいくつかの省にまたがって拡大した。

これらの不正行為はレーガンが無能な大統領、あるいは必要な監督と責任の行使に無関心な大統領だったことを示す。これが信用に値しない人物を信頼したためなのか、あるいは、組織管理の現実的な手段としてあまりにも多くの権限を委託してしまったからなのかは、明らかではない。レーガンが何気なく口にした言葉の一つが、彼の考え方をよく表している。「これまで働きすぎで死んだ人間がいないのは確かだが、わざわざ試してみなくてもいいだろう」。また、大統領就任からわずか一〇週間後に起こった暗殺未遂事件は、もう少しでレーガンの命を奪うところだった。この事件が新政権の手綱を締めるのを遅らせたのは間違いない。

レーガン本人には謎に包まれた部分があった。一方では、上の空でしばしばのんびりしすぎているように見えた。部下をクビにするときには、冷淡さに欠けているように見えた。他方では、必要とあらばタフで攻撃的になることができた。一九八二年に航空管制官がストライキを始めると、レーガンは彼らをクビにした。彼は敵対者がよく言っていたような、イデオローグではなかった。彼の哲学は実用主義と一般常識ででき上がっていた。

レーガンは民主党のトーマス・″ティップ″・オニール下院議長と非常に親しかった。現在の悪意に満ちた政治環境のなかにいる者たちには、うらやましい関係性だろう。彼は思い切った減税政策を進めた。しかし、攻撃的なレトリックとは裏腹に、財政赤字が経済を脅かしたときには増税に踏み切りもした。彼はプラグマティックな理想主義者で、保守主義者だった。イデオロギーを持つことは、それが現実意識で和らげられるのであれば問題はない。

レーガンはヴィジョン、温かみ、魅力、カリスマ性は持っていたかもしれないが、戦略的思考が彼の強みになることはなかった。限られたページのなかで、彼の八年間の大統領職を細かく評価するのは不可能だ。しかし、一九八三年のベイルートとグレナダ、その数年後のイラン・コントラ事件、アフガニスタン、そしてソ連との愛憎関係というレンズを通して眺めれば、彼の戦略的思考を検証することができるだろう。

すでに述べたように、レーガンにはもう一つの欠点があった。管理や監督を嫌ったことだ。レーガンの管理能力の欠如を最もよく表しているのが、側近の補佐官たちへの自由放任主義的なアプローチだろう。首席補佐官のジェームズ・ベーカーと最初の財務長官ドナルド・リーガンには、職務を交換することを認めた。リーガンはメリルリンチを率いるCEOとしてウォール街ではうまくやっていたかもしれないが、首席補佐官としては能力不足だった。最終的には一連のミスとナンシー大統領夫人との衝突のために解雇された。

国家安全保障担当補佐官選びについては、レーガンはさらに思慮に欠け無関心だった。その無関心さがイラン・コントラ事件となって噴出し、レーガンの大統領としての経歴を汚すことになる。レーガン政権の初代国家安全保障担当補佐官リチャード・アレンは、日本の会社から提供された謝礼の扱いで判断を間違え、不当に受け取ったという告発を受けて、就任から一年で辞任を余儀なくされた。その謝礼金は不可解にも、ホワイトハウスのアレンの部屋の金庫に保管されていた。レーガン大統領はアレンを弁護しようとし、この隠し金をめぐる騒動は、ホワイトハウスと政権の信用を落とすために仕組まれた、露骨な政治的策略だと決めつけた。

アレンの後任として、レーガンはウィリアム・クラーク判事を任命した。カリフォルニア州知事時代の「キッチン内閣」のひとりだ。クラークは外交分野での経験は一切なかった。NSCの上級スタッフだったロバート・〝バド〟・マクファーレン（のちにアレンを引き継いで国家安全保障担当補佐官となる）は、あるときクラークにヨーロッパの地図を見せられたことがあった。同盟国には青、敵対国には赤の印がついていた。クラークは彼に、自分たちの仕事は「青は青のままにとどめ、できるだけ多くの赤を青に変えること」だと言った。

マクファーレンに職が引き継がれたあと、クラークは内務長官になった。マクファーレンは海兵隊の退役中佐で、NSCでの経験は豊富だった。しかし、ロシアと中国との間に、ニクソンとキッシンジャー時代の三角外交を再び築こうと試みたことが失墜の原因になった。これは、イランからアメリカ人の人質を取り戻し、テヘランへの禁じられた武器売却からの利益を中央アメリカのニカラグアのゲリラ組織コントラへ流そうという、複雑な計画だった（突拍子もない危険な計画でもあったことがわかる）。すべて違法で政治的不正行為だった。

NSCのスタッフで、やはり海兵隊出身のオリヴァー・ノース中佐のことを、マクファーレンは〝息子のように〟思っていた。この複雑な外交を任せられたのがノース中佐だった。計画は四段階に分かれる。どの段階も失敗すれば致命的だった。第一に、アメリカ大使館の人質の解放と引き換えに、イランは禁じられた武器を受け取る。第二に、これらの武器はイスラエルから運ばれ、イスラエルに対してはアメリカが補塡する。第三に、武器の代金がコントラへと渡される。第四に、コントラはその武器を使ってニカラグア政府を倒す。ニカラグア政府はアメリカに敵対的とみなされていた。

計画は実行不可能で、完全に違法だった。議会を通過してレーガンの署名で法になった二つの「ボーランド修正条項」で、コントラへの資金提供は禁止されていた。アメリカ製の兵器をイランに送ることも禁じられていた。たとえ正確にはイスラエルから提供されたものであったとしても。この話が暴露されると大々的なスキャンダルになり、レーガンはもう少しで大統領の地位を失うところだった。マクファーレンは自殺を図ったが、幸いにも未遂で終わった。

「イラン・コントラ事件」が世間の知るところとなる前に、マクファーレンはホワイトハウスを離れて民間部門に移り、戦略国際問題研究所で願ってもない地位に就いた。マクファーレンの後任は彼の次席補佐官だったジョン・ポインデクスター海軍中将で、本人は何も知らずにこの政治的な時限爆弾の上に座ることになった。イラン・コントラという爆弾が爆発すると、ポインデクスターの師でもある海軍大将で元作戦部長のジェームズ・ホロウェイ三世は、ワシントンのメトロポリタンクラブでの昼食にポインデクスターを連れ出した。ホワイトハウスからは一ブロック半の場所だ。

昼食をともにしながら、大将はポインデクスターに、お抱え弁護士はいるのか、とたずねた。ポインデクスターは驚いて、なぜ弁護士が必要になるのですか、と聞き返した。彼より経験豊かなホロウェイは明らかな命令口調で、こう告げた。「中将、今日の業務終了時刻までに弁護士を用意できないようなら、私がひとり見つけてやろう」。数年後、私の親しい友人となっていたホロウェイが、このときのやりとりについて話してくれた。

レーガンはこの政治的な嵐とは距離を保っていたが、やがて、大統領としての地位を守るためにはホワイトハウスに本当の能力を持つ人間が必要だと気づく。フランク・C・カールッチ国防副長官が、国家安全保障担当大統領補佐官として政権の舵取りを立て直す仕事を与えられた。カールッチは当時西ドイツで第五軍団の指揮に当たっていたコリン・パウエル中将を呼び寄せて、自分の次官に据えた。NSCの組織としての機能を回復させたあと、カールッチは国防長官としてペンタゴン入りし、かつての上司であるワインバーガーを引き継いだ。パウエルはNSCのトップの地位に昇進した。

レーガンは一九八五年末、なぜイラン・コントラのような無謀な試みがなされたのかを調査するために、「タワー委員会」を設置した。テキサス州選出の元上院議員で、上院軍事委員会の委員長だったジョン・タワーが率いる委員会に、ブレント・スコウクロフト退役中将と、メイン州選出の元民主党上院議員エドマンド・マスキーも加わった。委員会の報告書は痛烈だった。レーガンは国民に向けた演説で謝罪し、自分の心は、イラクの人質と武器を実際に交換するわけでも、ニカラグアで法を破るわけでもないと思い込もうとしていたものの、理性でその考えをいましめるべきだったと認めた。国内での人気の高さに助けられ、レーガンはかろうじて大統領職にとどまることができた。

レーガン政権にとっての最初の、本当の意味での外交政策上の危機は、一九八二年初めにアルゼンチンがイギリス領であるフォークランド諸島を占領したことだった。南米のパタゴニアの南東沖四八〇キロほどに位置する諸島だ。イギリスのマーガレット・サッチャー首相――レーガンとは強い信頼関係にある――が諸島の奪還を目的とする「コーポレート作戦」のために特殊部隊を送り出した。アメリカ政府は紛争当事者となった二つの同盟国のどちらかを選ばなければならないという典型的なジレンマに陥った。

明らかに、レーガン政権はイギリス寄りだった。ペンタゴンの将軍たちは、イギリスは空軍力に欠け、地上戦力でも数的に劣るため、敗北は免れないと予想したが、彼らの読みは完全に間違っていた。私は一九六九年末から七一年までイギリスの王立海軍に参加し、フリゲート艦「バッカント」の乗員となり、その後はダートマスのイギリス海軍兵学校で教員をした経験があった。そのため、ペンタゴンの上層部からイギリスがフォークランド諸島を奪還するために使えそうな戦略を助言する「レッドチーム」をとりまとめるように命じられた。「レッドチーム」は、仮想敵の立場からの分析を提供するのが役割だ。私は王立海軍のジョン・〝サンディ〟・ウッドワード准将の役を演じた。ウッドワード准将はこの作戦の指揮をとり、のちにナイトの称号を与えられ、四つ星（大将）の地位に昇格する。

私たちは八〇対二〇パーセントの原則に基づいて、イギリスはフォークランド諸島からアルゼンチン人を立ち退かせ、諸島を取り戻すだろうと予測した。アルゼンチンの航空戦力はフォークランドへの長い飛行距離によって、また空中空輸機を持たないことによって効力を失うはずだった。アルゼンチンはフォークランドに駐留させている地上軍の数においては、侵攻してくるイギリス軍よりも圧倒的に有利だった。しかし、アルゼンチン軍は訓練不足で戦う準備ができていない召集兵から成り、数は少ないもののプロ意識が高く、有能で、攻撃的な王立海兵隊員や陸軍兵士たちとは比べようもなかった。

この説明を聞いたアメリカ海軍の将軍たちのほぼ全員が、私たちの見方に強く反対した。イギリスの地上軍の数的不利と、アルゼンチンの空軍力によって、「コーポレート作戦」は第一級の軍事的敗北に終わるだろう、と彼らは考えた。そして、私たちの予測を否定するばかりか、上級将校の何人かはイギリスが勝つという考えそのものを笑い飛ばした。

私たちのチームは一つだけミスを犯していた。悪天候の影響を過大評価して、イギリスは水陸両用攻撃を早い段階で実施するだろうと結論したのだが、実際は異なった。結果を予想するうえでもう一つ分析が不十分だったのは、皮肉なことに、アルゼンチン軍パイロットがいかに勇敢であるかを読み間違っていたことだ。彼らは意を決した攻撃で、海面すれすれで低空飛行し、イギリス軍の激しい対空砲火を避けたため、投下する爆弾の多くは作動しなかった。標的に命中しても、爆発しなかったのだ。導火線の接続を変えていれば、懐疑的なアメリカの将軍たちのほうが正しいという結果になっていたかもしれない。かつてナポレオンが言ったように、戦争では運を味方につけることも重要なのだ。

一九八二年秋、国防総省の機密情報隔離施設（SCIF）で。

海軍作戦部長（CNO）の幹部委員会（CEP）を率いる海軍大佐（NC） これから君に、特別アクセスとCNOの最も重要なプロジェクトについてブリーフィングを行う。

HKU なぜ私なのでしょうか？

NC ワトキンス大将が、君がソ連について詳しいと知り、君の意見を聞きたがっているのだ（NCは私に「戦略防衛構想（SDI）」の表題がついた資料を手渡した）。

HKU （書類にざっと目を通したあとで）CNOはソ連の大陸間弾道ミサイルすべてを〝無効にし、時代遅れにするために〟、宇宙にハイテクセンサー、レーザー、高エネルギー兵器を含む迎撃機能を備えた防衛シールドを築きたいとお考えなのですね。

NC そのとおりだ。エドワード・テラー［核物理学者で水爆の父とも呼ばれる］の支持も得ている。

HKU 私の正直な意見を聞きたいのですか？

NC もちろんだ。

HKU この計画を箱の中に戻して、決して日の目を見ないようにしてください。不可能とは言いませんが、莫大なコストがかかります。物理学的に、想定どおりにテクノロジーが機能するかどうかも疑わしく思います。それに、ロシアには数多くの対抗手段があります。
ロシアは平時でもキラー衛星を打ち上げて、我々の衛星を破壊できるでしょう。ソ連のICBMを標的にしたとしても、一〇〇パーセント確実なシステムというものはありません。それに、ソ連の潜水艦はアメリカの海岸近くから低い弾道のミサイルを発射できます。大きな落とし穴は、わが国には巡航ミサイルや有人・無人の爆撃機に対する防衛システムがまったくないということです。

NC　それはまあ……。

HKU　何ですか？

NC　この概要書はまだ途中段階にすぎない。レーガン大統領もすでに説明を受けているが、概論だけだ。詳しいブリーフィングは感謝祭明けに予定されている。大々的な発表は一九八三年初めに行うつもりだ。

HKU　私が文書の草稿を書きましょう。しかし、かなり否定的な内容になると思います。ソ連を軍拡競争に誘い込むことで財政的破綻に追い込めるという考えについても、批判的になるでしょう。ソ連の防衛支出の大部分は、対外軍事援助を増やすための手段であるとともに、雇用創出プログラムでもあることは、よくわかっているはずではありませんか？

NC　何か肯定的な話はないのか？

HKU　あります。これは交渉のためのすばらしい切り札として使えます。レーガンがブレジネフと会って、構想の概略を述べるとしましょう。そのあとで、もっとよい選択肢は戦術レベルと戦略レベルの両方での大幅な軍備削減だと持ちかけるのです。さらなる誘因として、もしソ連が協力すれば、アメリカはソ連が第三者に対して使えるように、テクノロジーを提供することもできるでしょう。そのＰＲ効果だけでも大きな価値があります。

もしソ連が同意しなければ、控えめなところからスタートを切ることができます。しかし、絶対に避けたいのは、軍拡競争へと挑発することです。ソ連は弾道ミサイルと巡航ミサイルで抵抗するはずです。巡航ミサイルは安上がりで、コスト交差比率という面で大きなメリットがあります。アメリカの国防費が数十億ドルかかるところを、ロシアは数億ドルといったところです。もし私がロシア人なら、通常戦力を増強してヨーロッパとＮＡＴＯを脅かします。そのときにアメリカは何ができるでしょう？

一九八三年三月二三日、レーガンはＳＤＩについて演説し、核兵器を「無効で時代遅れにする」という目的を発表した。大部分のメディアは、実現不可能で費用捻出もできない計画だと小ばかにし、映画のタイトルにちなんだ「スターウォーズ」という軽蔑的な通称を与えた。私の提案のなかで唯一生き残ったのは、そしてレーガンが私の提案なしでも実行していたかもしれないことは、ソ連にこのテクノロジーを提供することだった。レーガンはＳＤＩを重視するあまり、一九八六年にレイキャビクで行われたゴルバチョフとの首脳会談で、米ソ両国の核兵器すべてを実質的に廃棄するという合意に近づいたときに、ＳＤＩを放棄することを拒否した。

一九八二年六月、レーガンのＳＤＩ演説よりずっと前のことだが、イスラエルが「ガリラヤの平和作戦」でレバノン南部に侵攻した（レーガンが陰で支援していた）。同じ年の九月、大統領は海兵隊に、平和維持軍と共同でベイルートに入るように命じた。ワインバーガーも、アレクサンダー・ヘイグに代わって国務長官になっていたジョージ・シュルツも、これは地域の不安定化につながる危険な軍事行動になると考え、個人的には強く反対していた。

一九八三年四月、ベイルートのアメリカ大使館が爆破され、一七人のアメリカ人が死亡した。一〇月二三日には、メルセデス・ベンツ社製の黄色い大型トラックが海兵隊兵舎の防御壁を突き破って大きな建物に突っ込んだ。その後、運転者が数トン分の爆弾を爆発させ、二四一人の海兵隊員、水兵、兵士が死亡した。アメリカはこの殺戮と犠牲になった兵士の数に衝撃を受けた。レーガン政権はすぐさま激しい非難を浴びた。海兵隊は撤退し、ロバート・J・ロング退役大将を責任者として調査が開始された。その報告書である「ロング・レポート」は非常に批判的な内容で、ホワイトハウスを含む指揮命令系統全体に対して、このような攻撃に対する基本的な防御体制すらできていなかったことを非難した。

海兵隊兵舎爆破から二日後の一〇月二五日、カリブ海の島国グレナダに対する「アージェント・フューリー（抑えきれない怒り）作戦」が始まった。レーガン政権は西半球への共産主義の拡散について被害妄想を抱いていると論じる者もいた。もしそうなら、その信条のためにニカラグアでコントラを支援することにより、悲惨な結果を招くだろう。あるいは、グレナダはベイルートの悲劇から注意を逸らすための行動だ、と考える者もいたが、こちらについては間違っていた。なぜなら、グレナダ侵攻は自爆テロ事件が起こる以前から計画されていたからだ。

グレナダは一九七四年にイギリスからの独立を果たした。その五年後、モーリス・ビショップ率いる「ニュー・ジュエル運動」が権力をつかんだ。しかし、一九八三年一〇月、軍の一派によるクーデターでビショップが権力の座を追われ、数日後に殺された。イギリス総督のポール・スクーンは自宅軟禁下に置かれ、軍は厳しい外出禁止令を敷いた。

グレナダでは何年もかけて長い滑走路建設と空港の拡張工事が進められていた。作業に当たっていたのはキューバ人労働者だった。レーガン政権はソ連がキューバと共謀して、これらの施設を偵察機の基地として使うかもしれないと主張した。クーデターによってさらなる暴力が予想されるなか、政権はさらに、グレナダのセントジョージズ医大で学ぶ二三三人のアメリカ人学生が危険にさらされていると結論づけた。「アージェント・フューリー」は、これらの学生たちを救出し、ソ連に島へのアクセスを認めない政府を回復させることを目的に実行された作戦だった。約八〇〇〇人の兵士、海兵隊員、水兵が、第二艦隊司令官のジョゼフ・J・メトカーフ准将の指揮のもとに急いで組織された。メトカーフは短気だが知性にあふれ、葉巻好きなことで知られる軍人だ。しかし、作戦は悲喜劇的な結果をもたらした。

海軍特殊部隊シールズ、陸軍特殊部隊デルタフォース、レンジャー隊員、第八二空挺師団の兵士、海兵隊員から成る上陸部隊は、こうした作戦を共同で進めたことが一度もなかった。作戦を秘密にするため、グレナダの地図は前もって配布されなかった。潮流や海流を甘く見すぎて、ヘリから海中に降下したシールズ隊員の四人が死亡した。メトカーフは学生たちの救出を急ぐように、何度もホワイトハウスからせっつかれていた。苛立ったメトカーフは作戦初日の終わりにホワイトハウスに緊急メッセージを送り、学生たちに危険は迫っていないとはっきり伝えた。ホワイトハウスは中将からの報告にはらわたを煮えくり返らせた。侵攻の第一の理由は学生たちの救出だったからだ。それなのに作戦の指揮官がその正当な侵攻の理由を否定している。政権にとっては幸いなことに、この話が外に漏れることはなかった。

作戦二日目、部隊は島のほぼ全域を制圧し、約六八〇人のキューバ人「兵士」を捕虜にした。ホワイトハウスは、作戦は大成功だったと称えた。ベイルートでの失態についての批判をかわすことも目的だった。これらのキューバ人たちの存在は、ソ連とキューバの間の取引で、長さ二七〇〇メートルを超える滑走路が建設されているというホワイトハウスの見方を裏づけるものとなった。しかし、レーガンが彼の有名な「信頼せよ、されど検証せよ」のスローガンをこの場面でも使っていれば、おそらく異なる結論に至っていただろう。

当時、超保守派で反共主義のクラーク家が所有するイギリスの防衛企業プレッシー社が、もともとはグレナダでの観光業の促進のためにイギリス政府が一九五三年に構想した計画の契約を勝ち取っていた。クラークは優れた経営者として、そのプロジェクトのための最も安上がりな労働力を探していた。キューバがその労働力を提供することを申し出たが、亡命を防ぐために、キューバの民兵を労働者に随行させることを条件にした。これはソ連とキューバの策略などではなかったのだ。それは、ほんの少し調べれば、すぐにわかるはずのことだった。そうした情報収集の失敗と、物事を深く調べようとしない態度が、三〇年近くあとに再び第二次イラク戦争の悲惨な結果をもたらす。

さらに悪いことに、イギリスおよびマーガレット・サッチャー首相との関係が緊張を帯びたものになった。グレナダはイギリス連邦の一部だったからだ。サッチャーはレーガンに侵攻を中止するように申し入れ、強い口調の書簡を送りつけた。アメリカはそのころソ連の軍事体制に抵抗するためにイギリスに核巡航ミサイル基地を置く準備をしていた。そうした時期にグレナダを占領すればイギリス国民を怒らせ、ミサイル配備への国内の大きな反発を政府が覆すことはむずかしくなるだろう、とその書簡は強調していた。作戦開始の前夜、サッチャーはレーガンに電話を入れ、うわさされている攻撃は準備が進められてもいないし、今後も起こらないことを確認しようとした。レーガンはサッチャーに真実を告げることができず、作戦が進行中であることを否定した。レーガンはのちに回顧録のなかで、「私にはほかに言えることがなかった」と認めている。すでに述べたように、自らの目的のために真実を歪めたことが、のちのイラン・コントラ事件でレーガンを失墜の寸前まで追い込むことになる。

グレナダでの作戦失敗は一九八六年の立法の動きにつながった。「ゴールドウォーター・ニコルズ法」である。この法は、かつての戦争ではそうであったように、陸海空軍と海兵隊の四軍が個別にではなく共同で作戦にあたることを強制するものだ。この共同行動の欠如が一九八〇年の「デザートワン作戦」失敗の一因だった。やがて、四軍は「デザートワン」とグレナダの過ちを繰り返さないように、協力体制の構築に熱心に取り組むようになる。この「統合性」の概念は最近になって、「政府全体」にまたがる総合的アプローチへと発展してきた。もし政策をうまく進めようと思うなら、あるいはもっと簡単に言えば、二一世紀の紛争を勝利または成功に導こうと思うなら、他の政府部門も重要な役割を果たさなければならないと認め合うようになったのだ。

一九八五年に起こったローマとウィーンの空港でのテロ攻撃は、リビアの関与が疑われた。リビア最高指導者のムアンマル・カダフィ大佐は欧米諸国にとっては敵だった。カダフィはのちに、リビアの海岸線と接するシドラ湾全体をリビアの領海であると主張する。一九八六年には、リビアはレーガン大統領にとって頭痛の種になっていた。リビアの不当な領海の主張に対処し、カダフィをこらしめるために、レーガンは地中海を拠点とする第六艦隊に空母をシドラ湾に展開するように命じた。

リビアはアメリカ海軍に抵抗するという無謀な過ちを犯した。三月二三日から二四日にかけて、第六艦隊の艦船がカダフィの小規模な海軍部隊から攻撃された。第六艦隊はすぐさまリビアのコルベット艦と何隻かの巡視船を海に沈め、リビア軍は砲撃にさらされ消散した。四月五日、その報復として、リビアの工作員が西ベルリンのディスコ「ラ・ベル」を爆破して、二二九人を殺した。犠牲者にはアメリカ人兵士ふたりと民間人ひとりも含まれていた。レーガンはすぐさま再び報復に出た。ヨーロッパとアラブの同盟国との数日にわたる調整のあと、リビア国内の標的に対する空爆を命じる。この作戦は「エル・ドラド・キャニオン」のコードネームで呼ばれた。四月一四日夜の国民への演説で、レーガンはこう述べた。「防衛は我々の権利というだけでなく義務でもある。それが今回の任務の目的である。国連憲章第五一条で完全に認められているものだ」。作戦は開始された。

「エル・ドラド・キャニオン」は、ゴールドウォーター・ニコルズ法成立以前に行われた作戦だったため、やはり協調的な統合指揮計画が欠如していた。ヴェトナム戦争と同じように、空軍、海軍、海兵隊は混乱と同士討ちを避けるために、別々の標的を割り当てられた。フランスが領空通過を認めようとしなかったため、イギリスのレイクンヒース基地に駐留していた空軍のＦ－１１１戦闘爆撃機は、遠回りのルートを長距離飛行してリビアの標的に向かわなければならなかった。空爆の精度はひどいもので、トリポリのフランス大使館がもう少しで爆撃されるところだった。これは一九九九年のコソボへの攻撃の予兆となるものだった。コソボ紛争では、アメリカはベオグラードの中国大使館を誤爆するのだ。

攻撃に動揺したカダフィは、それでもアメリカに対するさらなる報復を命じた。二年後の一九八八年一二月二一日、パンアメリカン航空一〇三便がスコットランドのロッカビー上空で爆発し、乗員乗客二五九人全員が死亡した。カダフィの工作員が何も知らない一般の乗客の荷物に爆発物を仕込んだのだ。しかし、アメリカの報復措置は制裁と刑事訴追に限定された。レーガンの任期は終わりに近づき、あとを継ぐジョージ・H・W・ブッシュ政権はもっと大きな問題に気をとられることになるからだ。それはソ連の内部崩壊とサダム・フセインのクウェート侵攻によって生じた問題だった。

おそらく、レーガン政権が健全な戦略的思考の採用に失敗した最も目に余る例は、アフガニスタンだろう。アメリカのアフガニスタンとの関わりの歴史は長く、カーター政権にさかのぼる。一九七九年一二月、権力を失いつつあったカブールの親共産主義体制を支援するために、ソ連は一万五〇〇〇人の兵力から成る部隊を派遣して介入した。この侵攻とあからさまな国際法違反に激怒したカーター政権は、アフガニスタンの反ソ連勢力に武器とＣＩＡの顧問団を提供する形で支援する計画を始動させた。一年後に大統領に就任したレーガンは、アフガニスタンでソ連に反撃するというこの絶好の機会をみすみす逃すのは惜しいと考えた。

レーガンのムジャヒディン――「自由の戦士」――への支援は、四半世紀近くあとに書かれたジョージ・クライルの本で、はじめて世間の知るところとなった。この著作は同じタイトルで映画化もされ（『チャーリー・ウィルソンズ・ウォー』）、ヒット作品となる。チャーリー・ウィルソンは一九七二年にテキサス州選出の連邦下院議員になった伝説的な民主党議員だった。一九八六年末、レーガン政権は徹底した議論と評価を経て、スティンガー地対空ミサイルをムジャヒディンに提供することを決定した。この「サイクロン」秘密計画の資金拠出の立役者になったのが、下院国防歳出小委員会のウィルソンだった。

アフガニスタンに何度も旅をしたウィルソンは、ムジャヒディンの二つの主要ネットワークのリーダー、ジャラルディン・ハッカニとグルブッディーン・ヘクマティヤールと知り合う機会を得た。ウィルソンはふたりとの絆を築いた。スティンガーミサイルと対戦車・車両用火器を手に入れ、ムジャヒディンは戦いの流れを変えた。アメリカはヴェトナムからの撤退を余儀なくされたが、ソ連もアフガニスタンで同じ運命をたどった。しかし、一九九〇年のソ連撤退後、ムハンマド・ナジーブッラー率いるカブールの政府は、しっかり権力を掌握するには程遠く、一九九二年に崩壊する。ウィルソンはアフガニスタン再建のための資金を確保しようと必死だった。ソ連が去ったあとの空白をイスラム過激派が埋めるのではないかと恐れていたのだ。しかし、議会は国家建設には興味を示さなかった。議会の考えでは、アフガニスタンの問題はもう片づいていた。なんといってもソ連は崩壊したのだし、フセインがクウェートを占領するという新たな問題が起こっていたのだから。

四年後、タリバンがアフガニスタンで権力を掌握した。ハッカニとヘクマティヤールは、アメリカの最重要指名手配テロリストのリストの一番上に名前が挙げられることになる。ジョージ・W・ブッシュがイラクで「次はどうする？」の問いかけをしなかったように、レーガン政権はソビエトが去ったあとのアフガニスタンで何が起こるかを、考えようとしなかった。

教訓ははっきりしている。当初の分析として、ソ連を牽制するためにはいかなる代償も払い、重荷を背負うことは、賢明な政策のように思えた。しかし、残念ながら、「次はどうする？」が考慮されることはなかった。たしかにレーガン政権は、スティンガーミサイルを提供することによる影響と、これらの兵器が他の勢力の手に渡り、アメリカに対する攻撃に使われる可能性については考えた。おそらく兵器にはそうした事態を防ぐために、何らかの安全装置が備えられていただろう。しかし、アフガニスタンのために次に何を行うのがよいのかという問いかけが、アメリカの政策を形作ることはなかった。ソ連を追い出すことが何より重要だったのだ。

レーガン政権はパキスタン大統領のジア・ウル・ハク将軍に働きかけ、アフガニスタンでの反ソ連の作戦に参加させた。そこでもまた、ホワイトハウスはハクのイスラム主義への傾倒と、彼がパキスタンの舵取りをする方向性には目をつぶった。他の多くの地域でそうしてきたように、ホワイトハウスには外交政策を考えるうえで、相手国の文化的・社会的な背景を無視する傾向が根づいていた。

大雑把に流れをまとめれば、一九七一年から七三年までパキスタンの大統領を、そして一九七三年から七七年まで首相を務めたズルフィカル・アリ・ブットは、順調だった経済の国有化と社会主義化を進めた。彼はその後、かつての軍隊時代に彼の秘書を務めていたハクにより、一九七九年に反逆罪で処刑される。ハクは国を急進的に変革し、数千の宗教学校「マドラサ」を建て、そこで超保守的、さらに言えば過激でさえある視点から少年たちにコーランを学ばせた。パキスタンはこうした根本部分の構造的変化から回復することはないだろう。そして、テロとの戦いと三五年続いたアフガン戦争がおもな原因となったアメリカとの愛憎関係は、悲しいかな、敵対的な方向へと傾きつつある。

ほとんど無批判で実行されたレーガン政権のムジャヒディンへの支援と、G・W・ブッシュ政権が二〇〇二年に攻撃対象をアフガニスタンからイラクに移したことを直接結びつけるのは、公正ではないかもしれない。しかし、もしアメリカがアフガニスタン政府を支援していれば、タリバンとイスラム過激派がこの国で権力を握ることはおそらくなかったはずだ。それによって九・一一のテロ攻撃が避けられたかどうかは別として、アメリカはここで再び、自分たちが介入した紛争を理解することにも、その長期的な影響を考慮することにも失敗した。

一九五九年、ヴェトナム戦争でアメリカ人兵士がはじめて戦死した。それから一五年後、アメリカはようやくヴェトナムから撤退する。アフガン戦争はアメリカにとっては一九八〇年初めに始まった戦争と考えることができ、現在も続いている。つまり三五年以上続いている戦争ということになる。そのことに気づいているアメリカ人が一握り以上いるかどうかは疑わしい。

◆

レーガンの偉大な遺産の一つは、アメリカ軍を再建したことだ。レーガン時代の防衛予算の増額が、すっかり空洞化していた軍の再建に不可欠だったことは間違いない。「空洞化した軍隊（hollow force）」という語は、エドワード・C・〝シャイ〟・メイヤー大将が最初に使ったもので、彼はジミー・カーター政権時代の一九七九年から八三年まで、陸軍参謀総長を務めていた。

ジミー・カーターの大統領就任後、国防は優先事項から外され、ヴェトナム戦争によって失われたアメリカ軍の士気や強靭さを取り戻すために必要な予算も割り当てられなかった。メイヤーは「空洞化」によって、アメリカ軍が任務遂行の準備も装備も十分ではない無能な軍隊に成り下がったと考えた。この点でメイヤーは間違いなく正しかった。「空洞化した軍隊」という語は現在の軍隊にも起こり得る状況への警告として、今も使われている。

私は一九八二年から八三年まで、「海軍拡大計画」の責任者だった。私たちは六〇〇隻艦隊の詳細なコスト分析を実施した。そして、六〇〇隻の船を持つことは現実的に可能ではあるものの、コスト削減のための、またコスト増大を防ぐための画期的な方法をとらないかぎり、その規模の海軍を財政的に維持することはできないという結論に至った。海軍長官のジョン・レーマンは押しが強く行動的な人物で、おそらくセオドア・ルーズヴェルトが海軍次官を務めたとき以来の、最も有能な長官だ。私たちがいくら財政的に維持できないと主張しても、果てしない無駄な努力にしかならず、結果はまったく同じだった。

当時はワトキンス大将が海軍作戦部長で、P・X・ケリー大将が海兵隊総司令官だった。このふたりはどちらも私たちの分析を高く評価し、海軍の財政を維持できるようにする必要があると納得していた。しかし、ジョン・レーマンは違った。私と同世代のレーマンは（私たちは進んだ大学院は別だったが、お互いを知る間柄だった）、この分析について私に真っ向から反論を述べた。「ハーラン、私の仕事は六〇〇隻艦隊を実現することだ。それを維持するのは別の誰かの仕事だ。私に両方はできない」

残念ながら、レーマンは正しかった。レーガン政権は目標として六〇〇隻という数字を設定した

（別の時代にケネディが戦略核兵器で同様のことをした）。そして、誰もそのコースを変えようとはしなかった。代替案として、私たちはエルモ・〝バド〟・ズムウォルトの画期的な「プロジェクト六〇」を復活させた。これは彼が海軍作戦部長になった一九七〇年に作成したもので、急速に増強していたソ連海軍とヴェトナムでの惨状に対処するために必要な大々的な改革を提案する内容だった。

ズムウォルトは当時海軍のトップとして、二つの大きな問題に頭を悩ませていた。まず、ソ連が旧式のアメリカ海軍を今にも追い越そうとしているように思われた。海軍は九〇〇隻以上の船を保有していたかもしれないが、その多くは第二次世界大戦時代の遺物だった。そして、ヴェトリム派遣海軍総司令官を務めたばかりのズムウォルトは、海軍が人種がらみの抵抗に直面する可能性があると考えた。それに対する彼の結論は、すばらしくシンプルなものだった。アインシュタインもきっと喜んだことだろう。

ズムウォルトは第一に、海軍の規模を半分近くにまで削り、支出を減らすとともに、残る兵力を再編しようとした。それによって生まれる資金は近代的な船の建造に回すことができる。たとえば二隻の新しい空母と、何隻かの原子力潜水艦の建造に。

第二に、技術革新を推し進めた。宇宙開発のほか、ＴＥＮＣＡＰ（「国家能力の戦術的開発」）と呼ばれるプログラムを考案したのもズムウォルトだ。宇宙ベースの探知・監視システムを開発すれば、かつてない莫大な量の全世界の情報を艦隊に提供するだろう。ズムウォルトはまた、艦隊に巡航ミサイル、新型の対潜水艦用魚雷、移動式地雷などの最新兵器を装備させたいと考えていた。

第三に、海軍のために四箇条から成る簡潔で説得力ある行動指針を作成した。抑止、制海権、戦力投影、軍事的プレゼンスである。最後に、恐れていた内部反乱を避けるため、人事に関する方針を改革した。まとめるなら、「プロジェクト六〇」はそれまで国防総省が実行した戦略計画のなかでも、とくに効果が大きく広範囲に影響が及ぶものだった。私が考えていたのは、この「プロジェクト六〇」を前例として、コストの徹底的な分析と、コスト増の回避・削減の選択肢を提示し、新任の海軍作戦部長に六〇〇隻艦隊の現実性について理解してもらうことだった。

しかし、政治というものがしばしばそうであるように、ジョン・レーマンは六〇〇隻艦隊計画に代替案の必要は感じていなかった。それどころか、コストの問題を持ち出すだけでも、自分と六〇〇隻艦隊に対する反抗になりうると考えた。官僚主義的、政治的観点からすれば、彼は正しかった。しかし、経費面での現実性という問題は、復讐を果たそうとでもするかのようにその後も舞い戻ってくる。実際に、この問題が現在、また新たな「空洞化した軍隊」を生じさせつつある。海軍がこの問題への対処を拒否していることに私は苛立ちを感じた。私には新しい「プロジェクト六〇」のためのアイデアを何としてでも取り入れなければならないとわかっていたのだ。

一九八三年初め、国防総省陸軍参謀総長室で。参加者は元政策担当国防次官のロバート・W・コマー大使（RWK）、陸軍参謀総長のエドワード・〝シャイ〟・メイヤー大将（ECM）、同行した数人の補佐官、私。

RWK　シャイ、私はヴェトナム時代からハーランのことを知っている。当時も今と同様、手を焼かせてばかりだった。しかし、この男のアイデアはすばらしい。バド・ズムウォルトの「プロジェクト六〇」で海軍をどう改革できるかを調べたそうだ。海軍が新しく生まれ変わるための提案をしたが、ジョン［・レーマン］は関心を示さなかった。ハーラン、君の考えを聞かせてくれたまえ。

HKU（調査内容を要約して） メイヤー大将、あなたは陸軍の近代化を進めておられます。私の認識では、ズムウォルトの公式――四箇条の行動指針、軍の不必要な構造を取り除くこと、技術開発、人事に関する方針の改善――は、現在の各軍も応用できるものです。

ECM 私も賛成だ。実際にそれをしようと努めている。しかし、私が気に入ったのはそのアプローチだ。現在、年内に私を引き継ぐ次期参謀総長のための計画立案チームをとりまとめている。「継続グループ」と呼んでいるものだ。これは、よい指針になるだろう。

ところで、このグループの専属責任者を探しているところなのだが、誰か推薦する人物はいないだろうか？ 暫定的に私の秘書がグループを率いているが、彼には自分の仕事に戻ってもらいたいと考えている。

HKU はい、思い当たる人物がいます。タイミングも申し分ないと思います。

ECM それは、誰だね？

HKU コリン・パウエル准将です。

ECM それはすばらしい。じつは私も彼のことを考えていた。

HKU（心のなかで） それならいったいなぜ私にたずねるんだ……？

HKU　すばらしい選択です。

◆

もちろん、コリン・パウエルは実際にこの仕事を引き受け、一九八九年にはアメリカ軍トップの統合参謀本部議長となる。しかし、「空洞化した軍隊」と経費面での現実性の問題は、当時のみならず、今に至ってもなお、「ダモクレスの剣」〔訳注：つねに危険が迫った状態。古代ギリシア時代にシラクサのディオニシウス一世に仕えた廷臣ダモクレスが王の幸福を褒め称えたところ、王は彼を玉座に座らせ、その頭上に天井から髪の毛一本で剣を吊るして、王にはつねに危険がつきまとうことを知らしめたという故事より〕であり続けている。戦略国際問題研究所で、私たちは一九八六年に「岐路に立たされたアメリカ軍」と題した研究を始め、一九八七年に完了した。エドワード・メイヤーなど大将クラスの退役軍人から成るこの委員会は、コストの増大と想定される予算を考えると、レーガン政権の国防支出増加があってもなお、軍の機構は二五〜三〇パーセント大きすぎる、と結論づけた。その意味するところは明らかだ。つまり、また新たな「空洞化した軍隊」が地平線から姿を現そうとしていた。

一九八八年初め、私は当時の統合参謀本部議長、ウィリアム・J・クロウ大将に、この研究の結論について説明した。レーガン時代は終わりに近づき、大将にできることはほとんど何もなかった。彼は新しい大統領の就任を待ち、新政権のチームにあらためて説明することを勧めた。私たちはその勧めに従った。

救いとなったのはソビエト連邦の崩壊だった。おかげで、クロウの後任となったコリン・パウエルは、「基盤戦力」を構想し具体化することができた。現役兵力の総数を二五パーセント削減しようというものだ。これについては後述するが、パウエルのこの構想はズムウォルトの「プロジェクト六〇」に匹敵する効果があり、正しいスキルをもつ人物がひとりいれば、凝り固まった官僚主義を動かせることを証明してみせた。それから四半世紀以上が過ぎた現在も、軍にとっての最大の脅威は内部の制御できないコスト増大であることは変わらない。

レーガンが軍事力を行使した記録、あるいは軍事力を使うと脅しをかけた記録を見直してみると、ヴェトナム戦争の運命を左右した誤解や計算違いが再び現れる。レーガン本人は、国家の安全保障のためのヴィジョンという点では、自分は戦略的思考のプロセスに従っていると信じていた。それを「力を通して実現する平和」と呼んでいたかもしれない。レーガンの支持者たちも、ソ連を軍拡競争に誘い込む戦略が功を奏して最終的な内部崩壊を招いたのだと自信たっぷりに主張したことだろう。その戦略には、核兵器を「無効で時代遅れ」にするというレーガンの野心とともに、ＳＤＩ構想も含まれた。

しかし、ムジャヒディンを武装させる決定が、のちのタリバンにアフガニスタンを支配する力を与えたように、あるいは「ドミノ理論」のような疑わしい理論が、ヴェトナム戦争時代の神話になっていったように、原因と結果が結びついていなかった。ソ連は自らの重みと、不合理で維持できない体制によって崩壊したのである。とはいえ、最終的に体制を破壊するには、ゴルバチョフのような先見性のある人物が登場し、改革を試みるまで待たなければならなかった。

同様に、ベイルートに海兵隊を駐留させたことも、ソ連とキューバの結託という存在もしない脅威に対抗してグレナダを占領したことも、ムジャヒディンを武装させ、コントラを支援したことも、すべて失敗であることが証明された。任務として最終的に成功しなかったものもあれば、間違った理由のために実行されたものもある。リビアのカダフィ大佐を狙った一九八六年の「エル・ドラド・キャニオン作戦」は、予想されたとおり報復を招いただけで、状況の改善にはまったくつながらなかった。カダフィが表舞台に立つ好機がきたと決意するのは、一九九一年にサダム・フセインの軍隊がクウェートから追放されたあとになってからのことだ。クウェートのタンカーの船籍変更はたしかに効果があった。

皮肉なことに、レーガン政権には戦略的思考のための完全に実行可能なプロセスが存在した。「ワインバーガー・ドクトリン」と呼ばれ、のちの「パウエル・ドクトリン」の土台になるものだ。一九八三年のベイルートでの爆破事件のあと、キャスパー・ワインバーガー国防長官が軍事力行使の条件を発表した。それが彼の名前をつけたドクトリンとなる。その後の大統領たちがこのドクトリンに従っていれば、おそらく多くの敗北と挫折を避けられただろう。ワインバーガー・ドクトリンの重要ポイントを抜粋してみよう。

- アメリカは自国または同盟国の国益にきわめて重要な事例とみなされないかぎり、国外の戦闘に軍を派遣すべきではない……
- 特定の戦闘に兵を送ると決定するのであれば、はっきりと勝利を確信したうえで遂行しなければならない……

・国外の戦闘へ部隊を派遣するのであれば、政治的、軍事的な目的を明確に定義すべきである……

・目的と派遣する軍の関係――その規模、構成、配置――は、継続的に見直しを行い、必要であれば調整しなければならない……

・国外へ軍を派遣する前に、アメリカ国民および国民に選ばれた議員の支持を得られるという確信がなければならない……

・アメリカ軍の派兵は最終手段とするべきである……

一九九〇年の第一次湾岸戦争の開始直前に、パウエル将軍も軍事力の行使に関して同様の条件を発表した。のちに「パウエル・ドクトリン」と呼ばれるものである。当初、パウエルは「圧倒的な戦力」の使用を主張した。この言葉はのちにもう少し控えめな「十分な戦力」に改められたが、意味するところは同じだった。残念ながら、パウエル・ドクトリンもワインバーガー・ドクトリンも、政権交代を生きのびることはできなかった。ジョージ・H・W・ブッシュに続く三人の大統領は、どのような状況なら戦争を選び、どのような状況なら戦争を避けるべきかについてのこの力強い助言を聞き入れないことを選んだのだ。

軍事力を行使する決断のすべてに「戦争」という語が含まれるわけではない。第二次世界大戦の終結以降、アメリカの軍事力の行使は数百回に及んだ。単純な平和維持任務のときもあれば、報復攻撃、あるいは紛争への介入の場合もあった。限定的なものも、そうでないものもあった。多くの場合に、ワインバーガー＝パウエル・ドクトリンは適用されなかった。健全な戦略的思考のためのテンプレートが絶対に必要となるのは、「戦争」と「平和」の間に広がる巨大でしばしば曖昧な領域だ。この広い領域の一部では、国家安全保障上の問題を解決するための、政府全体の総合的アプローチが必要となる。アフガニスタンでの戦後政策を欠いていたことも、その後のいくつかの過ちと比べれば色あせて見える。

最後に、ワインバーガー・ドクトリンがあったにもかかわらず、レーガン時代にもケネディとジョンソン、さらにカーター時代の過ちや判断ミスが繰り返された。後述するように、同様の理由による失敗はそれ以降の政権のもとでも発生する。興味深いことに、ニクソン政権と初代ブッシュ政権はこれらの過ちの多くを避けられたものの、前者は大統領の辞任によって、後者は二期目を目指した選挙での敗北によって幕を閉じた。

第5章　冷戦終結から第一次湾岸戦争へ
――G・H・W・ブッシュ

ジョージ・ハーバート・ウォーカー・ブッシュは大統領職を務めるうえで、リチャード・ニクソン以来の最も資格を満たした候補だった。彼は第二次世界大戦以降、国際政治と国家の安全保障が最も大きく変革される時代の幕開けに大統領になった。のちに論じるように、彼の息子の決定による二〇〇三年のイラク侵攻が悲惨な結果をもたらしたあと、世界は少なくとも同じくらい大きな構造的変革の時代へと移行してきた。私はこれを「新世界無秩序」の時代と呼んでいる。

ジョージ・H・W・ブッシュが「大きな危機」、すなわち自由で平和な統一ヨーロッパへの旧ワルシャワ条約加盟諸国の統合、そして一九九〇年八月のサダム・フセインによるクウェート侵攻と占領、それに引き続く第一次湾岸戦争のことを、正しく理解していたことは大いなる称賛に値する。しかし、彼が思い描いた「新世界秩序」は、あまり目立たないながらも、国際体制を根本から揺るがす厄介な変化をもたらすことにもなった。

ソ連はアフガニスタンから撤退を始め、やがて連邦体制は内部崩壊する。しかし、ソ連をアフガニスタンから追い払う手助けをした武装勢力は、やがて九・一一後の悪夢であるイスラム主義の過激で倒錯した暴力へと変質していった。その暴力が現在、世界全域に広まりつつある。同様に、ユーゴスラヴィアの解体がバルカン紛争を引き起こし、ブッシュとそれ以降の政権およびNATOの同盟国はそのすばやい解決に失敗した。

最後に、ソ連の崩壊により旧ワルシャワ条約加盟諸国では民主化が進み、NATO加盟への道が開けた。しかし、ロシアを長期的にどう扱うかという問題は、ブッシュの後継者たちにとって解決できない矛盾をもたらす。ソ連の終焉によって西側と反目するロシアが生み出され、それが皮肉にもレーニンの最後の遺産だったとわかるかもしれない。

いずれも政治的な影響力が大きかった二つの家系、ブッシュ家とウォーカー家の血を引くジョージ・H・W・ブッシュは、全寮制の名門私立高校フィリップス・アカデミーを卒業し、真珠湾攻撃後に海軍に入隊。最も若い雷撃機パイロットとして経験を積んだ。一九四四年九月二日、グラマンTBMアヴェンジャーを操縦していたブッシュとふたりの乗員は、日本の父島への爆撃任務のために飛行中、撃墜される。ブッシュと生き残った乗員ひとりは、アメリカ海軍の潜水艦「フィンバック」に救助され、それから一ヵ月間を船内で過ごした。

戦後、殊勲飛行十字章といくつかのエア・メダル［訳注：戦時中の航空作戦で功績をあげた軍人に与えられる］を授与されたブッシュは、通常より早く修了できるプログラムでイェール大学に進み、ファイ・ベータ・カッパ（成績優勝な大学生の友愛会）のメンバーとなり、野球チームの主将にも選ばれた。一九四八年に大学を卒業すると、テキサス州に移り、石油ビジネスで成功する。

一九六七年から七一年まで連邦下院議員を務めたのち、上院選に出馬するが落選に終わった。しかし、その後に次々と四つの重要な職を歴任する。国連大使、共和党全国委員会委員長、中国への特命全権公使、そして七六年から七七年にかけてのCIA長官である。ロナルド・レーガンは八〇年の選挙でブッシュを副大統領に選び、ふたりは八一年から八九年まで正副大統領を務めた。ブッシュは八八年一一月の大統領選で、民主党候補のマサチューセッツ州知事マイケル・デュカキスをやすやすと破り、大統領の座を勝ち取った。

ブッシュは「ヴィジョンとかいうもの」発言や「弱腰な姿勢」、あるいは演説で使った「千点の光」〔訳注：ボランティア活動を促進するプログラムを提案した際に、全米に星のように散らばる地域ボランティア組織を表現した言葉〕の概念を小ばかにされたものの、ホワイトハウスにきわめて優秀な国家安全保障チームを連れてきたことは間違いない。国務長官には、レーガン政権で財務長官と首席補佐官を経験し、自分の親しい友人でもあったジェームズ・ベーカーを起用した。そして、国防長官には元テキサス州選出上院議員で、上院軍事委員会を独裁的なスタイルで率いたジョン・タワーを選ぼうとした。

議会からタワーの国防長官任命の承認を得られなかったことは、ブッシュの最初の挫折だった。タワーは一九八四年に議員を引退したのち民間部門でひと財産築いていたが、彼の後任として軍事委員会の委員長になっていたサム・ナン上院議員は、委員長時代のタワーのやり方が気に入らず、彼を毛嫌いしていた。タワーの飲酒と女好きについての未編集のFBIのメモが流出した。さらに、フォード大統領のふたり目の首席補佐官で下院少数党院内総務だったディック（リチャード）・チェイニーも、タワーの任命に乗り気ではなかった。承認票を獲得できないとわかり落胆したブッシュは、タワーが辞退するのを認めた。代わりにディック・チェイニーがこの地位を提供され、国防長官になった。一九八九年九月三〇日には、コリン・パウエル大将が統合参謀本部議長の職をウィリアム・J・クロウから引き継いだ。

おそらくブッシュの安全保障チームの人選で最も重要だったのは、ブレント・スコウクロフト退役空軍中将だろう。空軍の任官プログラムを終了後まもなく、飛行機の墜落で操縦士としてのキャリアを終わらせたスコウクロフトは、優秀な参謀将校の手本になった。ニクソンのホワイトハウスでは、ヘンリー・キッシンジャーの信頼できる次官となり、ジェラルド・フォードが大統領に就任すると、国家安全保障担当補佐官に任命された。スコウクロフトとブッシュが親しい関係になったのはニクソン政権時代のことだ。

スコウクロフトが考える国家安全保障問題担当補佐官の役割は、大統領の補佐官や顧問たちの間の客観的な調整役だった。閣内の協調を図ることが目的であり、イラン・コントラ事件でレーガン政権をもう少しで崩壊させるところだった権力の不正な行使や、政策実行のコントロールを握ることではない。

すでに述べたように、イラン・コントラ事件後、レーガンはこの一件の調査のために「タワー委員会」を設けた。スコウクロフトとタワー上院議員、メイン州選出のマスキー上院議員の三人から成る委員会だ。彼らは機能不全に陥ったNSC体制を厳しく糾弾した。スコウクロフトは当時のNSCの体制は、大統領の（あまりにものんびりした）管理スタイルにはなじまず、監督や責任の所在も明確になっていなかったと考えた。委員会の報告書は、NSCについて、またその組織を正すために何が必要かというスコウクロフトの考えの正しさを裏づけるものとなった。

国家安全保障担当補佐官に就任したスコウクロフトは、レーガン政権で同じ地位に就いていたフランク・カールッチが導入したNSCの大改革をさらに推し進めていった。コリン・パウエルがカールッチの後を継いだときには、スコウクロフトは自分がフォード政権で同じ職に就いたときにそうしたように、パウエルも軍を退任すべきだったと強く感じていた。パウエルの考えは明らかに違った。そして、その後の歴史はパウエルの考えを支持するものとなった。

地味で温厚なスコウクロフトは舞台裏にとどまることが多いように見えたが、一級品の知性を備え、それを惜しまず利用した。彼は冷酷な目で容赦ない決断を下すことができた。もっとも、必要にならないかぎりその資質を表に出さないようにしていた。彼は礼節とチームワークが不可欠だと信じていた。そのため、初期のNSCに浸み込んでいた政治的な確執の多くは姿を消していった。仲間意識こそが――知的な厳しさが維持されるかぎり――スコウクロフトにとっての秘伝のソースだった。しかも、それはとびきり力強い秘伝のソースだったのだ。

ブッシュの高官任命で唯一の驚きは、副大統領にダン・クエール上院議員を選んだことだ。クエールは魅力的で少年のように若々しく見えるインディアナ州選出の上院議員で、彼の家族はインディアナ州で地方新聞社を所有し、地元（とアリゾナ州）では相当な影響力があった。クエールは二九歳で下院議員となって二期務めたのち、一九八一年にはインディアナ州選出議員としては最年少で上院の議席を勝ち取った。上院議員として八年の経験を積んだあと、副大統領になる。

中東では一〇年近くに及ぶイラン・イラク戦争の間、サダム・フセインが（不快ではあるが）事実上のアメリカの同盟者になっていた。イランは欧米とイスラエルに対して敵意をむき出しにしていた。ブッシュは副大統領として、湾岸でも、中東でも、タンカー戦争でも、最前列でその経過を見守っていた。それとともに、ベイルートの惨事、グレナダ侵攻、イラン・コントラなど、レーガン政権の軍事力の行使の例をすべて目にしていた。

ブッシュはタワー委員会の前で、自分は「蚊帳の外に置かれていた」と証言した。とはいえ、どれだけ副大統領が蚊帳の外に置かれていたとしても、ブッシュならイラン・コントラ事件に発展するばかげた計画を承認することは決してなかっただろう。彼はレーガンの意思決定プロセスの欠点についても、閣僚間の内輪もめについても、よく知っていた。こうした緊張や対立はニクソン時代のホワイトハウスとそう大きく違っていたわけではない。ニクソン政権では、ヘンリー・キッシンジャーがウィリアム・ロジャーズ国務長官を脇に追いやろうと立ち回り、うまく画策してジェームズ・シュレシンジャー国防長官を解任させた。ただし、これが彼の画策によるものという告発に対しては、強く否定したのだが。

大統領に就任してからのブッシュは、とてつもなく大きな課題を数多く突きつけられる。なかでもとくに衝撃的で重要だったのが、ソ連の解体だった。軍事介入と武力行使に関しては、パナマとイラクが最初の大きな危機だった。また、旧ユーゴスラヴィアの解体も、ブッシュ政権の間に起こったことだ。ブッシュの「新世界秩序」はおそらく本人が望んでいたほどの平和と安定を生み出すことはなかった。しかし、「自由な統一ヨーロッパ」というヴィジョンは、彼の最大の業績に数えられるだろう。

ユーゴスラヴィア問題への対処は、アフガニスタンと同じようにブッシュの後継者に先送りされる。その間、ソ連の崩壊は冷戦を終わらせただけでなく、新しい世界を形作るための無限に近い機会を与えた。その機会の一つが、ソ連という敵がもはや存在しない将来のためにアメリカ軍を再編、縮小することだった。四〇年以上にわたって国防総省の戦略を支配し、予算と戦力、兵器構成を決めてきたソ連は消えたのだ。

ブッシュが大統領職に就いて五ヵ月後の一九八九年六月、北京でデモ活動をしていた学生たちを中国政府が残忍な形で抑圧した。この殺戮が起こった場所の名をとって天安門事件として知られることになる流血の惨事である。かつて中国への特命全権公使を務めたことのあるブッシュは、中国共産党の指導部のことをよく知り、この「世界の真ん中にある国」に対しては楽観的な見方をしていた。しかし、このあまりにひどい残虐行為は非常に否定的な政治的反応を引き起こしたため、ブッシュが中国に対してすぐにとれる行動の選択肢は限られたものになる。

詳しくは後述するが、一九八九年一二月二〇日、ブッシュはパナマの独裁者マヌエル・ノリエガを排除するために、「ジャスト・コーズ（正義）作戦」を命じた。この介入に先立ち、ブッシュ政権は二ヵ月前に起こったパナマでのクーデターを支援しなかったとして激しい非難を浴びていた。このクーデターは、アメリカが計画を事前に知らされていたにもかかわらず援助しなかったことも一因となって失敗に終わっていた。ブッシュのアフガニスタンとパキスタンへの対処も、ヨーロッパとイラクに対する政策ほど手際がよかったとはいえない。

一期だけで終わったブッシュ政権の終わりには、ソマリアと「アフリカの角」〔訳注：ソマリアやエチオピアなどから成るアフリカ北東部地域〕での人道的危機が手に負えない状況になり、ブッシュは行動するしかないと感じた。その行動が図らずも、一九九三年秋のアメリカ軍と数千のソマリア人の間のモガディシュの銃撃戦の舞台を整えることとなる（二〇〇一年の映画『ブラックホーク・ダウン』で克明に描かれた）。ブッシュは次期クリントン政権に、新大統領がそう望むのであれば、ソマリアからの撤退を命じるつもりだと告げた。クリントンは撤退を望んではいなかった。

ブッシュと彼のチームにとって、ソマリアの失敗ほど目立たなかったのは、加速する冷戦終結の影響だった。二〇世紀の安全保障環境が劇的に変わりつつあった。アメリカから見た二〇世紀後半は、おもに米ソの二極的なライバル関係で定義されていた。ソ連との関係性がFDR以降のすべての政権にとっての国家安全保障上の最優先事項だった。米ソ関係を重視するあまり、のちに「帯域幅問題」と呼ばれる問題――同時に起こる不測の事態（複数の危機）が、ホワイトハウスが効果的に対処できる物理的・知的能力を超える可能性――がぼやけてしまった。

ジョナサン・ハウ退役海軍大将は、国家安全保障担当次席補佐官をはじめ、多くの要職を歴任した人物だ。彼はこの現象を同時発生する複数の危機についての博士論文と著書で説明した。ハウは、大きな危機に直面しているとき、あるいは米ソ対決に気をとられているときには、第二の危機が無視される傾向があると論じた。その最もわかりやすい例として彼が挙げたのは一九六八年初めの状況で、このときにはヴェトナムでのテト攻勢と、朝鮮半島沖の国際水域でアメリカ海軍の非武装情報収集艦「プエブロ」（AGER2）が北朝鮮によってハイジャックされる事件が、ほぼ同時に起こった。

テト攻勢への反撃に集中するあまり、ジョンソン大統領は北朝鮮にプエブロの返還を強要または説得するための行動をほとんど何も起こせず、日本海に二隻の航空母艦を派遣するという無駄な努力をするにとどまった。しかし、二一世紀の現在は、世界が瞬時に結びつき相互に関係し合うというのに、安全保障のための中核となる体制はなく、そのため危機はもっと複雑化し、同時多発的になっている。たとえば現在、ドナルド・トランプ大統領は、ベンガル湾から地中海西部まで、同時進行するいくつもの危機に直面し、それぞれに注意を分散させられてしまっている。

このように、帯域幅問題は、まだ一部の人たちからは「欠くことのできない超大国」として位置づけられているアメリカにとって、深刻さを増している。この表現がそのとおりかどうかは別として、アメリカは文字どおり、産業、貿易、金融、安全保障、同盟、世界規模の安定という点で、世界中と深く関わっている。アメリカの存在がなければ、つまり、アメリカが一種の孤立主義に戻るならば、世界が今よりよい場所になることはないだろう。

ブッシュにとっての優先事項は、姿を現しつつあるソ連後の世界の舵を取り、中国との関係を回復することだった。この考えに関しては、彼は正しかった。政権の閣僚やスタッフは、そのプロセスにおいて、アフガニスタン、パキスタン、ユーゴスラヴィア、その他の紛争地域に本来必要とされる注意を向けられなかったことに同意するだろう。しかし、これほど負荷のかかった状況で、ホワイトハウスや政権を組織的に動かせる者などいるだろうか？　これは、戦略的思考への頭脳ベース・アプローチによって救済を試みなければならない、もう一つの現代政治の弱みだ。

ブッシュ政権下では、大きな軍事力行使の事例が三つあった。パナマのマヌエル・ノリエガを排除した一九八九年一二月の「ジャスト・コーズ作戦」、一九九〇～九一年の「砂漠の盾作戦」および「砂漠の嵐作戦」、そして、クルド人救援のためにイラク北部で実行した「プロバイド・コンフォート（安寧提供）作戦」と、一九九二年一二月に人道的支援のために「アフリカの角」で実行した「リストア・ホープ（希望回復）／プロバイド・リリーフ（救援提供）作戦」だ。

一九八九年一二月二〇日にパナマに侵攻した「ジャスト・コーズ作戦」は、完璧とは程遠かった。しかし、ノリエガを排除し、ギジェルモ・エンダラを再び大統領の座に復帰させることには成功した。ギジェルモはこの年の五月の大統領選挙で勝利したのだが、ノリエガが選挙の無効を訴えていたのだ。ノリエガは麻薬取引に関与したとして、レーガン政権に起訴されていた。ノリエガの麻薬カルテルとの癒着、イラン・コントラ事件への関与（ＣＩＡから多額の資金を受け取った）、そしてエンダラの当選を無効にしたことが、パナマの体制転換にアメリカが介入する正当な理由とみなされた。直接のきっかけは、非番で武器を携帯していなかった海兵隊中尉がパナマ国軍（ＰＤＦ）の兵士によって一方的に殺されたことと、海軍中尉がパナマシティで暴行を受け、妻をレイプすると脅されたことだった。

ブッシュは激怒した。

一二月一七日、ブッシュは次の理由により軍事行動を承認した。

- パナマ在留のアメリカ市民の命を守る。ノリエガがアメリカとパナマは戦争状態にあると宣言したことで、パナマにいる約三万五〇〇〇人のアメリカ市民の命が脅かされている
- 麻薬の密売と戦い、ノリエガに裁きを受けさせる。ノリエガは麻薬取引とその他の犯罪で、アメ

リカで起訴されている

- トリホス・カーター条約を守る。この条約でパナマ運河はパナマに返還されたが、アメリカは運河を守るために軍事介入する権利を保留している

実際の軍事作戦はノリエガを圧倒した。失敗するはずがなかった。一二月二〇日〇一〇〇時に、二万七〇〇〇人を超えるアメリカ兵がパナマに侵攻した。しかし、「ジャスト・コーズ」は軍事作戦として大成功だったわけではない。二三人のアメリカ兵が死亡し、そのうち何人かは味方の発砲した弾によるものだった。ほかに三二五人が負傷した。五〇〇人から一〇〇〇人のパナマ人も命を落とした。ノリエガは教会に保護を求めるが、周囲から騒音のような音楽を大音響で浴びせられ、一九九二年一月三日に投降した。エンダラが大統領に返り咲き、一月末までにはアメリカ軍はパナマから撤退していた。

作戦のスピードは議会の反対の声を抑えつけ、アメリカ軍のすばやい帰還も功を奏した。しかし、米州機構の反応は批判的だった。国連安全保障理事会もアメリカのパナマ侵攻を非難した（決議はアメリカが拒否権を行使した）。いくつかの訴訟が起こされた。パナマは二〇一六年に「真実委員会」を設立し、この短い侵攻の間に損害を被り、補償を受ける権利があるパナマ人を特定した。

ゴールドウォーター・ニコルズ法は、各軍の「統合性」と相互運用性を高めることで、アメリカ軍の戦闘能力をたしかに改善した。しかし、アメリカ軍の信頼性と戦場での武勇を完全に回復するためには、もう一つ紛争を経験する必要があった。サダム・フセインが一九九〇年八月にその機会を提供

することとなる。

一九九〇年、イラクはクウェートがＯＰＥＣ（石油輸出国機構）で決定された石油輸出量の割り当てに違反し、価格を安くしていると声高に主張していた。七月後半、休暇で一時帰国しようとしていたアメリカのエイプリル・グラスピー駐イラク特命全権公使を自分の本部に呼び出したフセインは、アメリカのクウェートに対する立場、イラクとクウェートの国境紛争に対する立場についてたずねた。同年九月九日の『ニューヨーク・タイムズ』紙によれば、グラスピーは次のように答えた。

あなたが資金を必要としていることは知っています。アメリカはそのことを理解していますし、あなたには自国を再建する機会が与えられるべきだと考えています。しかし、アラブの国同士の紛争については、アメリカは口を出す立場にはありません。クウェートとの国境をめぐる不和についても……率直に言って、私たちにわかるのは、あなたが南部に大規模な兵力を配備したということだけです。通常、それはアメリカの関心事ではありません。しかしこれが、あなたが国民の日に言ったような背景で起こっているのなら、そして、外務大臣が二通の手紙に書いている詳細を読み、ＵＡＥとクウェートがとった手段は、最終的な分析でイラクに対する軍事攻撃に匹敵するというのがイラクの見方であるとわかれば、私にとって関心を持つべき対象と考えるのが妥当ということになるでしょう。

グラスピー大使の言葉で、アメリカから自由な振る舞いを許されたと信じたのか、あるいは都合よくそう解釈したのか（とくに発言内の傍点部分について）、フセインは一九九〇年八月二日、イラク軍をクウェートに侵攻させた。数時間のうちにクウェート軍は圧倒され、クウェートを支配していたサバーハ家は国外に逃走した。西側諸国はこの軍事侵攻に衝撃を受けた。しかし、何ができるというのか？　イラク軍はイランとの長い戦争を通して戦闘の経験を積み、非常に有能な軍隊だとみなされていた。兵力は一〇〇万人近い。そして、化学兵器（イランに対して使用した）を保有し、生物兵器も持っていると大勢が信じていた。さらに、ソ連製のスカッドミサイルと、その他のソ連製、フランス製の新式ミサイル、軍用機、戦車もある。イラクが誤って発射したフランス製のエグゾセミサイルが、ペルシア湾でアメリカのフリゲート艦「スターク」をもう少しで沈没させるところだった事故は、フセインの保有兵器の威力を思い出させるものだった。

ブッシュはこの侵攻によく考えたうえで対処したかったので、すぐには行動を起こさなかった。八月五日になって、大統領は記者たちに、「この［侵攻］、このクウェートへの武力侵略を看過することはない」と約束した。二日後、ブッシュは「砂漠の盾作戦」を承認した。フセインが勢いを得て、これをサウジアラビアにまで自分の帝国を拡大する好機とみなした場合に、サウジアラビアを守ることが目的だった。空軍のチャールズ・〝チャック〟・ホーナー中将の指揮のもとで、小規模な部隊がただちに派遣された。ホーナーは、フセインがサウジアラビア攻撃に踏み切ったときには、この兵力では高速道路上の減速バンプ程度にしかならないだろうと思った。

それからの数ヵ月、ブッシュ政権は意識的にではなかったとしても、行動計画を考えるうえでワインバーガー＝パウエル・ドクトリンにきっちりと従っていた。支援も広がっていった。フセインのクウェート侵攻は世界中から非難され、国連は外交と制裁という手段がうまくいかないようなら、フセインをクウェートから追放するための実力行使をするという決議を採択した。ジェームズ・ベーカーとディック・チェイニーは国際社会の幅広い支持を得るために精力的に動いた。国務長官のベーカーは「ティンカップ作戦」に乗り出し、のちに必要となるかもしれない軍事行動のための資金集めに奔走した。

「砂漠の盾作戦」と「砂漠の嵐作戦」の経緯は詳しく報じられてきたので、何が正しく、何が間違っていたかについてまとめることができる。その分析は、健全な戦略的思考のための頭脳ベース・アプローチの考案と実施を支持する結論へとつながるだろう。

第一に、ブッシュ政権は状況を完全に理解する必要があった。侵攻が起こった地域と世界全体だけでなく、国内の状況も含めてだ。国内世論は控えめに言っても分裂しており、民主党が多数派を占める第一〇一議会は友好的とは言いがたかった。下院議長は民主党のトム・フォーリー、上院多数党院内総務もやはり民主党のジョージ・ミッチェルだった。ブッシュは軍事行動の支持を得るため、議会で過半数の票を得ようと必死に働きかけた。

第二に、イラク近隣の国々はフセインに対する行動への強い支持を表明していたが、サウジアラビアも他の湾岸諸国も、自国内に数十万のアメリカ軍や他国の軍隊を駐留させる緊急性と必要性については、簡単に納得するとは思われなかった。宗教的、主権的な理由から、そうした行動に長く反対してきたサウジにとっては、伝統的、保守的な方針を劇的に変化させることを意味しただろう。クウェート自体は、石油の輸出割り当てを無視しようとする行動をとったことで、近隣諸国からあまりよく思われていなかった。サバーハ家は好意を持たれても尊敬されてもいなかった。

第三に、イラクはイランとの長い戦争の間、アメリカの同盟国に近い存在だった。さらに、グラスピー大使の発言は、フセインにクウェート侵攻のゴーサインを与えるものと解釈されても仕方のないものだった（実際にそう解釈された）。とくにクウェートの疑わしい評判を考えれば、アメリカの武力介入は当然視されたわけではなかったはずだ。

第四に、イラク軍を倒すためにどれくらいの戦力が必要だっただろう？　その能力に関する意見はさまざまだったが、ここで挙げた理由のため、イラク軍が強力な敵になる可能性はあった。アメリカ軍に関しては、ヴェトナム戦争での敗北以来、戦闘能力が回復していたことは間違いなく、イラク軍のようなソ連型の脅威に対しては体制を整えていた。しかし、「アージェント・フューリー作戦」は別にして、二〇年近くの間、その戦力を実戦で試したことはなかった。「デザートワン作戦」、ベイルート、グレナダなど、軍事力を実際に行使したときの結果は、勇気づけられるものではなかった。

第五に、これは第四の状況の一部を構成するものでもあるが、介入する軍隊はどのように組織され、指揮され、補給を受けるのだろうか？　サウジ軍はヨーロッパ人やアメリカ人が指揮をとるのを許すだろうか？　砂漠という環境のなかで実行する作戦は、ドイツの平原で行うものよりも厳しくなるかもしれない。暑さ、砂、道路やインフラの欠如を克服するのはむずかしいだろう。五〇万を超える規模の軍隊に水、燃料、弾薬、食料、バッテリー、医療サポートなど基本的な物資を供給するにも、大掛かりな空または海からの輸送が必要になる。それは、ヨーロッパの先進国であっても、大変な負担になるはずだ。サウジアラビアはおもにアメリカ製、ヨーロッパ製の武器のための基地を建設してきたものの、そのインフラをもっと拡大しなければならないだろう。

第六に、この増強はどれだけすばやく達成できるだろうか？　ノルマンディー上陸作戦の計画と準備には一年以上がかかった。ブッシュ政権は政治的にも作戦的にも、一年も待てないことは承知していた。もし攻撃の時期が遅れて春か夏になれば、すでに厳しい天候がさらに過酷になる。

第七に、不注意あるいは想定外の結果として何が起こりうるだろうか？　つまり、ドナルド・ラムズフェルドがのちに「知らないことに気づいていないこと（unknown unknowns）」と呼んだものだ。もちろん、答えが出ていない、あるいは答えることのできない、それ以外の数十の問いかけのほかに、まだ重要な疑問が残っている。「アメリカは同盟国軍を含めておそらく五〇万規模に膨れ上がるだろう軍隊を、約六四〇〇キロも離れた、後方支援のむずかしい敵対的な土地に送り、クウェートを再占領する攻撃を遅くても半年以内に実行する準備を整えられるだろうか？」

アイゼンハワーでさえ、この任務にはひるんだかもしれない。しかし、ブッシュ、スコウクロフト、チェイニー、そして、最も重要なパウエルは、ひるみはしなかった。パウエルはヴェトナム後のアメリカ陸軍の再建に重要な役割を果たしていた。短期間ながらヨーロッパの第五軍団の指揮官となり、その後、陸軍総司令官を経験したパウエルは、プロの軍人としての鋭い洞察力を持ち、陸軍をはじめ各軍の能力をよくわかっていた。さらに、彼の何人かの副官――空中戦の指揮をとることになるチャック・ホーナーや、サウジアラビアで陸上部隊の指揮をとるジョン・ヨーソックなど――は、国防大学のクラスメートで親しい友人だった。パウエルはノーマン・シュワルツコフのこともよく知っていた。アメリカ中央軍の司令官として「砂漠の嵐」を率いることになる将軍だ。

この大掛かりで複雑な作戦の、数多くの行動部分をまとめ上げるには、国民がほとんど知ることのない果てしない作業を必要とした。そして、今振り返って考えるほど、この戦争を戦うことは、必ずしも単純なものではなかった。議会ではクウェート国内への攻撃に反対する意見が優勢だった。いわゆる「サダム・ライン」で守りを固めたイラク軍が、連合軍をはね返すほど強靭で、アメリカ兵の犠牲者が多数出ることを恐れたのである。「デザートワン」とベイルートの記憶がまだ重くのしかかり、アメリカ軍の能力への疑いがまだ残っていた。それに、フセインはＷＭＤ――大量破壊兵器――を使うのではないだろうか？

議会での思いがけないブッシュの同盟者のひとりは、ウィスコンシン州選出の民主党議員で、影響力の強い下院軍事委員会の委員長を務めるレス・アスピンだった。一九七〇年代に若くして下院議員になったアスピンは、国防総省に対しては以前から批判的で、ペンタゴンには無駄が多すぎるとして敵意をむき出しにしていた。何年もの間、アスピンは国防総省の物品販売局の閉鎖を訴えていた。軍人やその家族に食品や家庭用品を安く提供していた部署のことだ。アスピンはこうした批判や、彼の委員会で承認される国防予算の結果のため、軍からは毛嫌いされていた。

しかし、アスピンも成熟した。彼はクウェートを守る重要性をすぐに理解した。民間のアナリストが、この戦争でアメリカ軍に少なくとも五万人の戦死者が出ると予想したときには、アスピンは公聴会を開いて、そうした悲観的な予測に反論した。最後には、連合軍側の犠牲者は二五〇〇人を超えることはないと結論づけた。幸いにも、結果的にはこの数字でさえ大きく誇張されたものだったとわかる。アスピンは事実上、フセインをクウェートから追い出す作戦の、議会での最も強固な支持者のひとりになった。政権にとっては、民主党の反対を抑え込むためにアスピンの支持は不可欠だった。上院軍事委員会の委員長で、ジョン・タワーの国防長官就任を拒否する先鋒となったサム・ナンは、かたくなに戦争に反対した。

決定的な瞬間が訪れたのは一〇月二八日、ホワイトハウスで開かれたトップ補佐官レベルの会議でのことだ。ブッシュはフォーリーとミッチェルの共同署名入りの書簡を受け取ったばかりだった。そこには、フセインに対する戦争について、ブッシュが議会の承認を得ないかぎり、弾劾につながるおそれがあると記してあった。制裁と外交が失敗したときに、どこまで行動を起こすかをホワイトハウスがまさに決めようとしていたときに、これは非常に強い警告だった。

パウエルは本格的な戦争については意見を決めかねていた。制裁、外交、現地へのアメリカ軍の派遣が、フセインを正気に戻すのではないかという希望を捨てていなかった。しかし、希望的観測が戦略になることはないとわかっていたパウエルは、最後の手段として軍事行動を選ぶのであれば、勝利を確信できなければならないと考えた。そのためには圧倒的な兵力を送り込まなければならない。フセインをたたきつぶし、それもすばやくたたきつぶすことが必要になるだろう。そして、アメリカ兵の犠牲者は最小限に抑えなければならない。

この会議で、もっと待つか攻撃するかについての議論は賛成と反対の間を行きつ戻りつした。大統領は無期限に待ち続けるつもりがないことが明らかになった。つまり、「砂漠の嵐作戦」は一九九一年初めには開始されるということだ。ブッシュはパウエルのほうを向き、攻撃にはどれほどの兵力が必要になるだろうかとたずねた。回顧録『マイ・アメリカン・ジャーニー』に書かれているように、パウエルは即座に「五〇万ほど」と答えた。

パウエルの回顧録と、その後のスコウクロフトとブッシュの共同回顧録によれば、ブッシュはためらわなかった。パナマに対する「ジャスト・コーズ作戦」を承認したときと同じ、断固たる決意を見せて、「わかった。では、それだけの兵力を使うといい」とブッシュは言った。決定は下された。パウエル・ドクトリンの条件は満たされていた。パウエルがどれだけためらっていたにせよ、彼は自分の責任を果たした。アメリカ率いる連合軍は勝利をつかむだろう。しかし、この勝利がどれほど劇的で決定的なものになるかを、あらかじめ予想できていた者はほとんどいなかった。

一九九〇年一一月二九日、国連安保理決議六七八号が採択され、イラクにクウェートからの完全撤退の期日として一九九一年一月一五日が言い渡された。一月一二日、民主党が多数派の下院が武力行使を二五〇対一八三の票で承認した。但し書きとして、考えられる他の手段を先にすべて試すことと、もし犠牲者数が大きくなるようであれば、アメリカ軍は撤退する、という条件がついた。どちらも、戦争行為がいったん始まってしまえば意味を成さなくなる制限事項だ。上院の票決はもっと厳しく、五二対四七とぎりぎりだった。サム・ナンは数年後になって、侵攻への反対票は、それまでに自分が投じた最悪の票の一つだったと認めた。政策の転換はサダム・フセインに伝えられたが、期日は無視された。こうして一月一七日、バグダッドの軍事施設へのF－117ステルス戦闘機による攻撃で、「砂漠の嵐作戦」が開始された。

一月二三日の国防総省での記者会見で、この戦略について質問されたパウエルは、手短にこう答えた。「イラク軍に対する今回の戦略は非常にシンプルだ。最初に敵の部隊を分断し、次に壊滅させる」。

記者たちのなかで、パウエルほどこの戦略の成功に確信を持つ者は少なかっただろう。ヴェトナム戦争の記憶がまだ暗い影を落としていた。イラクの軍事力はいまだ強大に思えた。また、大量破壊兵器が使われる戦争になる可能性もあった。

アメリカ側の犠牲は甚大になるだろうという見方もあった。しかし、実際の戦闘はそのようには進まなかった。というより、まったくの反対だった。「砂漠の嵐作戦」が開始されると、シュワルツコフ大将がすぐにメディアでの有名人になる。彼がほぼ毎日行う自信たっぷりのブリーフィングは、ほとんど無敵であるかのようなアメリカ軍の勢いを伝えるものとなった。記者のひとりにフセインの指揮能力を質問されると、シュワルツコフはこれ以上ないほど否定的になった。そして、この点に関しては、彼の見方はこれ以上ないほど正しかった。

アメリカ軍と連合軍の航空部隊は、無力に等しいイラク軍を三八日でたたきのめした。フセインの軍隊による唯一効果があった攻撃と言えば、スカッドミサイルをイスラエルとサウジアラビアに撃ち込んだことくらいだった。イスラエルを戦争に巻き込むことで、アラブの同盟国が連合軍を離脱することに期待したのだ。当初は、イランとの戦争で使用したように、イラクのミサイルの弾頭には化学兵器が搭載されているのではないかという不安があった。

幸いにも、スカッドミサイルに搭載されていたのは核弾頭ではなく通常弾頭だった。おそらく、ジェームズ・ベーカー国務長官がフセインに対して、大量破壊兵器が使用された場合には、アメリカは核で報復するとはっきり警告していたからだろう。しかし、アメリカはフセインのスカッドを標的にする点では行動が遅れ、あまり効果的でもなかった。これは、特定任務に対して実際のアメリカの戦闘能力が追いつかなかった数少ない例の一つだ。シュワルツコフは地上での攻撃に没頭していたため、スカッドの攻撃能力を無効にしてイスラエルをこの戦争に巻き込まないようにすることが、政治的にいかに重要であるかを理解できなかった。幸いにも、ブッシュとベーカーはイスラエルを戦争から遠ざけておくことに成功した。もしイスラエルが参戦してフセインを攻撃すれば、アラブ諸国との連携が崩れてしまうと警告したのだ。

二月二四日、地上攻撃が始まった。ウォルター・E・ブーマー大将の指揮のもと、海兵隊がすばやくクウェートの南の国境の〝鉄壁な〟サダム・ラインを突破した。驚いたことに、ただひとりの犠牲者も出さなかった。同時に、有名な「左フック」作戦で、サウジの砂漠の端に沿って機動展開し、イラク軍のクウェートからの退路を断った。この作戦を率いたのは、陸軍のフレデリック・M・フランクス中将だ。フランクスはヴェトナムで片脚を失ったが、実戦任務にとどまることを認められ、やがて四つ星（大将）に昇格する。

サダム・ラインに対する海兵隊の攻撃があまりにすばやく成功したため、フランクスの部隊がわなを仕掛ける前に、イラク軍は北へ逃走した。サダム・ラインに配置されていたのは食料不足で訓練も十分に受けていない新兵がほとんどだったため、海兵隊の地上攻撃が始まるとすぐに崩壊した。ラインを守るこれらの兵士たちは、昼も夜も絶え間なく続く爆撃や砲撃で、消耗すると同時に怯えきっていた。その結果、北へ向かう道路はパニックに陥って後退するイラク兵であふれ、「死のハイウェイ」と呼ばれることになった。

実際に、アメリカ軍と六〇ほどの国の部隊から成る連合軍が、すばやい徹底した攻撃でフセインの防衛ラインを破ったことが、撤退するイラク兵の虐殺につながった。戦争はあまりに一方的で、殺されていく無力なイラク兵の映像が、ブッシュ政権に新たな危機をもたらした。無力なイラク軍を壊滅させていく、一見不道徳とも思える攻撃を続けるべきなのか、それとも、「砂漠の嵐」は終了させるべきなのか？

決定はむずかしくはなかった。作戦開始から一〇〇時間で、連合軍はフセインに休戦を持ちかけた。フセインは待ち構えていたかのように、それを受け入れた。戦争は終わり、三月一〇日までに、約五四万のアメリカ兵は帰国のための長い旅を始めていた。アメリカ側の戦死者は一四六人。そのうち七〇人は友軍の誤射と事故によるもので、二十数人はサウジアラビアの兵舎に撃ち込まれたスカッドミサイルで死亡した。五〇万強の軍隊が、規模ではその倍の軍隊と戦った戦争で、戦闘中の死亡者約五〇人というのは驚くべき数字だ。「砂漠の嵐」は歴史上最も圧倒的な戦力の違いを見せつけた戦争に数えられる。

戦争終結後には、連合軍は占領したバグダッドまで勝利の行進をすべきだったという不満の声も上がった。しかし、そうすれば大きな判断ミスになっていただろう。アラブ諸国との提携は崩壊していたはずだ。サウジアラビアはおそらく、アメリカに撤退を要求していただろう。つまり、イラクへの進軍を支えるインフラを失っていたことになる。さらに、ディック・チェイニーが当時、アメリカにはイラクを占領し、何十年もそこにとどまる体制が整えられない、と述べたことはよく知られている。そのときの彼の考えは正しかった。そして、批判する側は完全に間違っていた。しかし残念ながら、二〇〇一年九月一一日の同時多発テロ攻撃がチェイニーの考えを変えることになる。副大統領となっていた彼は、国防長官時代に見せていた優れた判断を即座に否定してしまうのである。

どんな作戦も完璧ではない。ただ、「砂漠の嵐」は完璧にかなり近い成功を収めた。アメリカは戦争を始めるまで、イラク軍がどれほど空洞化しているかを知らなかった。海兵隊の正面攻撃はただ、フランクスが包囲を固めて攻撃を仕掛けるまで、イラク軍を釘づけにしておくことが目的だった。しかし、海兵隊の攻撃があまりに強力で破壊的だったため、フランクスはイラク軍の退路を断つのが間に合わなかった。地上攻撃と「左フック」作戦を同時に行うのではなく、フランクスの攻撃を先行させていれば、おそらくイラク軍は持ち場から動けず、完全に包囲されていただろうと分析する者もいた。一方で、海兵隊の正面攻撃より前にフランクスが包囲作戦を始めていたとしても、イラク軍は包囲を破って逃走し、もっと多くの兵が逃げおおせていただろうという見方もある。

さらに、フランクスは攻撃後の報告書で、砂漠の天候と高度な偵察設備の欠如のために、目の前の砂丘の先の状況がどうなっているかを正確に知ることができなかったと書いている。アメリカ軍とイラク軍の部隊がばったり遭遇することもしばしばあった。結果はつねに、イラク側の部隊の全滅だった。

アメリカの技術的な優位は予想よりもはるかに大きかった。イラク軍が使用していたソ連製のT－72戦車は対戦車兵器に耐えられる強度の装甲を施しているはずだった。実際には、まったくその反対だった。アメリカのM－1戦車が一六〇〇メートルほどの距離がある砂漠越えの砲撃でイラク軍の戦車を仕留めたことが報告された。その一方で、砂漠の天候と砂がアメリカ軍の装備に大きな損害を与え、灼熱の砂漠で化学兵器用の防護服を着用しての戦いは、つねに兵士たちを消耗させた。

サフワンでの停戦交渉で、シュワルツコフはイラクに飛行制限区域内でのヘリコプターの使用を認めた。固定翼の飛行機を飛ばすことは禁じられた。フセインはそれを利用して、南部で反乱を起こした無力なマーシュアラブの部族を攻撃した。彼らはアメリカが救援にきてくれると信じていたが、アメリカは動かなかった。

しかし、フセイン体制を転覆させるためのもっと大きなジレンマが、空軍司令官から挙げられた。チャック・ホーナーは空軍力を使って体制を転覆しようとしていた。フセインは何度か標的にされたものの、逃げおおせていた。一度は、イラク高官の親族十数人が隠れていた地下壕が爆撃で破壊され、多くが死亡した。この攻撃は罪もない人々を標的にしたとして非難された。ホーナーが報告しているように、彼は体制を終わらせるための「針を差し込む」場所を見つけられなかった。彼が言いたかったのは、圧倒的なアメリカ軍の優越性をもってしても、フセインを追放するには地上戦が必要だったということだ。他の手段で体制を転覆させ、戦争を終えることは可能だっただろうか？

最後に、前述したように、シュワルツコフはスカッドミサイルに反撃することが、イスラエルとサウジアラビアにとってどれほど政治的に重要かをすぐには理解できなかった。ヴェトナム戦争とは違って、今回は「五〇〇〇マイルの長さのスクリュードライバー」（遠方にいる上官による統制と影響力）が重要だった。すでに述べたように、イスラエルがスカッドミサイル攻撃に報復していたら、連合軍を分裂させていたかもしれない。この教訓はイスラム過激派との戦いにもよく当てはまる。政治的な視点が武力そのものの使用よりも重要だ。現在は残念ながら、イスラムのジハーディストたちのほうが、私たちよりもこの現実をよく理解しているように見える。

いずれにしても、ブッシュの支持率は急上昇した。勝利パレードによって軍は賛美され、ヴェトナムでの失態という負の遺産を払拭した。シュワルツコフとパウエル両将軍は国家の英雄となった。驚くほど短期間での戦争の終結と、アメリカ兵の犠牲者が少なかったこと、そして敵の攻撃を食い止めたことが、軍事的な勝利を切望していた国民の気持ちを高揚させた。しかし、振り返って考えれば、おそらくブッシュは、サバーハ一族をクウェートの権力の座に戻すべきではなかっただろう。誰が国を率いるかは、クウェート国民が自分たちで決める権利を与えられてしかるべきだったかもしれない。もちろん、サウジアラビアと湾岸諸国の政府は、自分たちが体制転換にどれほどもろいかを知って、激しく動揺したことだろう。

イラク政府による北部のクルド人に対する卑しむべき扱いを知ったベーカー国務長官は、戦後にこの地域を訪問した。クルド人の窮状とイラクからの攻撃が止まらない状況を見て、ベーカーはすぐさまブッシュに救援行動を承認するように迫った。その結果として実行されたのが、「プロバイド・コンフォート作戦」だ。これは人道的救援努力として、非常に効果的だった。イラク北部は飛行禁止区域に含まれていたため、アメリカ軍が戻ってくることを恐れたフセインはこの作戦に抵抗しなかった。ブッシュは大統領任期の終わりに、ソマリアに対しても「プロバイド・リリーフ（救援提供）」の名で、同様の作戦を繰り返すことになる。

「砂漠の嵐」と関連した最後の戦略的問題は、「基盤戦力」の確立だ。一九八九年一〇月に統合参謀本部議長になったパウエルは、ソ連が大きく変化しつつあったこの時期に、アメリカの軍事戦略と各軍の体制にも大きな調整が必要になると認識した。戦略国際問題研究所が作成した『ミリタリー・バランス』によれば、当時、アメリカ陸軍には現役師団一八個、海軍には一五の航空母艦と五五〇の軍艦、空軍には二一の戦術戦闘機部隊、海兵隊には一九万七〇〇〇人の兵力があり、加えて議会は現役三個師団と三航空部隊、それぞれの予備役が一軍ずつを負託され、すべて合わせた現役兵力は約二一〇万だった。

パウエルは「脅威」ではなく「能力」に基づいた将来の戦力のための計画を練り始めた。彼はゴールドウォーター・ニコルズ法のもとで、統合参謀本部議長は自らが先頭に立ってこの計画を始められると考えた。この点についてはかなりの論争を呼んだ。というのも、各軍の参謀総長と実戦指揮官は、兵力レベルと予算の配分に関する自分たちの権限が侵食されるのは——相手が文官か制服組かにかかわらず——がまんならなかったからだ。

フセインがクウェートに侵略した一九九〇年夏には、予算をめぐる議論がヒートアップしていた。上院軍事委員会は大統領が一月に要求した二九七〇億ドル（一九九一年当時の価値。二〇一五年の価値に換算すると五二〇〇億ドル）の軍事予算を、二七七〇億ドル（二〇一五年の価値で四九〇〇億ドル）まで削っていた。そのため、「砂漠の盾」と「砂漠の嵐」を計画し実行する間、パウエルは同じように軍の態勢をポスト冷戦に適したものになるように再編しようとしていた。

「基盤戦力」は、アメリカ軍がそれ以下には絶対に縮小すべきではない最低限の戦力構成とパウエルが判断したものだ。ソ連の脅威が消え去ったことで、アメリカは冷戦当時のような兵力レベルも防衛費も必要ではなくなった。国防長官のディック・チェイニーと政策担当国防副長官のポール・ウォルフォウィッツは、ソ連（ロシア）からの軍事的脅威はまだ続いているという観点から、パウエルに反対した。しかし、パウエルの主張が勝り、大統領の支持を得た。

結局、パウエルは自身の人格、知性、力強いリーダーシップで、「基盤戦力」計画を押し通した。「砂漠の嵐」の中心的立案者としての名声は圧倒的だった。最後には、予算の制約という現実のため、「基盤戦力」は最低ラインではなく上限となり、軍はおよそ二五パーセント縮小されることになった。陸軍は現役が一二個師団、予備役が六個師団、そして二エリート師団の編成で、合わせて五一万の現役兵力と九〇万の予備兵力となる。

海軍の戦力は一二の航空母艦と計四五〇の軍艦、現役一五、予備役一一の航空部隊、海兵隊は一七万の兵員で、空軍は現役一六、予備役一二戦闘航空団という構成に移行する。総合的な現役兵力は一六〇万をわずかに超える数だ。「基盤戦力」の変遷についての最も優れた情報源は、統合参謀本部議長歴史資料室のローナ・S・ジャフィーが一九九三年に書いた『*The Development of the Base Force 1989–92*（基盤戦力の歴史　一九八九〜九二）』で、パウエルがどのようにして強力な、そして（当然ながら）官僚主義的な反対を抑えて軍の再編に成功したかについても詳しい。

実際のところ、パウエルがこの「基盤戦力」の承認を得られたのは驚くべきことだった。チェイニーとウォルフォウィッツは懐疑的というよりは、明らかに反対していた。軍の編成の番人である参謀総長たちも、この削減に必ずしも賛成ではなかった。どの参謀総長もそうだっただろう。実際の戦闘上の必要に基づいた軍の編成を支持したすべての主要実戦指揮官が、こうした削減に同意したわけではない。しかし、将来のための戦略計画作りの指針として、「基盤戦力」はそれより二〇年前に作成された、ズムウォルトの優れた「プロジェクト六〇」と同じ分類に入る。

前述した戦略・戦力レベルと予算のミスマッチに関して言えば、「基盤戦力」はこうした懸念を解決するものになった。しかし、戦力レベルの二五パーセント削減は、必要な予算の二五パーセント削減にそのまま置き換えることはできない。この食い違いは今も変わらず続いている。このまま適切に対処されなければ、ヴェトナム戦争後の「空洞化した軍隊」の二一世紀バージョンを生み出すことになるだろう。

一九九二年半ばまでには、ジョージ・H・W・ブッシュの支持率は強大で、優れた経済政策により順調な経済成長を遂げつつあったが、大統領選挙戦の雲行きは怪しかった。アーカンソー州のビル・クリントン知事には新鮮味とカリスマ性があり、新しい中道寄りの民主党を代表する考えを持っていた。大富豪のロス・ペローも無所属候補として参戦し、次の大統領が連邦赤字の是正を最優先課題にしないかぎり、アメリカ経済は崩壊すると主張していた。

一九九二年五月、ワシントンDCにある戦略国際問題研究所のジェームズ・R・シュレシンジャー（JRS）元国防長官の部屋で。

JRS　ハーラン、私に話があるそうだね。何か私が知っておくべきことかな？
HKU　そうです。CIA時代からブッシュ家とは親しい関係でしたよね。
JRS　そのとおりだ。
HKU　大統領選の世論調査ではブッシュが苦戦していること、ブッシュ票がロス・ペローに奪われかねないという点では、あなたも私と同意見だと思います。
JRS　たしかに。ビル・クリントンがカリスマ性と人間的な魅力で大衆の支持を集めていることにも驚いている。彼は徴兵逃れにしても、性格的な弱みにしても、ブッシュとは正反対だ。
HKU　どうしたら流れを変えられると思いますか？
JRS　奇跡が必要だろう。
HKU　私にもっとよい考えがあります。
JRS　というと？
HKU　ダン・クエールは国民が考える以上に優れた人物ですが、人格や評判を考えると、政治的にはマイナスです。
JRS　私もそう思う。それで？
HKU　今、最も人気のあるアメリカ人は誰でしょう？
JRS　何が言いたい？
HKU　コリン・パウエルです。
JRS　（考えをまとめ）それはすばらしい考えだ。
HKU　ただ、問題が一つあります。パウエルは国家安全保障担当補佐官になったときに、陸軍を退役しませんでした。統合参謀本部議長の任期はあと一年残っていますが、副大統領候補になるのなら、軍をやめなければなりません。
JRS　それが問題だとは思わないが。大統領に請われて、それを拒める者などいないだろう。

シュレシンジャーは冗談半分に、この話は極秘にしておく必要があるから暗号名が必要だ、と言った。そして、彼が選んだ暗号名が「黒魔術」だった！　私たちはこの話をブッシュ夫妻に持ち込んだ。バーバラ夫人は賛成だった。ジョージはもっと慎重だった。彼はその後、シュレシンジャーにこのアイデアの礼を述べたが、副大統領候補はクエールのままでいく、と言った。もしパウエルが選ばれていたら、結果はどうなっていただろうか？　もちろん、通常は副大統領候補が大統領選挙の行方を左右することはほとんどないので、ブッシュはいずれにしても負けていたかもしれない。

◆

ジョージ・H・W・ブッシュ政権は、戦略的思考に関しては、また重要な問題を大局的に、そして幸いにも正しく理解していたという点では、大きな称賛に値する。ブッシュはドイツの再統一にも貢献した。これは冷戦後の世界で最大の達成の一つだろう。この点では、国家安全保障担当補佐官のブレント・スコウクロフトの手腕に助けられた。また、ブッシュはゴルバチョフとも（戦略兵器削減で合意した）、その後にロシアの大統領になったボリス・エリツィンとも友好的な関係を築いた。一九九一年にソ連が崩壊したときには、ロシアに数十億ドルの援助を提供した。長い歳月の間に忘れられてしまった尊い人道的行為だ。

ブッシュの最大の敵の一つが、「帯域幅問題」、すなわち処理能力だった。アフガニスタン、ユーゴスラヴィア、ソマリアの問題は次の大統領に先送りされる。フセインとイラクに対する飛行禁止区域の設定と禁輸措置も同様だ。ホワイトハウスには単純に、これらの問題すべてに同時に効果的な方法で対処するための時間も余裕もなかった。そのため当時は重要度で少し劣っていたこれらの問題が、のちに猛烈な勢いで襲いかかってくる。もちろん、NATOの拡大とロシアが最も重要な問題であり、それからの二、三〇年でさらに重要性と優先度を増していく。

次の政権を担ったビル・クリントンは運がよかったといえる。成長を続ける経済を引き継ぎ、ソ連は解体し、イラクでは軍事的大勝利を収めたばかりだった。すべてはブッシュの功績だったのに、ブッシュは与えられてしかるべき称賛を受けずじまいだった。ポーカーにたとえるなら、クリントンはロイヤル・ストレート・フラッシュという手札に恵まれたのだ。しかし、別のカードの山には何枚かのジョーカーが含まれていた。そして、最初にめくられたのはソマリアというジョーカーだった。同じように、ソ連後のロシアとの関係も良好とはいえなくなっていく。

第6章　ソマリア内戦、ユーゴスラヴィア紛争
――W・J・クリントン

ウィリアム・ジェファソン・クリントンは一般投票で過半数の票を獲得できなかったが、相対多数の票を得て大統領選に勝利した。無所属のロス・ペローが約一九パーセントの票を獲得した。ペローはクリントンとブッシュから同じほどの票を奪ったとする調査結果もあったが、ホワイトハウスを去るブッシュはそうは考えなかった。湾岸戦争直後の支持率がかつて類をみない九〇パーセントに達していたブッシュは、「マリファナを吸い、徴兵を忌避した女たらし」だと大勢に思われているような男に自分が負けたことが信じられなかった。空軍のハロルド・N・キャンベル少将も、クリントンをそのように見下していた代表だ。

それでも、一九九三年一月二〇日に大統領就任宣誓をしたのはビル・クリントンだった。すでに述べたように、クリントンは非常に恵まれた時期にその職に就くことができた運のよい大統領のひとりだ。冷戦はすでに終わっていた。ブッシュ政権が東ヨーロッパの旧ワルシャワ条約機構加盟諸国の民主化で、すばらしい仕事をしてくれていた。しかし、NATOとその拡大はまだ解決には程遠い状況

だった。ロシアをどう扱うかについて根本的な矛盾があり、ロシアをヨーロッパに統合すると同時に、NATOの拡大がロシアとアメリカの間に将来の厄介な対立の種を植えつけないようにしなければならなかった。このジレンマは、現政権はもちろん、将来の政権にもつきまとい続けるだろう。

サダム・フセインに対する圧倒的勝利はアメリカ軍の評判を見事に回復させた。アメリカの世界に対する名声と影響力は、ブッシュ政権のもとでおおいに高まった。のちにクリントン政権の国務長官になるマデレーン・オルブライトは、世界は「一極的」支配の時代に移行した、と表現する。経済は回復の波に乗った。ブッシュは彼の後継者に経済成長とさらなる発展の土台を手渡したのだ。

クリントンは運を味方につけたように見えたかもしれない。しかし残念ながら、クリントン政権はアフリカの広範囲と旧ユーゴスラヴィアで起こった人道的危機によって、その手腕を試されることになる。また、アフガニスタンがイスラム主義テロリズムの温床に変わりつつあったことも、もう一つの危機の火種としてくすぶり続け、やがて爆発する。

クリントンはそれから四代続く、おそらく一九二〇年代のカルヴィン・クーリッジ以来、最も経験不足で準備も足りず、最もその職に就く資質に欠ける大統領の最初のひとりでもあった。新政権は政府の組織を整えることからしてつまずき、その経験不足はすぐに表面化する。クリントンの国家安全保障に関する要職の人選もその一つで、レス・アスピン下院議員が国防長官に任命された。

アスピンをよく知る者たちは、自分自身でさえうまく管理できない男が、ましてや世界最大の官僚組織を管理することなどできるはずがない、とよくわかっていた。ウィスコンシン州選出の下院議員を一二期も務め、下院軍事委員会の委員長でもあった老練なアスピンは、たしかに防衛については知りつくしていた。中道派の政治家でもあり、民主党議員としては保守寄りだった。彼が本能的に正しい判断力を持っていたことは、「砂漠の嵐作戦」を支持したことからもうかがえる。しかし、自制心に欠け、軍の気風とは相いれない振る舞いが目立ったため、一部の人たちは最初から、アスピンが国防長官でいられるのもそう長くはないだろうと確信していた。国防に関する知識が豊富な専門家であったことは、国防長官という職にふさわしい資質ではあったものの、その仕事をうまくこなすためには十分とはいえなかったのだ。そして、アスピンはコリン・パウエルという、人気はもちろんのこと、実績も申し分なく、政治的駆け引きにも巧みな統合参謀本部議長を相手に立ち回らなければならなかった。パウエルは、フランクリン・ルーズヴェルト時代のジョージ・マーシャル陸軍参謀総長やウィリアム・リーヒ海軍元帥以来の大物といえた。

国家安全保障担当補佐官に任命されたアンソニー・レイクは、カーター政権下で国務省政策企画本部長を務め、ヴェトナム戦争中には現地に派遣された。その後、ホワイトハウスでヘンリー・キッシンジャー大統領補佐官付きの特別補佐官になった。彼はヴェトナム戦争についての不満に加えて、キッシンジャーが彼の機密漏洩を疑って電話を盗聴していたことがわかり、その抗議のために辞職した。知性は豊かだったものの、レイクはキッシンジャーやブレジンスキー、スコウクロフトには実力で及ばないことが明らかになる。

CIA長官には、R・ジェームズ・ウールジーが打診を受けた。民主党保守派のウールジーはカーター政権時代に海軍次官を務め、レーガン政権時代には軍縮交渉担当大使になった。政策通のウールジーは、ホワイトハウス報道官のディー・ディー・マイヤーズに「ウールジー提督」と紹介されたときから、自分がトラブルに巻き込まれることがわかっていたと、のちになって私に打ち明けてくれた。アスピンと同じように、彼も任期を務め上げることなく終わった。

国務省の舵取り役に選ばれたのは、経験豊富で信望の厚いウォーレン・クリストファーだ。弁護士として成功したクリストファーはカーター政権で国務副長官を務めた。表立って動くよりは舞台裏でのお膳立てを得意とし、戦略家というよりは優れた戦術家だった。このように、クリントンは必要としている強固な安全保障チームを得られなかった。

新しい政権はいつでも、とくに政権党が交代するときには、前途多難なスタートになるものだが、この新政権はとくに危なっかしかった。クリントンは無謀にも、国防に関する最初の優先課題として、同性愛者がその性的指向を公にして軍隊に入隊することを認めようとした。当時はまだ、アメリカ社会もアメリカ軍も、この急進的とも思える変化を受け入れる準備ができていなかった。同性愛者を完全に平等な形で組織に組み込むという方針は、この段階では簡単に受け入れられるものではなかった。一九九三年二月にレス・アスピンが心臓発作のために入院し、コリン・パウエルが国防総省の事実上のトップになると、この政策の導入はむずかしくなった。二一世紀初めになれば、同性愛に対するアメリカの態度は当時とは正反対に変わる。それはすばらしいことで、国の評価を高めることにもなる。しかし一九九三年の社会の風潮は、まだそうではなかった。

パウエルはこの提案について大統領に苦言を呈した。こうした変化を達成するには長い時間をかけなければならないということを、「戦場の地ならしをする」という軍隊用語を使って説明した。しかし、ホワイトハウスはパウエルの助言を無視した。クリントンが不必要なミスを犯して、ホワイトハウスと軍の関係を損ねることを心配したパウエルは、『ニューヨーク・タイムズ』紙の軍事担当記者マイケル・ゴードンの取材に応じた。ゴードンが書いた記事の見出しには、「パウエル、九月を待たずに辞職か」の文字が躍った。ホワイトハウスは即座にこの記事のメッセージを受け取った。補佐官たちは、パウエルがこのインタビューで大統領に楯突いたことに激怒したが、パウエルの行動はクリントンにとっても軍にとっても正しいことだったのだ。

サム・ナン上院議員が提案した妥協策が、「聞かざる、言わざる」［訳注：同性愛者であることを公言しない代わりに入隊を認める］だった。これは一時しのぎの策にすぎなかったが、最終的に国防総省はこの方針を採用した。現在、アメリカ軍は女性兵士の戦闘任務への参加という新たな文化的変化に直面している。とくに、長く男性兵士だけで構成されていた特殊部隊に女性兵士を配属するとなれば、大きな変化だ。

クリントンは司法長官の選択でもつまずき、企業弁護士のゾーイ・ベアードと連邦地裁判事のキンバ・ウッドのふたりが相次いで指名を辞退するはめになった。どちらもついても十分な事前調査がなされていなかった。ベアードは不法移民を家政婦とベビーシッターに雇っていたことが発覚し（いわゆる「ナニーゲート」）、ウッドも同じような理由のために指名を辞退した。

一九九三年二月、ニューヨークの世界貿易センターの地下で爆破事件が起こった。このアルカイダによるアメリカ本土への最初の攻撃に対して、政権は強い姿勢を見せなかった。この事件をきっかけに、テロリズムを法執行の対象とするか国家の安全保障の問題として扱うかについての論争が始まった。同じころ、大統領は医療保険制度改革の責任者として妻のヒラリーを抜擢した。彼女が秘密裡に進めたこのプログラムは悲惨な結果を迎え、提案した内容はすぐさま否定された。これらのつまずきの一つ一つが、クリントンの経験不足と、政府の舵取りにつきもののさまざまな政治的、官僚主義的な地雷への鈍感さ、そして、おそらく地球上で最も大変なこの職務に対して、総じて準備ができていなかったことを露呈するものだった。だが、失敗はこれだけでは終わらない。

そうこうするうちに、ブッシュ政権から引き継がれた二つの問題が、いよいよ本格的な危機となって襲いかかってきた。ソマリアとユーゴスラヴィアだ。ハイチの情勢も危機に発展しつつあった。前の二国ほどではないものの、ハイチもアメリカにとって厄介な問題を突きつける。同時に、アスピン国防長官が「ボトム・アップ・レビュー（BUR）」と呼ばれる国防計画の見直しを始めていた。新政権はソビエト連邦という帝国の完全な解体と、巨額の財政赤字の削減というクリントンの公約を守るための予算の制約という点から、パウエルの「基盤戦力」の見直しをしたいと考えていた。

国防支出についても、それ相応の予算削減を押しつけられることになった。クリントンは増税によってこの目標を達成しようとしたが、当然ながら増税は国民からの支持を得られない。一九九四年、この増税政策をはじめとする数々の失策のため、共和党が議会両院で民主党から多数派を奪い取った。クリントンにとっては予想もしなかった形勢逆転だ。興味深いことに、新たに下院議長になったニュート・ギングリッチとクリントンはそれから数年後に思いもよらない政治的同盟を結び、協力して予算の均衡に努力する。しかし、国防総省は少ない予算との格闘と、変化を続ける国際情勢への取り組みを迫られていた。

一九九三年七月二六日の早朝、私は海抜約一八〇〇メートルのソートゥース山脈の山あいにある、凍りつくような寒さのアイダホ州ケッチャムから飛行機でダレス空港に飛び、そこからワシントンDCへと向かった。気温差が三〇度ほどもある。アスピン国防長官が「ボトム・アップ・レビュー」のための自分の計画について話し合い、情報を求めるために「専門家」の小グループを集めていた。この日の午後七時、彼が信頼するシンクタンクの研究者何人かが国防総省に集まり、夕食を兼ねた会議が開かれた。

九・一一同時多発テロが起こる前のこのころは、国防総省の建物に入るのは簡単だった。私はリヴァー・エントランスまで車で行き、指示された場所に駐車すると、ペンタゴンのEリング入り口の警備員に退役軍人のIDを見せた。

「恐れ入りますが、お通しすることはできません。午後六時を過ぎていますから」

「どういう意味だ？」

「国防総省のパスが必要です」

私はイライラして、電話の受話器をとり、アスピン長官の部屋の番号をダイヤルした。返答がない。もうダイニングルームに移ったのだろう。どうやって中に入ったらいい？　警備員はまったくの無関心で、困りはてた私を助けようとはしなかった。そのとき、パウエル将軍の（非武装の）リムジンが外に止まっているのが見えた。そこで、再び受話器をとると、パウエルの部屋の番号をダイヤルした。秘書のナンシーが出て、こちらが要件を告げる前に、「おつなぎします」と言った。

パウエルはあいさつ抜きで、「今、どこにいる?」と聞いてきた。

「一五メートルほど先です。警備員が中に入れてくれないのです」

「すぐに行く」

数秒後、リヴァー・エントランスのすぐそばの部屋から、コリン・パウエルの大きな体が現れた。警備員は明らかに仰天していた。

「通してやってくれ。彼は大丈夫だ」。パウエルはそう告げると、私のほうを向き、「どこへ行くんだ?」とたずねた。

「第三デッキです」。これは長官のオフィス、3E888の通称だ。

「結果を教えてくれ」。私がどこに向かっているかをはっきりと理解し、パウエルはそう言ってきた。


アスピンはやはりダイニングルームにいた。数分後には、呼び出された四、五人の最後のひとりが到着し、私たちはみな席につき夕食と議論を始めた。アスピンの首席補佐官のラリー・スミスが司会役を務めた。自分の発言の番が回ってきたとき、私はアスピンにこう言った。「言いたいことは三つあります。まず、最も重要なこととして、何を決定するにせよ、あなたは決して再び〝空洞化した軍隊〟を創り出すわけにはいきません。誰よりもよくご存じでしょうが、各軍は軍の体制と基盤のためなら、あらゆる手段で抵抗してくるでしょう。私ならつねに、任務をまっとうできないような規模だけが大きい軍よりも、小規模でも十分な装備を持ち、準備を整え、やる気に満ちた、能力のある軍を選ぼうと考えます」

アスピンも同意した。

「第二に、そして、これはヴェトナムの教訓として学んでおくべきことでしたが、大規模な戦争で戦う準備を整えても、小さな戦争を戦えるわけではありません。大規模地域偶発紛争、つまり従来型の大規模な戦争と、国外における軍事プレゼンス、小規模な交戦、危機管理任務の間でバランスをとらなければなりません。ユーゴスラヴィア、イラク、ソマリア、ハイチがこうした小さな危機の例ですが、その政治的影響は必ずしも小さくありません」

アスピンはうなずいた。

「一九六五年以前の海軍は、ソ連の艦隊を海に沈めるために外に出ていきました。しかし、ヴェトコンと北ヴェトナム軍は海軍を持っていませんでした。ご存じのように、私たちは最も高度な兵器システムを扱う訓練をしてきました。ジェット戦闘機、ミサイル、原子力潜水艦、宇宙基地システムなどです。しかし、ヴェトナムで私が使った兵器は八一ミリ迫撃砲、機関銃、手榴弾、拳銃でした。第一次大戦で使っていたようなものです。実際に、ヴェトコンは第二次世界大戦時代の銃弾や弾薬を使っていました。大きな戦争に備えることは、こうした低度の紛争での任務のための備えにはなりません。

最後に、調達に関してですが、あなたは官僚主義の悪夢に直面しています。パッカード委員会（レーガン政権時代の一連の調達スキャンダル発覚後に結成された委員会で、私も非公式の顧問を務めた。一二〇〇ドルのハンマーや六〇〇ドルの便座の購入記録が見つかり、徹底した見直しが強制された）は、こうした問題を是正しませんでした。ご存じのように、私は戦略国際問題研究所で、［元国防長官の」ジム・シュレシンジャーと共同で、調達についての並行研究を率いました。その結果について、あなたとラリー・スミスに説明したことを覚えておいでだと思います。

とくに重要なことは、国防調達についての数千ページもある規制を簡素化して体系化──あるいは体系化して簡素化──することです。余談になりますが、数年前、ハネウェル・エアロスペース・ディフェンス社から、兵器システムを購入するのにどれだけ資金が節約できるか、その調査を依頼されたことがあります。ハネウェル社は弾薬から宇宙システムまで、さまざまな兵器を製造していました。私たちはハネウェルのあらゆる部署の従業員と接触し、どうしたらコストを削れるかについて意見を求めました。その結果、不必要な監督を減らしたり、規制を簡略化したりなど、常識的な手段をとることで、二五〜三〇パーセントのコスト削減が可能だろうと報告しました。当時のウォード・ウィートンCEOは、そんな数字は信じられないと思ったようでした。そこで、私たちは総契約価格の一六〜一七パーセントは削減できると言いました。残念ながら、国防総省は興味を示しませんでした」

◆

アスピンは国防長官として最善をつくした。しかし、一九九三年一二月、その秋のソマリアでの軍事作戦が失敗し、後述する「ブラックホーク・ダウン」の惨事を引き起こしたことを受け、辞表を提出した。それでも、「ボトム・アップ・レビュー（BUR）」は完成した。BURは学術的、知的には、十分に優れた内容だった。また、戦略的要因や、健全な戦略的思考よりも、予算に縛られていたという点で、これは「トップ・ダウン」型の文書でもあった。本当であれば、予算に関して何を決めるにせよ、その決定の前に、戦略的思考によってＢＵＲが作成されなければならないはずなのだが。

ソビエト連邦の崩壊で、アメリカ軍は大掛かりな通常戦争と比べれば低コストの任務を多数抱えることになると考えた点では、クリントン政権は正しかった。小規模な交戦、緊急時対応作戦、他国との連携、世界の安定を促進するための国際協力などの重要性が高まるものと考えられた。このＢＵＲに基づいた軍の再編成はちょうど国防予算削減の時期と重なり、ブッシュ政権時代の最低ラインより、五年間で約一一二〇億ドル（一九九五年当時のドル価値で）低いレベルが想定された。

「ボトム・アップ・レビュー」はアメリカが対処しなければならないと思われるさまざまな任務を総計することから始められた。最も負担が大きいのは大規模地域偶発紛争（ＭＲＣ）で、全戦力の半分ほどを必要とする。これに分類される紛争は四段階で戦われる。その四段階とは「保持」「増強」「決定的打破」「平時の安定確保」である（その後もこの方針が定着する）。

レビューのための計画戦略は、アメリカ軍が次のような目的を達成しなければならないという仮定に基づいていた。

- ＭＲＣで侵略国を打ち負かす
- 紛争抑止のために国外での軍事プレゼンスを維持し、地域に安定をもたらす
- 小規模の軍事介入を実施する。和平の後押し、平和維持、人道的援助、災害救援などによって、アメリカの国益と目的を促進する

• アメリカの領土、アメリカ軍、あるいは同盟国の領土や軍に対する大量破壊兵器を使用した攻撃を抑止する

パウエルの「基盤戦力」は現役兵力約一六三万人から約一五〇万人に減らされる。非機密扱いの文書として刊行されたBURに詳しく書かれているように、陸軍は現役兵力一〇個師団と予備兵力五個師団、空軍は現役一三、予備役七の戦術戦闘航空団、海軍は一一現役空母群と一予備役空母、海兵隊は三現役師団と一予備役師団および付属する航空部隊の編成にすることが法律に明記され、一七万九〇〇〇人の兵力に増強されることになった。戦略核戦力はロシアとの間で交渉が続く戦略兵器削減条約によって決定される。

実際には、現役兵力の総数は一九九〇年の二〇〇万から、一〇年後の一三八万五〇〇〇人にまで減少する。国防支出は当時のドル価値で約二七〇〇億ドル（現在の価値で約四四五〇億ドル）の横ばい状態となる。BURの最も重要な遺産は、少ない国防予算内での将来の国防計画を練る土台を築いたことだ。

たとえ実際に起こる可能性は少なくても〝大きな戦争〟のための準備を整えておくことと、小規模な交戦、軍事プレゼンス、部隊の拡充、そして、相手が自然であれ人間であれ、何らかの危機への対応のようなもっと小さな任務の間でバランスを調整することは、軍の体制を形作るうえで今も変わらず重要だ。二〇一七年には、戦力が拮抗する仮想敵国（「同格の競合国」）に相対する可能性、とくにロシアと中国の存在のため、そのバランスを従来型戦闘能力の改善の方向へとシフトさせた（今後も

その状態は続くと思われる)。この傾向は現在進行中のイスラム国（IS）およびイスラム主義のテロリズムと暴力との戦い、またおもに小部隊によって実行される「捕獲か殺害か」の任務とは別に現れたものだ。

「ボトム・アップ・レビュー」の影響力は大きかったが、軍事戦略家たちのなかには、第一次イラク戦争での圧倒的勝利から得られたはずの、軍事力行使における本当の革命についてのいくつかの結論が、無視されたか単純に見過ごされたかしていると気づく者もいた。一九八〇年代には、「軍事革命」（RMA）という概念がもてはやされた。戦闘で正確に標的を捉えるテクノロジーの進歩で可能になった死亡率の劇的な増加が、戦略家の間で幅広く調査され、議論された。湾岸戦争はテクノロジーと優れた軍事能力を組み合わせれば、巨大な敵軍を壊滅させられることを証明した。そのテクノロジーと軍事能力は、高度な技術開発、十分な訓練、志願兵だけから成るコストのかかる兵力編成への巨額の投資によって可能になったものだ。

まだ答えの出ていない、取り組まれてさえいない疑問があった。それは、アメリカ軍が単に戦闘で敵の武装を解いたり打ち負かしたりするだけでなく、もっと幅広い政治的、政策的目的を達成する能力を持ちえたかどうかだ。一九九四年後半、この疑問について話し合い、政治的な目的のためにどこまで軍事力を使うべきかを決定するため、少人数から成るグループが結成された。当初は国防大学が資金提供していたこのチームは、ヴェトナム戦争か「砂漠の嵐作戦」、またはその両方で戦争を経験した軍の元上級将校や文官、国防総省の元高官で構成されていた。

当初のメンバーは、「砂漠の嵐」のなかでも有名な「左フック」作戦を指揮してサウジアラビアを横断したフレデリック・M・フランクス（退役）陸軍大将、大西洋連合軍最高司令官を務めたレオン・A・〝バッド〟・エドニー海軍大将、「砂漠の盾」「砂漠の嵐」両作戦で空中戦の指揮をとったチャールズ・〝チャック〟・ホーナー（退役）空軍大将、海兵隊の司令官補佐だったトーマス・モーガン（退役）海兵隊大将、国防総省の最上層部の職に就いていたジェームズ・P・ウェイド博士、そして、私である。

グループにのちに加わったメンバーには、いずれもすでに退役していたジョナサン・ハウとレイトン・〝スナッフィー〟・スミス両大将がいた。どちらもアメリカ欧州海軍で指揮をとっていた。ハウはソマリア作戦のための国連代表も務めた。ドナルド・ラムズフェルド元国防長官（のちに再任する）も、後続メンバーだった。チームが最終的にまとめ上げたのが、「衝撃と畏怖」として知られることになる概念だ。

「衝撃と畏怖」の論文のテーマは（二〇〇三年三月に始まった「イラクの自由作戦」の最初の何日かにキャッチコピーのように使われてしまったが、本来はそれとは違って）、指導部が目標として定めた政策や政治的目的を達成するために、敵の意志と認識に影響を与え、可能であればコントロールまですることだった。ラムズフェルドはもっと簡潔に、「敵に我々が望む行動をとらせ、我々が望まない行動をやめさせること」と説明している。要するに、敵の軍隊を打ち負かすという伝統的な戦い方ではなく、もっと広範な政治的意図や目標を達成するために軍事力をより創造的に使おうというものだ。敵に影響を与えるための刺激策が段階別に考案された。ポジティブなものもあれば、もちろんネガティブなものもある。たとえば、宝くじに当たることは、ポジティブな形の「衝撃と畏怖」を引き起こす。

とくに議論の的になり、おそらく最も誤解されているのは、一九四五年八月に日本に投下した二つの核爆弾が引き起こした「衝撃と畏怖」だ。この事例を持ち出したグループの目的は、核兵器の効果または使用を称賛することではない。その反対だ。グループの意図は、戦争を続けるなかで降伏や捕虜になることを拒否し、自害を選ぶ覚悟をした敵国の人々の意志や認識を、根本から変えることは不可能ではないと示すことだったのだ。

グループはまた、軍隊は圧倒的で支配的な強さを敵に認識させれば紛争を抑止さえできる、あるいは、最初に敵の抵抗する意志をたたきつぶすことによって、損害や犠牲者を最小限に抑えて勝利できると考えた。この論点は九・一一後の世界で非常に重要になる。殉教が死後の楽園に迎え入れられる保証になるとそそのかされたイスラム過激分子は、戦う覚悟ができているだけでなく、多くの場合には大義のために自害する意志を持っていた。一九四五年八月に日本で起こった変化と同じように、殉教についての彼らの意志や認識を、別の方向に導くことは可能だろうか。

残念ながら、これまでのところ、「衝撃と畏怖」がこうした過激なテロリストたちの目的をたたきつぶすほどの影響を与えられるか、あるいはコントロールできるかを試す機会はなかった。

一九九六年から九八年まで、「衝撃と畏怖」チームはクリントン政権の高官にブリーフィングを続けた。当時のウィリアム・コーエン国防長官もそのひとりだった。次のやりとりは、こうしたブリーフィングで説明された「衝撃と畏怖」の重要ポイントをうまくとらえている。

「長官もご存じのように、『衝撃と畏怖』は敵の意志と認識に影響を与え、コントロールすることを目的としたものです。理想的には、軍事力の行使——脅しやほのめかしではなく実際の行使——を必要とせずに、我々が望む行動を敵にとらせるための、説得、強要、あるいは懐柔を意味します。

『衝撃と畏怖』は達成すべき政策上の目的と意図を定めることから始まります。言い換えれば、『衝撃と畏怖』とは生み出された結果であるとともに、政策の基礎になるものでもあり、次の四つの要素で構成されます。

第一に、求める結果を得るために、そのときの状況や環境について必要な知識をできるかぎり集め、しっかりと理解します。これを完璧、またはほぼ完璧な知識、と呼ぶことにしましょう。完璧さこそ、私たちが目指すべき目標です。このレベルに達するむずかしさを認識しなければなりません。

ご存じのように、アメリカはヴェトナム戦争で、知識や理解という点ではみじめな結果に終わりました。『砂漠の嵐』でさえ、フランクス大将も認めたように、戦場でリアルタイムで起こっていることについての戦術的な知識に関しては、完璧とは程遠いものでした。

ホーナー大将が嘆いていましたが、我々はどうしたら地上戦に頼ることなくイラク人の抵抗の意志をくじくことができるかを理解していませんでした。これは空中戦力だけに頼った戦略がいいと言っているわけではありません。しかし、我々の軍事的優位をもっと創造的に駆使することで、フセインをクウェートから追い出す違う方法があるのではないかと考えてみる時間をとりませんでした。

第二に、優れた作戦は欠かせません。『十分』というだけではもはや不十分です。『砂漠の嵐』の環境は、リアルタイムに近い形でニュース映像が流れたこともあり、非常に高いレベルの作戦が必要とされました。優れた作戦に関しては、理解がむずかしいということはないでしょう。

第三に、スピードも重要です。目標は敵よりも圧倒的なスピードで作戦を実行することです。軍事的優位にスピードを加えれば、敵の動きと反撃を予測し阻止することがずっと簡単になるはずです。

最後に、環境のコントロールも必要条件でなければなりません。電子的監視から実際の作戦まで、環境を敵が優位に利用することを阻止しなければなりません。情報操作、偽情報、注意を別の方向に向けることが、コントロールを得るために欠かせない要素です。孫子の言葉にあるように、戦争で重要なのはいかに敵をあざむくかです。敵の意志と認識に影響を与えるために、これ以上に効果的な方法は少ないでしょう。

それから、これがとくに重要な点ですが、戦争は意志の強さを競い合うだけではありません。最も高度な知恵比べでもあります。つまり、自分たちの頭脳こそが最大の資産であることに気づかなければなりません。頭脳こそが最強の武器になり、支援装備になります。支援という点はもちろん重要です。しかし、国の防衛は部隊の知的能力とその能力をいかにフル活用できるかにかかっています」

◆

コーエン長官はこの概念を気に入ったように見えた。しかし、物事に大きな変革をもたらそうとする者がぶつかる困難な課題が二つある。巨大で頑固な官僚主義に新しいアイデアを受け入れさせること、そして、古い考えを捨てるように説得することだ。「衝撃と畏怖」はビル・コーエンには好印象を与えたかもしれない。しかし、ペンタゴンを動かすことはなかった。

クリントン政権は次の三つの問題に直面する。まず、ユーゴスラヴィアでは、一九九九年にNATOが七八日にわたる空爆を行い、セルビア軍をコソボから撤退させ、民族浄化（虐殺という表現のほうが的確かもしれない）を終わらせた。次にはNATOの拡大。そして、のちにアルカイダという組織になるイスラム主義テロリズムの表面化。さらに、人道的危機はユーゴスラヴィアからルワンダまで広がっていた。ルワンダでは、残忍な内戦で八〇万人ほどが犠牲になっていた。しかし、発足一年目のクリントン政権がすぐさま直面したのがソマリアだった。その危機の根はブッシュ前政権にさかのぼる。

一九九一年一月、ソマリアのモハメド・シアド・バーレ大統領の政権が倒され、四勢力の間で内戦が勃発した。統一ソマリ会議（USC）、ソマリ救済民主戦線（SSDF）、ソマリ愛国運動（SPM）、ソマリア民主運動（SDM）である。同年六月に停戦協定が破られ、その後、第五の勢力としてソマリ国民運動（SNM）がソマリア北西部で独立を宣言した。

同年九月、首都モガディシュで激しい戦闘が勃発し、二万人を超える犠牲者を出した。戦闘でソマリアの農業は大部分が崩壊し、すでに貧困にあえぐ国民は飢餓状態に陥った。国際社会が救援という形で反応したが、送られた食料、水、医療品の大半は盗まれた。その後の一年で、さらに多くのソマリア人が命を落とした。一九九二年に再び停戦協定が結ばれ、国連は食料の分配を取りしきるオブザーバーを派遣した。

一九九二年にソマリアを訪問したジョージ・H・W・ブッシュ大統領は、国連の「プロバイド・ホープ（希望提供）作戦」を支援するために、「ソマリア救援提供作戦特別部隊」を拡充した。しかし、こうした努力もこの国で起こっている悲劇から見れば、焼石に水だったかもしれない。その後も五〇万を超えるソマリア人が死亡し、約一五〇万人が家を追われるか難民となった。アメリカはそうした事態に対応するため、一九九二年一二月、国連安保理決議（UNSCR）七九四に基づき、大々的な連携努力を開始した。

クリントンの大統領就任後、アメリカのソマリアでの作戦は国連の指揮のもとに置かれた。目的は、まともに機能する政府と安全な環境を回復し、ソマリア国民を守るための最初のステップとして、各勢力間の和解を促すことだった。一九九三年三月一五日、エチオピアの首都アディスアベバで和平会議が開かれたが、モハメド・ファラ・アイディド将軍が率いる派の反対のために合意に達することなく終わった。状況はさらに悪化した。

六月五日、国連の特殊部隊が待ち伏せ攻撃にあった。アイディドの組織の無線基地を閉鎖するため、また、報じられているところによれば、モガディシュの武器貯蔵庫を押さえるために送られた部隊だ。二四人のパキスタン人兵士が殺され、五七人が負傷した。イタリア人、アメリカ人のジャーナリスト四人も負傷した。翌日、国連はUNSCR八三七決議で、平和維持軍を攻撃した武装勢力の逮捕を承認した。アメリカ軍の部隊はモガディシュのアイディドを捕らえるため、六月一二日から五日間の作戦を命じられた。この任務は失敗に終わる。六月一七日、国連のソマリア特別大使を務める（「衝撃と畏怖」チームのメンバーでもあった）ジョナサン・ハウ退役大将は、アイディド逮捕につながる情報に二万五〇〇〇ドルの賞金を出すと発表した。アメリカはアイディドを探し出し拘束する任務を続けたが、どれも効果はなかった。

七月一二日の昼間、アイディドが潜伏していると疑われるモガディシュの隠れ家に対して、アメリカ軍主導の作戦が実行された。アイディドはその場所にはいなかった。しかし、一七分に及ぶこの攻撃の間に、アメリカ軍は数千の銃弾を発射し、女性と子どもを含む約六〇人を殺した。この失敗に終わった作戦を取材していた四人のジャーナリストが、怒りにかられた群衆に襲われ殺された。

アイディドの武装組織が八月に報復攻撃を行い、二度の爆撃で合わせて一一人のアメリカ人兵士を殺害する。その報復のため、クリントンはレンジャー部隊をソマリアに派遣し、アイディドを見つけて捕らえるか殺すかするように命じた。ウィリアム・F・ギャリソン少将が指揮をとったこの部隊は当初、およそ四〇〇人の特殊部隊兵士と一六機のヘリコプターで構成されていた。九月二一日、レンジャー部隊はアイディドの金庫番であるオスマン・アリ・アットを捕らえた。その四日後、アイディドの武装組織が携行式ロケット弾（RPG）でブラックホーク・ヘリを撃ち落とし、乗員三人が死亡した。

この任務の進行中に、コリン・パウエルは九月三〇日の自身の任期終了を前に、レス・アスピン国防長官に対して、状況が悪化し続け、非常事態に陥った場合に備えて、現地のアメリカ軍のバックアップのため、M-1戦車、装甲車両、AC-130スペクター攻撃機をソマリアに送るように勧めた。

アスピンは動かなかった。重火器を持ち込めば、地上での状況を緩和するどころか、逆に不安定にするだろうという考えからだ。結局、バックアップは送られなかった。

一九九三年一〇月三日、レンジャー特殊部隊はモガディシュでアイディドが属するハバー・ギディル氏族のリーダーを捕らえるための真昼の作戦を開始した。攻撃部隊は一九機の航空機とヘリ、一二車両（ハンヴィー九台を含む）、一六〇人の兵士で構成された。作戦は一時間以内で完了するはずだった。しかし、車列は自動小銃やＲＰＧで武装した地元民兵組織の猛烈な待ち伏せ攻撃にあい、身動きがとれなくなった。

長く激しい、流血の銃撃戦が勃発した。一八人のアメリカ人兵士が死亡し、ブラックホーク・ヘリ二機が撃ち落とされた。死亡したアメリカ人パイロットの遺体が、見せしめとしてモガディシュの通りを引き回された。このすべてが世界中の大部分の地域でテレビのニュース映像として流れた。少なくとも、アイディド派の民兵一〇〇〇人も死亡した。この数字はおそらくかなり控えめに見積もったものだ。生き残り、行き場を失っていたアメリカ人兵士たちは、救援部隊が到着して、なんとか安全な場所に逃げおおせることができた。

モガディシュでの戦闘の凄惨な光景は、多くのアメリカ人に衝撃を与えた。クリントン政権は無謀にも自国の兵士を危険にさらしたとして、激しい非難を浴びた。ブラックホーク・ヘリの撃墜と、死亡したアメリカ人兵士の遺体が通りを引きずられている映像は、クリントン政権にとって、アメリカ国内で政治的に取り返しのつかない致命的な打撃となった。重装備と火器を現地のアメリカ軍に供給しなかった失敗は、無能で愚かな決定の例としてしばしば引き合いに出される。また、人が過密状態の都市環境での白昼の作戦実行は、奇襲攻撃ができず、暗闇に身を隠すこともできないため、非常に危険な任務になったとも指摘された。

アスピンは律儀に、重火器を補充しなかった決定は自分ひとりが下したものだと認めた。しかし、誰であれ国防長官の立場にある者が、ホワイトハウスに知らせることなく、あるいはホワイトハウスからの指示もなく、そうした決定を下すということ自体が驚くべきことだ。アスピンは一二月に辞表を提出し、一九九四年二月に退任した。後任は副長官のウィリアム・ペリーだった。

アメリカは今でも「アフリカの角」に大規模な特殊部隊を維持し、アルカイダや他のイスラム主義組織に対する作戦を実行している。アイディドは一九九五年にソマリアの大統領になり、翌年、銃撃による負傷がもとで死亡した。ソマリアが紛争地域であることは今も変わらず、機能しない政府によって生じる人道危機への対処がいかに大きな困難を強いるかを象徴している。

私は二〇一四年刊行の著書『*A Handful of Bullets*（ひと握りの弾丸）』で、機能しない政府は社会全体にとって最大の脅威になると論じた。それは、第三世界や第四世界の国でも、アメリカやヨーロッパの先進国でも変わらない。「新世界無秩序」の時代に入った世界で起こっている出来事が、間違いなくこの結論を裏づけている。実際に、ソマリアでは大勢の人々が絶望のあまり、海賊となる道を選んだ。

モガディシュでの戦闘が両サイドにとって悪い結果につながったように、ユーゴスラヴィアの状況も同じように複雑で、そこに住む人々にとっては、もしかしたらもっとひどい状況だったかもしれない。一九九一年からの一〇年間に起こった一連の紛争が、旧ユーゴスラヴィアを荒廃させ、破壊した。

スロヴェニアでの紛争（一九九一）
クロアチア独立戦争（一九九一〜九五）
ボスニア・ヘルツェゴヴィナ紛争（一九九二〜九五）
コソボ紛争（一九九八〜九九年）、NATOの空爆を含む
プレシェヴォ渓谷での武装蜂起（一九九九〜二〇〇一）
マケドニア共和国での武装蜂起（二〇〇一）

国連もNATOもこれらの紛争に深く関わることになった。とくに重要なのは、セルビア人によるコソボ系住民の殺戮を止めるため、一九九九年にNATOが介入したことだ。しかし、その前例となったのは、それより早く起こった紛争だった。この地域には虐殺や殺人がはびこっていた。その後、一九九〇年代初めから半ばにかけてのNATOによる飛行禁止区域の設定と空爆により、一九九五年一一月のデイトン合意に至る。これによって、多少なりとも、また一時的ではあるものの、平和が訪れた。そして、六万の兵力から成る外部の平和維持軍が旧ユーゴスラヴィアに派遣された。

一九九九年という年は、クリントン一家にとって恵まれた一年ではなかった。一九九八年一二月一九日に、下院が大統領の弾劾案を可決した。モニカ・ルインスキーとポーラ・ジョーンズとのスキャンダルで、クリントンが宣誓下で偽証したことを、「重大な犯罪であり不品行」と判断してのことだ。二月一二日、上院はこの二つの弾劾案に関してはクリントンを有罪としないことを票決した。同じこ

ろ、四月二三日と二四日にクリントンの主催で開催される予定のワシントンDCでの首脳会議で、一九四九年に創設されたNATOの五〇周年の祝賀行事と、ワシントン条約の署名式を行う計画が進められていた。

しかし、上院での投票とNATO会議の間に、コソボで進行中の事態に対処するため行動を起こさなければならなくなった。「民族浄化」——虐殺の婉曲表現——が手に負えない状況になり、すぐにも止める必要が生じたのだ。それに先立つ状況はすでに述べたとおりで、この件についての詳細は、この紛争について書かれた多くの記述を参照してほしい。しかし、手短にまとめるなら、この前年の一九九八年六月九日、ユーゴスラヴィアとセルビアのコソボ人に対する残虐行為に対して、クリントンはこのコソボの状況はアメリカにとっての「国家非常事態」であると宣言していた。一九九八年九月二三日、UNSCR一一九九が承認される。セルビア人が支配的なユーゴスラヴィア軍による度を越えた無差別の武力行使で、二三万人以上のコソボ人が国外脱出を余儀なくされたという悲惨な報告を受けてのものだ。国連決議は憎悪に満ちた攻撃をストップし、即時に停戦することを要求した。翌日、NATOの最高意思決定機関であり、加盟各国の上級代表者で構成される北大西洋理事会（NAC）が、コソボ人の強制退去と殺戮を止めるための空中作戦の準備として、「起動警告」を発した。

その一方で、停戦の手はずを整える目的でシャトル外交も開始された。その努力を後押しするために、一〇月一三日、NACは虐殺を止める目的で、四日以内にユーゴスラヴィアで限定的・段階的航空作戦（空爆）を開始できるように起動命令を発した。この脅しは効果があった。一〇月末にセルビア軍はいったん撤退を始める。しかし、一二月には停戦が破られて戦闘が再開し、年をまたいでさらに激化した。その後、一九九九年二月六日、フランスのパリ近郊のランブイエで新たな停戦交渉が開始される。その間も殺戮は続き、ラチャクの虐殺で四五人のコソボ系アルバニア人農民がセルビア人によってひとまとめに処刑された。

一九九九年三月一八日、アルバニア、アメリカ、イギリスの代表がランブイエ協定に署名した。しかし、ユーゴスラヴィアとロシアの代表は署名を拒否した。状況は急速に悪化する。三月二二日、欧州安全保障協力機構（OSCE）の国際監視団が、安全が確保できないという理由で現地を引き揚げ、NATOによる空爆は避けられない状況となった。交渉が行き詰まり、戦争の脅威が差し迫ると、ユーゴスラヴィアは非常事態を宣言し、軍の動員を開始した。

一九九九年三月二三日の夕刻、NATOのハビエル・ソラナ事務総長が欧州連合軍司令官を務めていたアメリカ陸軍のウェズリー・K・クラーク大将に、「ユーゴスラヴィア連邦共和国に対する航空作戦の開始」を命じた。NATOの空爆は一九九九年三月二四日から六月一一日まで、七八日間にわたって続いた。「砂漠の嵐作戦」のような大掛かりな空爆ではないということで当初、この作戦は〝針の一刺し〟と表現されていた。セルビアのスロボダン・ミロシェヴィッチ大統領が降伏を拒否したため、攻撃は継続された。

肯定的な側面に目を向けるなら、（当時の）NATO加盟一九国が全会一致で軍事行動に合意できたことは評価できる。バルカン紛争はヨーロッパの裏庭で起こる残虐行為として、NATOとEUを悩ませていた。デイトン合意は一時しのぎにすぎなかった。旧ユーゴスラヴィアとセルビアの政府による虐殺の犠牲者数は、ヒトラーのナチスが数百万の人々を殺して以来の数字だった。ヨーロッパはいよいよ行動を起こさずにはいられなくなった。

否定的な側面を見れば、NATOにはセルビア軍を壊滅させる軍事力はあったものの、限定的な空爆とさらなる攻撃の脅しという圧力だけでも、ミロシェヴィッチは観念するだろうという考えから、攻撃規模をかなり抑えていた。一九九五年の軍の準備命令は一時的ではあったものの停戦につながったが、実際に空爆を始めてみると、地上軍の投入またはその脅しなしでは、効果がないことが明らかになった。とはいえ、ソマリアでの悲劇的な出来事と、それ以前の他の軍事介入での失敗から、クリントンが新たな地上戦の泥沼に陥ることを恐れるのももっともなことだった。

さらに、この空爆は国連の安保理決議を経ていなかったため、攻撃の正当性に疑いを残した。このことが、加盟国以外の国にNATOの空爆に対する反対の声を築いていった。数日で終わるはずだった作戦が長引いたことも、さらなる政治的苦境を招く。空爆開始直後にワシントンで開かれたNATO首脳会議で、とくにそれが顕著だった。当時のNATO関係者で、空爆にどれだけの効果があるか、効果が出るまでにどれくらいの期間が必要かについて、確かな考えを持つ者はひとりもいなかった。

NATOはセルビア軍の装甲車両と火器の大部分は破壊されたと主張した。しかし、そうした主張はかなり誇張されていたことがあとでわかった。セルビア軍はダミーの車両と火器を使って、同盟軍の射手をうまくあざむき、本物の重火器を監視の目の届かないところに隠していた。これがおそらく、ミロシェヴィッチが比較的長い間、抵抗できていた理由の一つだろう。

首脳会議が開かれたのは、爆弾やミサイルがセルビアとベオグラードに降り注いでいる最中のことだ。五月七日、中国大使館がミサイルで爆撃された。大使館の場所は地図上にはっきり記されていたので、中国は猛烈に抗議した。NATOとアメリカはこれが大変な標的ミスによる誤爆だったと主張し、謝罪した。すべての任務、実質的にほぼすべての兵器は厳密に制御されていることから、誤爆などはありえないという皮肉たっぷりな見方をする者もいた。この「間違い」は、本当は中国への警告だったと示唆する者もいた。また、空爆作戦を中止させるために、意図的に大使館を攻撃したのだと信じる者もいた。

クラーク大将はこの作戦を通じて、より集中的な空爆と、少なくとも地上部隊の投入の脅しをかける必要があると訴えていた。しかし、彼の主張はホワイトハウスでは好意的に受け取られなかった。クラークとクリントンは同じローズ奨学生としてオックスフォードで学んだが、当時は互いのことを知らなかった。ホワイトハウスはクラークがもうひとりのアレクサンダー・ヘイグとして大統領選出馬の野心を持ち、したがって政治的信用を高めようとしているのではないかと疑っていた。この衝突が、コソボでの作戦終了から数ヵ月後に、クラークが早期退任をする原因となる。

最後には、ようやくミロシェヴィッチも態度を軟化させた。おそらく地上軍投入の脅しをかけ続けていたことと、ロシアからの圧力が功を奏したものと思われるが、ミロシェヴィッチの降伏の正確な理由はわからないままだ。結論を言えば、この紛争では、必要な戦力はすべて投入するという決断ができないために、効果的な戦い方が制限されてしまっていた。空爆は七八日よりもっと長く続いていた可能性もあったのだ。

一九九九年五月、ニューヨーク州ウエストポイントの陸軍士官学校で。

毎年、ウエストポイントの社会科学部では、「シニアセミナー」を開催する。この学部はブレント・スコウクロフト中将をはじめ、多くの傑出した将校を輩出した知性の故郷として陸軍全体によく知られている。五月のセミナーで、この学部の卒業生でローズ奨学生でもあったウェズリー・クラーク大将（WC）が、滞在していたベルギーのモンスの本部と士官学校をつないだ電話会議という形で、集まった小人数のセミナーグループに語りかけた。これはセルビアと旧ユーゴスラヴィアに対する空爆が最終局面に近づいた時期のことだった。

WC（作戦の進展状況についての最新情報をまとめて）知ってのとおり、空爆だけで勝利できることはめったにない。私は議長（陸軍のH・H・シェルトン大将）とホワイトハウスに、地上戦力投入の必要を訴えたが、聞き入れられなかった。脅しだけでは効果がない。実際に配備可能であることを見せなければならない。

HKU（クラークには参加者の姿は見えず、声だけを聴いている）将軍、ハーラン・ウルマンです。一九の同盟国から合意を得なければならない状況で戦争を遂行するのがどれほど大変かはわかっています。それに、ホワイトハウスが地上戦力を投入することをしぶっていることは、秘密でもなんでもありません。その一方で、あなたもご存じのように、メディアはなぜ小国のセルビアがNATO連合軍に対して持ちこたえているのかという、かなり核心に迫る質問を投げかけています。

ミロシェヴィッチに退陣を迫るために必要なことをホワイトハウスに聞き入れさせるには、

何が必要だと思いますか？

WC　よい質問だ。私は全力をつくしている。私自身の立場を危うくすることで状況が変わるのであれば、そうするつもりだ。

◆

ようやく地上戦の脅しの効き目が表れた。ロシアは最初からセルビア側につき、空爆作戦には反対していた。しかし、ロシア政府も暴力を止めたいという思いは同じで、伝えられるところによれば、ミロシェヴィッチに対して、もしNATOの要求を受け入れなければ、地上戦への突入は避けられないだろうと警告したとされる。ミロシェヴィッチはついに降伏した。

クラークは実際に自分の地位を犠牲にした。NATO軍司令官だったクラークは、アメリカ国内の指揮系統からは外れていた（アメリカ欧州陸軍の司令官ではあったが）。彼がNATO司令官としての権限を行使したことは、国防総省内では評判が悪かった。作戦が終わったあとのNATO会議で、クラークは通常の三年の任期を満了する前に、早期退任することになるだろうと告げられた。さまざまな要因のなかでも、クラークの地上部隊投入の要求に加えて、そうした感情的なしこりが、彼を早期に退任させるホワイトハウスの決定につながった。

クリントンはアメリカの国力と影響力が、第二次世界大戦終結時に次ぐほどの高まりを見せた時期に大統領になった。彼の政権に最も大きな影響を与えた安全保障上の問題は、人道的危機をもたらす紛争から生じた。とくに重要だったのは、ルワンダ、ソマリア、アフガニスタン、そして旧ユーゴスラヴィアだ。それらに比べれば、ハイチの状況は比較的簡単に対処できた例となる。

ユーゴスラヴィアの危機は、ジョージ・H・W・ブッシュ政権の置き土産だった。この紛争から得られるほとんど自明ともいえる大きな教訓は、内戦や紛争のさなかへの介入はどんなものであれ、政権を悩ませるものになり、危険に満ちているということだ。一九九四年初めのルワンダのように、もし何の介入もなされなければ、数十万人の犠牲者が出るだろう。ソマリアの場合は、軍事介入が「ブラックホーク・ダウン」につながった。その夜の銃撃戦は対等な戦いではまったくなかったが、一八人のアメリカ人兵士が死亡し、六〇人近くが負傷したことは、アメリカにとっては大きすぎる代償だった。もちろん、犠牲者の大部分はソマリア人だったのだが。

コソボ系住民の虐殺を止めるための一九九五年のデイトン合意と、一九九九年の空爆作戦は、旧ユーゴスラヴィアでの和平がどれだけ困難であるかを思い知らせた。このときの空爆作戦が、最低限の戦力だけでは不十分だと証明したことは間違いない。この介入は失敗にはならなかったが、もっと効果的に目標を達成すべきだったし、そうできたはずだった。もし地上部隊が最初から投入されていれば、実際にそうなっていただろう。セルビア軍はNATO軍を巧みに誘導してダミーの標的を攻撃させたので、作戦はNATOが考えていたよりはるかに効果が少なかった。ここでの教訓は、知識と正確な情報が不可欠だということだ。

ハイチは武力と外交が効果を発揮した例だ。一九九三年一〇月、アメリカ海軍の戦車揚陸艦「ハーラン・カウンティ」(LST1169)が、平和維持軍の人員を乗せてポートプランスの港に係留しようとした。しかし、ハイチ人の群衆が暴動を起こす勢いだったため、おそらくはソマリアで起こったような事態を避けるために、船は方向転換して港を離れた。アメリカ海軍の船が攻撃の脅しを受けて引き下がらざるをえなくなった映像が流れると、クリントン政権は厳しい批判を浴びた。「ハーラン・カウンティ」は海兵隊員と装備を上陸させるための船であり、本格的な戦闘のための火器を備えていなかったことには留意すべきだろう。しかし、その区別はそれほど重要ではない。

一九九四年一二月、国連決議の成立を受け、クリントンは必要であれば和平を強要するため、第一八軍団をハイチに送ることを決定した。第八二空挺師団と第一〇一空挺師団から成る軍団だ。瀬戸際の外交努力として、クリントンはジミー・カーター元大統領とコリン・パウエル元統合参謀本部議長（すでに退役していた）、サム・ナン元上院軍事委員会委員長をハイチに派遣した。彼らの仕事は、ハイチのラウル・セドラ将軍に退陣と国外退去を迫り、正当な手続きで大統領に選ばれたジャン＝ベルトラン・アリスティドを復権させることだった。

この任務について回顧録『マイ・アメリカン・ジャーニー』に書かれているパウエルの説明は、説得力がある。何時間も続いた交渉の末に、三人のアメリカ人が勝利した。パウエルからアメリカが使用するだろう火器の威力がどれほどすさまじいかを聞かされ、また、セドラと妻にとって誤った大義のために死ぬことは名誉ではないと説得され、セドラは引き下がった。武力行使の意図に裏打ちされた外交が、明らかに強い影響力を及ぼしたことがわかる。

クリントン時代の武力行使の記録は比較的地味で内容はさまざまだ。世界の状況は頭を悩ませるものではあったが、なかでもNATOの拡大をめぐる対応が、彼の最も議論を呼ぶ政策決定となる。一九四九年四月の北大西洋条約（ワシントン条約）に署名した一二のNATO加盟国が二九ヵ国（二〇一七年にモンテネグロの加盟がようやく承認された）に拡大する経緯については、ここで詳しく説明する必要はないだろう。クリントンの戦略的思考に関係の深い問題のうち、とくに大きなジレンマとなったのは、NATOの境界線が東へと移動していくなか、ロシアとどう向き合うかだったことは間違いない。

ジョージ・H・W・ブッシュは旧ワルシャワ条約機構加盟諸国の民主主義への移行を助けるという点では大きな貢献をした。一九九〇年にロンドンで開かれたNATO首脳会議に、ハンガリー、ポーランド、ルーマニア、ブルガリア、ロシアが招かれ、NATOとの外交関係を結んだ。一九九一年には、北大西洋協力会議（NACC）が発足した。これがのちに欧州大西洋パートナーシップ理事会になる。それとともに、ブッシュはロシアのゴルバチョフとボリス・エリツィンとの友好関係を築いた。さらに、ロシアが財政危機に直面した一九九二年には資金を提供した。その良好な関係を続けるかどうかは、クリントン次第だった。NATOは発足から何度かにわたって拡大してきた。一九九九年にはポーランド、ハンガリー、チェコ共和国が加わり、加盟国は一九になっていた。

一九九九年のワシントンでの首脳会議の最大の成果の一つは、加盟希望国の正式な申請に際しての評価の指針として、「加盟のための行動計画（MAP）」を承認したことだ。そのなかで五つの基準が設けられた。

- 国際紛争、民族紛争、または領土獲得をめぐる紛争を平和的手段で解決する意志を持ち、法のルールと人権を守り、軍隊を民主的に統制する

・NATOの防衛と使命に貢献する能力を有する
・加盟国としての責任を果たすため、NATO軍に十分な資源を提供する
・重要な情報を確実に保護するための安全措置が整っている
・NATOへの協力が国内法に適合している

一九九七年に「基本文書」が調印され、二〇〇二年にNATO・ロシア理事会が設立された。しかし、繰り返して言うが、ロシアとどう向き合うかをめぐるジレンマは解決したわけではなかった。そのジレンマが現在、表立った問題を引き起こしている。ロシアとNATOは明らかに軍事競争のさなかにあり、二〇一四年初めにロシア軍がウクライナに軍事介入し、クリミアを併合したことで、控えめながらも双方が兵力増強を進めている。

一九九〇年代を通じて、NATO拡大の是非を問う議論は白熱していた（今ではその記憶は薄れているが）。クリントン政権は潜在的パートナーを広げるための手段として、「拡大と関与（Enlargement and Engagement）」政策を採用した。ホワイトハウスが世界の安全に役立つと考えた政策の一つだ。クリントンと彼の政権は、人権の擁護を積極的に推進していたが、それはバランスが求められる行動だった。人道的な理由による介入は、道徳的には議論の余地がなく、したがって、たとえ現実的でも達成可能でもなかったとしても正当化される。しかし実際には、その選択が簡単であることは決してなく、相当のリスクを負うことになる。

クリントンの大統領としての決断の結果が示していたように、武装蜂起や内戦のさなかへの介入は

厄介で予想ができない。「次はどうする？」の問いに、答えが出ないこともしばしばだ。「砂漠の嵐作戦」後のイラク北部、そしてハイチでは、治安はそれほど大きな問題にならなかった。セルビアとソマリアでは、状況はまったく異なった。人権侵害への懸念が民主主義への強い支持につながり、レーガンのような共和党員も、カーターのような民主党員も、同じように民主化への支持を表明した。NATO拡大に関しては、人権と民主化に基づいた議論が、影響力を高める役割を果たした。拡大のための鍵となる議論をまとめても、すべてを公平に評価することにはならないだろう。しかし、主要なポイントとして次のことが挙げられる。

第一に、集団防衛が不可欠であることは変わらなかった。NATO加盟国の拡大はヨーロッパの安定と自由と平和に大きく貢献すると期待された。第二に、加盟を果たすには、確固たる民主制度、法の遵守、人権への尊重を高めることが求められ、促される。第三に、加盟国になれば国家間の紛争解決の意志を持ち、実際に解決が容易になるだろう。それが政治的、法的、経済的に異なる地域間の安定につながる。第四に、加盟のためのコストはそれほど大きくない。新たな加盟国の軍事力は大国のそれには遠く及ばないが、NATO外縁部の安全保障環境が改善するだけでも役に立つはずだ。それに、当時のロシアは敵やライバルではなく、パートナーとみなされていた。最後に、拡大は「域外」に軍を派遣する必要が生じた場合に、外国の基地へのアクセスが容易になる。一九九〇年代半ばのNATOの非公式のスローガンは「域外か、役割の喪失か（out of area or out of business）」で、ヨーロッパ域内あるいはヨーロッパに対する脅威は存在しなかった。

拡大反対の主張も同じように強かった。それは、一九九七年六月に多くの外交政策専門家が連名でクリントン大統領に送った書簡に要約されている。ビル・ブラッドリー、ゲイリー・ハート、サム・ナンらの上院議員、またロバート・マクナマラ元国防長官、ジャック・マトロック元駐ソ連米国大使も名を連ねていた。その書簡は、ロシアをどう扱うかを考慮しないままでのさらなる拡大は、「歴史上で類を見ない失策」になるだろうと警告した。ロシアがどう反応したかについてのはっきりした記録はないが、ゴルバチョフもエリツィンも、ロシアは長期的な見地からこの拡大を歓迎しないと厳しい口調で訴えていた。

現在、ウラジーミル・プーチンは、NATOがロシアを包囲するように東に拡大していると強く非難しているが、その主張は彼の前任者たちの反応を繰り返したものだ。ゴルバチョフはブッシュ・シニアとの間で、アメリカは拡大を後押しすることも、新しい加盟国にアメリカ軍を常駐させることもないと合意に至っていた、と述べた。ジョージ・W・ブッシュ政権の高官は、それを否定した。何か妥協があったとすれば、アメリカは東欧の加盟国に一旅団を超える配備はしないということだ。それでさえ、ロシア政府は異議を唱えた。

ロシアというジレンマの対処に失敗したほかに、NATOの拡大は、北大西洋条約第五条が定める集団防衛の拡大も意味した。冷戦時代には、もし戦争が勃発し、核戦争に発展しても、多くのアメリカ人はボンとボストンを交換しようとは思わなかった。幸いにも、冷戦は熱い戦争にはならなかった。現在は、批判家の目からすると、軍事力の乏しい新たな加盟国がアメリカの救援に駆けつけるという第五条の保証は説得力を持たないし、アメリカがバルカン諸国やバルト諸国のために戦争のリスクを冒しても、十分な補償は期待できないだろう。こうした新たな加盟国の兵士の多くが、この一五年ほどの間にアフガニスタンで戦死してきたことも（とくにバルト諸国とルーマニアからの兵士が多く、アメリカよりも犠牲者の割合が多かった）、第五条についての懸念を和らげることはなかった。二〇一六年のアメリカ大統領選挙戦中にはっきり指摘されたように、その年に、NATO加盟国のうち少なくともGDPの二パーセントを防衛費に拠出するという目標を達成したのはわずか五ヵ国だけで、アメリカが同盟の防衛に不公平な重荷を背負っていることは明らかだ。

現在のNATO、アメリカ、ロシアの関係についての議論は、最終章で取り上げることにする。しかし、私の見解を述べておくとすれば、ブッシュ（シニア）政権時代に始まり、クリントン政権で加速したNATOの拡大は、健全な戦略的思考の欠如を露呈するものだった。別の言い方をするなら、NATO拡大は長期的な地政学的影響への考慮よりも、政権の姿勢と、民主主義と人権尊重を広めようという野心により大きく影響されたものだった。

ロシアが欧米スタイルの民主国家になる見込みはなかった。よく知られているように、それは社会的、歴史的、文化的、政治的、思想的理由によるものだ。いずれどこかの段階で、敵に取り囲まれているという特有の恐怖心と強い嫌悪が引き金となって、ロシアはツァー時代のように、自国の安全が脅かされていると感じる。ゴルバチョフ、エリツィン、プーチンはみな、こうした懸念と不安を口にしてきた。おそらくクリントン政権は、他国への悪意を持つことなく、まったくの善意から、ロシアとの関係を永続的に平和で友好的なものにとどめられると感じたのだろう。

こうした仮定は完全に間違っていた。この誤った仮定がジョージ・W・ブッシュ政権をさらに間違った方向へと進ませる。ABM条約脱退と、アフガニスタンとイラクへの武力攻撃がその例だ。後者については、プーチンが強く警告していた。バラク・オバマはロシアとの関係の「リセットボタン」を押すという発言にもかかわらず、米ロ関係を急速に後退させる。この関係の悪化には、プーチンだけでなく、三代のアメリカ大統領それぞれにも責任があった。

私はこれまでの二冊の著書で、異なるアプローチを支持した。「平和のためのパートナーシップ（PfP）」は、新たなメンバー国を協調させ統合するという点で、NATOの拡大よりも優れたメカニズムを提供するように思えた。第五条による保証の必要はなくなるだろう。新たな加盟国との疑似軍事同盟によって、相互運用性を確立するほうが、実現性が高く、障害の少ない道になると思われた。EUこそが、拡大のための第一候補になるべきだったのだ。

NATOは一六加盟国の時代にはうまく機能していた。二九国にまで増えた現在は、必要とされる合意、つまり全会一致の合意に達するのはむずかしく、場合によっては不可能だ。加盟各国の軍隊の協力、統合、運用の標準化に特徴づけられるもっと緩い連携による組織化だけでも十分だっただろう。国際的な連携が必要なときには、この構造が最もよく機能するはずだった。NATO内の主要国が責任のほとんどを負うだろうからだ。

残念ながら、戦略的思考を正しく用いなかったために、長期的にどのような結果が見込めるかが完全には理解されず、NATO拡大の欠陥――ロシアとの関係――は無視または否定されたばかりか、新たなメンバーを加えることで同盟が劣化することを許してしまった。そのため、深刻な矛盾がさらに複雑化し、それが現在、NATOの構造にとって致命的になりかねない弱みとなっている。これに対する修正策は見えてこない。

クリントン政権はもっともなことながら、紛争が続くなかで人道的危機に介入することについては苦悶した。こうしたケースでは、どんな決断を下そうと、悪い選択かより悪い選択のどちらかでしかない。優れた解決策、簡単な解決策などはないのである。戦略的思考は不可欠だったが、どれほど知恵があっても人道的危機の惨状に歯止めをかけることはできなかっただろう。

クリントンは「ボトム・アップ・レビュー（BUR）」も実施した。これは将来のアメリカ軍を定義する学術的演習としてはすばらしかった。しかし、予算の制限が設けられ、健全な戦略的思考に基づいたものではなかったという点で、このBURは失敗だった。前述したように、その最大の失敗はほとんど見境のないNATOの拡大を容認したことにある。ロシアをどう扱うかについて、誰も「次はどうする？」の問いに取り組まなかった。

旧ユーゴスラヴィアに対するあまりに長引いた空爆も、同じように戦略的思考、さらには情報活動の誤りの結果だった。空爆の効果がかなり過大評価されていたのだ。カーター、ナン、パウエルをハイチに派遣したときにクリントンも理解したのではないかと思うが、外交は武力行使の脅しを効果的に使ったときに最もうまくいく。一九九九年にはそれが起こらなかった。空爆だけの作戦は、失敗が目に見えていた。クリントンと彼のチームはそのことに気づいて、地上部隊を送るという脅しをもっと早くかけるべきだったのだ。

武力行使に関連したクリントンの大統領としての実績の最後の側面は、アルカイダ、イラク、そしてインドとパキスタンの核保有の野望に関してのものだ。アルカイダは一九九三年に世界貿易センター爆破事件を起こした。ＣＩＡとＦＢＩはこの組織について、またこの組織がアメリカにもたらす脅威については認識し、動きを追っていた。さらに一九九八年八月七日、アルカイダはケニアとタンザニアのアメリカ大使館の爆破計画を実行に移し、一二人のアメリカ人と約三〇〇人のアフリカ人を殺した。

アフガニスタンでビンラディンを捕らえるため特殊部隊を派遣するかどうかを慎重に検討した結果、ホワイトハウスはトマホーク巡航ミサイルで報復するという手段を選んだ。一九九八年八月二〇日、アフガニスタンのビンラディンのキャンプと思われる場所と、スーダンの化学兵器製造工場と疑われる場所を標的にミサイル七五発が撃ち込まれた。スーダンはビンラディンがサウジアラビアを離れたあとに住んでいた国だ。ミサイルはビンラディンを殺すことはできなかった。そして、化学兵器工場と疑われた場所は、実際にはラウンドアップという除草剤を製造している工場だった。

このときの奇襲攻撃は、野球でたとえれば「ノーヒット、ノーラン、エラー多数」のようなものだった。おそらく、そのあまりの効果のなさが、アルカイダを大胆にさせた。アメリカには地上軍を送るつもりはないのだと確信し、それを弱さの表れと見てとったのだ。それでも、ソマリアでの失敗を繰り返すことを恐れたクリントンは、アメリカ軍を不必要な危険にさらしたくはなかった。

イラクへの反応は違った。一九九八年の暮れ、サダム・フセインは国連の兵器査察団の活動を妨害し始めた。国連は新たな非難決議を採択した。クリントン政権はフセインを罰して国連決議に従わせるには、武力行使の必要があると決断した。

「砂漠の狐作戦」が一九九八年一二月一六日から一九日にかけて実行された。フセインの宮殿と、大量破壊兵器の保有場所と思われる標的に対する空爆とミサイル攻撃だ。アメリカ中央軍のタフで知的なアンソニー・C・ジニ海兵隊大将は、この作戦でフセインが持っていたかもしれないWMDは何であれ排除できたと信じ、作戦は非常に効果的だったと判断した。その結論が正しかったことは五年後に確認された。イラクがアメリカ主導の連合軍に占領されたとき、WMDはまったく見つからなかった。

当時、私はFOXニュースのコメンテーターとしての活動を始めていた。一九九八年五月にインドが核実験を実施したあと、キャサリン・クリア（CC）がメインキャスターを務める番組に出演した。論点は、パキスタンがどう出るかだった。その部分ではパキスタンの情報大臣も出演した。しかし、何らかの理由で、予定の時間より早く切り上げられてしまった。私はイスラマバードとの回線はつながったままなのかどうかたずねた。つながっていると聞き、情報大臣にパキスタンの反応についてコメントを求めた。パキスタンも自前の兵器の実験をするとはっきり宣言はしなかったものの、大臣の言葉はそれをほのめかすものだった。ホワイトハウスはといえば、ナワーズ・シャリフ首相に核実験をしないように圧力をかけただけで、パキスタンはおとなしくしているだろうと楽観的に構えていた。私は番組で得た情報をNSCの高官に伝えたが、取り合ってもらえなかった。それから一週間ほどあとの一九九八年五月二八日、パキスタンははじめての核実験を実施した。

一九九八年一二月の番組で、クリアは「砂漠の狐作戦」について、私に次々と短い質問をぶつけてきた。作戦の名前は第二次世界大戦のドイツ軍の名将、エルヴィン・ロンメルを思い起こさせる［訳注：ロンメルは北アフリカ戦線での砂漠地帯を縦横無尽に疾走する活躍から、「砂漠の狐」の異名をとった］。したがって、彼がどれほど称賛されているにせよ、なぜアメリカはナチスの将軍に敬意を払わなければならないか、という点が物議を醸していた。

CC　では、砂漠の狐は？　その目的を達成したと思う？　この作戦についてあなたが最も興味深く思ったこと、重要だと思ったことは？

HKU　キャサリン、この作戦に関しては本当に注目すべき側面が一つある。〝狐〟のロンメルがどうやってジニ将軍に彼にちなんだ作戦名をつけさせたのか、だよ。

CC（笑いをこらえきれずに）　そうね……ここで……CMをはさみましょう。

第7章　対テロ戦争
──G・W・ブッシュ

アメリカの歴史のなかでもとくに激戦となった大統領選で、連邦最高裁は五対四の票でフロリダ州の得票数の再計算を終わらせ、ジョージ・ウォーカー・ブッシュを次の大統領と認めた。一般投票ではわずかな差で民主党のアル・ゴア副大統領が勝っていた。しかし、合衆国憲法に明記されているとおり、大統領を決めるのは選挙人の票数だ。フロリダではブッシュが必要とされる二七〇の選挙人票を上回った。二〇〇一年一月二〇日、ジョージ・W・ブッシュは第四三代アメリカ合衆国大統領に就任した。親子二代で大統領になったのは、彼がふたり目だ［訳注：第二代ジョン・アダムズと第六代ジョン・Q・アダムズが親子だった］。

選挙が接戦となり票の再集計をする事態となったため、ブッシュには政権移行のための期間が短かった。ホワイトハウス入りの準備をしている間、国内外の情勢が比較的穏やかだったことは幸いだった。そして、彼の国家安全保障チームの顔ぶれは、父親の政権を超えはしないまでも、少なくとも同じくらい強力な布陣といえた。そうでなければならなかったはずだ。ブッシュは経験不足という点では前任者のビル・クリントンと同じだった。彼の判断力はすぐに試されることとなる。

副大統領のディック・チェイニーはホワイトハウスの首席補佐官、下院議員、国防長官を歴任したのち、エネルギー大手のハリバートン社の会長兼CEOを務めた人物だ。国務長官はコリン・パウエル。能力、誠実さ、経験に関して彼ほど高い評価を得られる人物はほかにはそういない。国防長官のドナルド・ラムズフェルドはフォード政権時代に歴代最年少で国防長官となり、今度の政権では歴代最年長で再び同職に就いた点で際立った経歴の持ち主だ。コンドリーザ・ライスが国家安全保障担当補佐官になった。彼女はブッシュ・シニア政権で同じ職に就いたブレント・スコウクロフトの弟子だった。CIAを任されたのは民主党のジョージ・テネット。〝ブッシュ・ジュニア〟は父親の賢明な助言を当てにできるし、そうするべきだと多くが信じていた。

残念ながら、この輝かしい経歴の持ち主が集まったチームは、折り合いが悪かった。個性がぶつかり合ったのだ。チェイニー、ラムズフェルド、パウエルは強烈な個性と強固な意志を持っていた。チェイニーはニクソン政権時代にはラムズフェルドの忠実な弟子で、ふたりはそれ以来、親しい間柄だった。

チェイニーとパウエルには、ブッシュ・シニア政権時代の国防総省にさかのぼる歴史がある。パウエルは自身の回顧録で、チェイニーの国防長官としての最後の日に、別れのあいさつをしに行ったときのことを振り返っている。チェイニーは一緒に第一次湾岸戦争を勝利に導いたパートナーに別れの言葉を告げることなく立ち去ったという。パウエルが哀愁を漂わせて書いているところによると、ワイオミング州出身のチェイニーは、カウボーイのごとく、夕日のなかに姿を消していった。

共和党大会の前から、ブッシュは副大統領にふさわしい人物としてチェイニーを選んでいた。その決断がどんな結果を招くかについては目に見えていた。このライバル同士が集まるチームをコントロールするため、国家安全保障担当補佐官には自信に満ちてタフな人物が不可欠だった。コンディ・ライスでは単純に重々しさに欠けた。最後に、パウエルについて言えば、ふたりはとくに親しい関係ではなかった。これはおそらく、パウエルとブッシュとパウエルにとってのブッシュ・シニアの関係のためでもあっただろう。さらに、パウエルが選挙戦で積極的な役割を果たそうとしなかったことも、ブッシュの補佐官たち、とくにカール・ローヴを不安にさせていた。ローヴはこの政権でことさら重要な役割を果たし、大きな影響力を持つようになる。

二〇〇一年四月一日、最初の危機が訪れた。海南島上空でアメリカ海軍のP－3対潜哨戒機が中国のF－8戦闘機と衝突し、墜落したのだ。乗員は収監された（中国国内に一一日間拘留されたのちに解放された。哨戒機の返還にはもっと長い時間がかかった）。のちに、パウエルは中国との交渉の先頭に立ち、ブッシュの政策担当補佐官たちを怒らせたらしい。パウエルはCNNのインタビューで、この一件を指してではないものの、「少しばかり前のめりになりすぎていた」と認めた。リチャード・アーミテージ国務副長官は、夏の間、パウエル（と国務省）は必要なとき以外はホワイトハウスによって「冷蔵庫にしまい込まれている」状態だったと表現している。

ブッシュにとっての最優先課題は、経済を刺激するための一・二兆ドル規模の大型減税だった。残念ながら、九月一一日以降に始まった戦争とその結果の国防支出の急増が減税と重なり、国の財政赤字はブッシュ政権時代に倍に膨れ上がる。この継続的な赤字の拡大は将来の政権にも引き継がれ、現在は二〇兆ドルという額に達しようとしている。これはアメリカの国内総生産とほぼ同じほどの額だ。

国防に関しては、ブッシュはアメリカ軍を二一世紀型の軍隊に変える決意を固め、そうすることを公約していた。軍の変革はペンタゴンの議題のトップに置かれた。しかし、重要な問題は、何を変革するのかだ。この目的のために、具体的な計画は何一つ考えられていなかった。変革は行動に移さなければならない単なる選挙公約にすぎなかった。

アメリカのライバルとなる国は存在しなかった。ロシアは友好的で、NATOの拡大はヨーロッパの安定を約束するものだった。北朝鮮はつねに懸念材料で、核兵器保有の野心を持つ厄介な国ではあったものの、一九五三年の朝鮮戦争休戦以来、抑止がうまくいっていた。イランはイスラエルの天敵であるヒズボラを支援していることから、テロリズムの最大のスポンサーとみなされた。しかし、イスラエル軍とイスラエルが公然と保有している核兵器は、イランの軍事力を圧倒していた。

旧ユーゴスラヴィアは総じて安定した状態にあった。タリバンは暴力的で抑圧的な支配者として不気味な存在で、「アルカイダ」とその指導者である「オサマ・ビンラディン」の名前は情報機関には知られていたものの、アフガニスタンがアメリカにとって直接的な脅威になるとは考えられていなかった。しかし、選挙戦中にブッシュに助言をしていたネオコン（新保守主義者）たちにとっては、世界はそれほど穏やかには見えなかった。

ネオコンたちは、サダム・フセインを目前にある明白な危機とみなし、体制転換がこの脅威を終わらせる唯一の方法だと主張した。議会もこの考えを支持し、一九九〇年代末にフセインの追放を求める法律を通過させた。北朝鮮も単にイライラさせられる存在以上の脅威になりつつあった。とくに北朝鮮政府の核兵器保有を阻止するはずだった一九九四年の合意が隠れ蓑にすぎなかったとわかってからは。イランはアメリカを「大悪魔」と呼んで敵意をむき出しにしていたが、シオニスト国家のイスラエルの破壊を繰り返し叫んでいることも、ネオコンには深刻な脅威と受け取られた。彼らネオコンにとって、強い軍隊とそれに見合う骨太の外交政策が、アメリカと同盟国の安全を確かにするための唯一にして最善の策だった。

このように、国際環境は比較的安定していたものの、ブッシュは一九六〇年のJFKと同じように脅威を選挙戦の道具にした。ただし、JFKは存在しないミサイルギャップを持ち出したが、ブッシュはアメリカ軍再建の必要が差し迫っていると訴え、それを実現することが変革の目的になった。

副大統領候補で元国防長官のディック・チェイニーは、選挙戦中には厚かましくも、アメリカ軍に「助けが向かっている」と約束していた。国防総省は実際には共和党が選挙戦中に警告していたほど窮地に陥っていたわけではない。しかし、ネオコンたちの力強い訴えは、軍事力がブッシュ政権の成功の基礎になるだろうと思わせた。最終的にはそれが、ブッシュをアフガニスタンとイラクでの袋小路に追い込むのである。

変革は深刻なジレンマをもたらした。とにかく驚くほど計画の詳細を欠いていた。変革が何を意味するか、どこに向かっているのかを正確に定義する者はいなかった。変革の目的として挙げられた内容は、陳腐さだけが目立った。共同作戦を強化する、アメリカの情報戦での優位を活用する、コンセプト開発と実験を強調する、テクノロジーと研究開発、とくに情報収集を通して能力を劇的に発展させる、などだ。ペンタゴンでは、この方向性の欠如が不満を抱えた上層部からの苦々しい反応を引き出した。ラムズフェルドは軍の将校たちに方向性と指針を与えるよりも、彼らに実際的、予算的な面から変革を定義するように詰め寄るほうを好んだ。ラムズフェルドの攻撃的で意地の悪い管理スタイルは、軍の幹部の間に敵意を生み出し、それがすぐに表面化する。

ブッシュのチームは、北朝鮮やイランが将来的にヨーロッパの同盟国と、もちろんアメリカ本土を攻撃できる兵器を持った場合に、それを抑止・回避する手段として宇宙と弾道弾迎撃ミサイル（ABM）を優先した。レーガン時代の戦略防衛構想（SDI）を手本にしたものだ。しかし、一九七二年に米ロ間で結ばれたABM条約によって、ABMの開発は制限されていた。ブッシュはABM条約を一方的に脱退することを決め、ロシア政府にそう通告する。証拠を見るかぎり、この決定に際しては事前の分析がほとんどなされず、どんな影響があるかも十分に考慮されなかった。

当然ながら、プーチン大統領はこの決定を快く思わなかった。ロシア軍も同様だ。ロシア軍は原則として戦略ミサイル、短距離戦術ミサイル、核ミサイルを区別しない。ロシア人はイランや北朝鮮の兵器体系に向けられた控えめなABM体制は、自分たちの戦略ミサイルには影響を与えないだろうと理解していた。しかし、ABMによる防衛はソ連の短距離ミサイルに対しても使うことができる。ロシアの軍事政策はアイゼンハワーの戦略的「ニュールック」の派生形と呼べるものへと移行した。通常兵器よりも核兵器に重点を置いた体制だ。

ロシア人はアメリカとNATOが通常兵器ではロシアより圧倒的に優位であることを十分に理解していた。それは「砂漠の嵐作戦」でたっぷり見せつけられた。さらに、ロシア軍はおもに徴集兵で構成されていた。そして、ロシアの若者の八〇パーセント以上が身体的に軍務には不適格とされていた。

アメリカは自国のミサイル防衛がロシアにとって脅威になることはないと主張し、長距離ミサイルではなく短距離ミサイルへの脅威になるというロシア側の懸念と反論に耳を貸さなかった。残念ながら、この対話は一方通行にしかならず、すでにぐらついていた両国関係を悪化させるだけに終わった。このときの摩擦が現在まで続いている。

軍の変革の統率者として、ブッシュはリチャード・マイヤーズ空軍大将を次の統合参謀本部議長に選んだ。マイヤーズは北米航空宇宙防衛軍司令官を務めた人物で、当時は議長のヒュー・シェルトン陸軍大将に次ぐ副議長だった。皮肉なことに、政権がその軍事戦略と計画を議会が定めた「四年ごとの国防計画見直し」(QDR)に基づいて議会に提出しようとした矢先、九・一一の同時多発テロが世界を一変させた。この大事な時期のシェルトンからマイヤーズへの議長交代は不運だったといえる。それ以降の長引く戦争では、特殊部隊指揮官だったシェルトンの地上戦での豊富な経験こそが求められたはずなのに、高度な技術と宇宙に目を向けた戦闘機パイロットのマイヤーズに交代することになったからだ。

一方、ブッシュとラムズフェルドが大統領と国防長官という地位に就いたことで、変革が国防総省の原動力になった。しかし、それを具体的にどのように行動に変えるのかについても、また形式、規模、将来の戦力レベル、新しい体制など、その変革が何を意味するかについても、曖昧なままだった。ラムズフェルドの不愛想でとげとげしい管理スタイルへの軍の高官たちの不満の声が、ラムズフェルドは国防長官にふさわしくないという相次ぐニュース記事につながった。否定的な記事の内容はエスカレートし、二〇〇一年の夏には、ラムズフェルドのペンタゴンの舵取りがいかにひどいかが報じられ、おそらく彼が最初に解雇される閣僚になるだろうとまで書かれるようになった。

その間もずっと、「国防計画見直し」の作成は続いていた。発表は九月三〇日の予定で、最終草稿は九月一〇日に承認された。しかしその翌日、すべてが変わった。ニューヨークの世界貿易センターとワシントンＤＣ郊外の国防総省への攻撃は、歴史の流れをすっかり変えてしまう。そして、このテロ攻撃は傷ついたラムズフェルドを、尊敬を集めてやまない、無敵にも見える「戦争大臣」に変えたのだ。

変革は、この世界的テロに対する新しい戦争をどう戦うかについての、決定的ヴィジョンとまではいわずとも、力強いスローガンとなる。ツインタワーがまだ炎上している間に、「国防計画見直し」はこのすべてを揺るがす出来事を考慮に入れ、すぐに書き直されることとなった。九月三〇日に発表された最終版では、変革という言葉は一六ページ目にようやく登場する。

最後に、国防計画にはアメリカ軍と国防組織の長期的な変革が求められる。変革はこの新しい戦略的アプローチの核心部分である。国防総省の指導部は、新たな戦略が求められる時代とアメリカ軍が直面する国内外の障害を考えれば、省内の「通常どおりの業務」の継続は有効な選択肢ではないと理解している。変化を取り入れなければ、現在の国防計画を長期的に維持するためのコストがかかるだけとなり、現在の世界でアメリカが手に入れられる機会の多くを逃すことになるだろう。変革なしでは、アメリカ軍は姿を現しつつある脅威に対して準備を整えることができない。しかし同時に、全戦力を一度に変革しようとするのは軽率だろう。現在の脅威に対処する必要と、軍を変革することの間でバランスをとらなければならない。したがって、国防総省は明確な目標に基づいて継続的な変革プロセスに取り組み、人員の革新的精神を鼓舞する一方で、現在の脅威に対処する準備を怠らないこととする。

この宣言が明快といえるかどうか、またすぐにでも具体的な計画と行動に発展させられるかどうかは、読者にも判断できるはずだ。

ジョージ・W・ブッシュはフロリダ州サラソタのエマ・E・ブッカー小学校を訪問し、二年生に読み聞かせをしていたときに、主席補佐官のアンドリュー・カードから世界貿易センターへの攻撃について知らされた。そのときのブッシュの困惑し、放心状態に陥った様子は、テレビ映像にはっきりととらえられていた。この大胆で悪意に満ちた驚くべき攻撃は、アメリカ人におそらくその六〇年前に起こった真珠湾攻撃と同じくらいのショックを与えただろう。その日、ツインタワーが溶解し崩壊する様子と、三〇〇〇人もの命が失われたという事実が、攻撃の実行犯に対する国民の激しい怒りを引き出し、報復を求める声が高まった。

このテロ攻撃は類を見ないもので、ニューヨークとワシントンでの物理的な損失以上の、悲劇的な影響をもたらすことになる。テロ攻撃によってブッシュの大統領としての目的意識は定まった。この新しいフォーカスはひらめきと呼ぶにはあまりに強烈だった。大統領自身がこのとき、「神に与えられた使命」に従って行動するのだとほのめかした。九月一一日以前には、ブッシュ政権はまだ足元を固めていなかった。ブッシュ個人は一定の支持を得ていたものの、政権はとくに外交政策に関しては苦労しているように見えた。ブッシュはヴィジョンと目的を必要としていた。いま、それが「フリーダム・アジェンダ（自由への課題）」という明確な形になった。

ネオコンたちはそのような性格のものとは考えていなかったものの、このアジェンダは、民主主義国家は互いに対して戦争をしないという前提に基づいていた（パキスタンとインドにも聞かせたい）。アジェンダの対象となる主要地域は中東になるはずで、これによってイスラエルの安全が確保される可能性もある。ブッシュは独裁政権の国の民主化が平和と安定への道だと強く信じていた。このアジェンダは、いくつかの演説を通して広められる。ブッシュがこの「フリーダム・アジェンダ」を通して、「中東の地政学的枠組みを変化させる」ことを目指す、と言ったことはよく知られている。実際に彼はそうした。将来の世代はその結果への対処に追われることだろう。すでにこれまでのところ、その影響は破壊的なものであることが証明されてきた。

最初の標的はアフガニスタンだった。九・一一の攻撃からまもなく、オサマ・ビンラディンとアルカイダがその背景にいることがはっきりしてきた。二〇〇一年九月一二日、NATOの北大西洋理事会は、元イギリス国防相のジョージ・ロバートソン事務総長（ポートエレンのロバートソン男爵）のリーダーシップのもとで、北大西洋条約の第五条を発動させた。加盟国一国に対する攻撃はすべての国への攻撃とみなす、という集団防衛を規定した条項で、発動はこれが最初にして唯一のものだ。

その象徴的意味合いは重要だった。有志連合軍がアメリカとともに戦ったことが、軍事行動の正当性を強調した。しかし、ラムズフェルドはこの力強い条約発動に必ずしも満足したわけではない。おそらく、NATOのアメリカ常駐代表を務めたことがあったからだろう。彼はイギリス、フランス、その他いくつかの加盟国を除くと、同盟国の軍事能力には大きな差があるとわかっていた。彼が心配したのは、NATOがアメリカの単独行動を阻害するかもしれないことだった。

退任間近のシェルトン参謀本部議長のもとで、国防総省はさまざまな軍事的オプションを考案するように指示された。すでに数十の危機管理計画があったものの、アフガニスタンに対するプランはまったくなかった。ラムズフェルドが要求している対アフガニスタン戦略の立案に関しては、CIAがすでにペンタゴンよりかなり先に進んでいた。

九月一三日午前九時三〇分、ブッシュはホワイトハウスの作戦指令室（シチュエーションルーム）に国家安全保障会議（NSC）のメンバーを集めた。ジョージ・テネットCIA長官がブリーフィングを始めた。CIAのアフガニスタンでの活動の歴史は長く、レーガン政権時代にチャーリー・ウィルソンがソ連に侵攻されたこの国を守ろうと奮闘していた時期よりもっと前にさかのぼる。テネットに続き、CIAテロ対策センター長のコーファー・ブラックが、ビンラディンを捕らえるCIA計画の概要について、かなり大げさに語った。秘密工作、特殊部隊、北部同盟（反タリバンの闘争を続け、一〇年続いたロシアとの戦争でも敵を打ち破る中心的な勢力だった）の大規模な地上戦略を組み合わせるものだ。ブラックはこの計画は間違いなくうまくいく、と約束した。ボブ・ウッドワードの『ブッシュの戦争』に書かれているように、彼は芝居がかった調子で、そのあとこう続けた。「この任務を我々に与えてください……連中をたたきつぶしたときには、彼らの死体の目玉の上にハエが群がっていることでしょう」。ブラックは大統領に、アルカイダとタリバンは一心同体なので、どちらもこの作戦の標的になる、とも言った。

この前日、国民への演説で、ブッシュはのちに「ブッシュ・ドクトリン」と呼ばれる政策の基礎となるものを発表していた。アメリカはテロ行為を実行する者とテロリストをかくまう者を区別しない、という方針だ。これはテロとの世界的な戦いをあらためて強調し、将来の軍事行動をテロ実行犯だけでなくその支援者にも広げるものだった。

九月末には、ブッシュ政権はタリバンに二つの最後通牒を突きつけ、ビンラディンのアメリカへの引き渡しを要求した。それに対してタリバンはまず、ビンラディンをシャリア（イスラム法）に基づいて裁判にかけることを申し出た。ブッシュ政権はこれをはねつけた。すると、タリバンは次に、ビンラディンを第三国に送ると言い出した。この提案もまた、あっさりとはねつけられた。

九月二〇日、ブッシュはアフガニスタン情勢について国民に説明した。一〇月七日、タリバンを標的にした空爆とミサイル攻撃が始まった。当初はＣＩＡ要員と特殊部隊の約五〇人が北大西洋軍の部隊と合流し、アメリカの圧倒的なミサイル戦力のバックアップを受けて戦った。ラムズフェルドの考える軍の変革は、このアフガニスタン戦争の最前線で、数人の特殊部隊の兵士が騎兵隊さながら、完璧なムジャヒディンの装備で古代のアフガン風のサドルをつけた馬の背にまたがり、携帯電話でＢ－52戦闘機による攻撃を指示する姿に象徴される。これが新しい戦争の戦い方だった。

タリバンはすぐに敗走した。マザリシャリフが陥落し、カブールとカンダハルもそれに続いた。一一月にはさらなる特殊部隊員に加えて第一五海兵遠征部隊（ＭＥＵ）と第二六海兵連隊が送り込まれ、アメリカ、イギリス、その他同盟国の部隊も続いた。「戦争」は始まったと思ったとたんに終わっていた。

九月中に行われた初期の討議のうちから、チェイニー副大統領とポール・ウォルフォウィッツ国防副長官がふたりそろってイラクの問題を持ち出していた。しばらくの間は、イラクについては保留状態だった。しかし、ネオコンたちが一九九一年からずっとイラクを視野に入れていたのは明らかだ。ジョージ・H・W・ブッシュが「死の高速道路」の殺戮を中断し、バグダッドまで進軍しなかったときから。二〇〇二年初め、イラクは最優先課題になる。

タリバン政権のあっけない崩壊に続き、アフガニスタンを次にどうするかが差し迫った問題になった。パウエルは外交官として年季の入ったジェームズ・ドビンズをアフガニスタン特別使節に登用した。ドビンズ特使はバルカン問題での交渉にも深く関わっていたので、アフガニスタン交渉でも理想的な人物だった。チームにはさらに、将来の在アフガニスタン、在イラクのアメリカ大使、また国連大使にもなる、アフガニスタン生まれのザルメイ・ハリルザドも加わった。

国連の後押しを受けて、アフガニスタンに関するボン国際会議が二〇〇一年一一月二七日に開会した。パウエルはドビンズに、すばやく合意にたどり着くように指示を与えた。民主化という課題と国家建設を強制することが最優先ではなかった。真っ先になすべきは新たな政府の樹立だった。ボン会議は願望ではなく必要を基礎に置いて成功した国際交渉の模範となるケースだった。イランをうまく取り込むため、パウエルはイラン高官との会談を禁じる拘束を撤回していた。ドビンズはイラン政府から、テロリズムに反対し、アフガニスタンの再建を支持するという確約を得ていた。しかし、のちに明らかになるように、ブッシュ政権はこの支援を拒絶した。ボン合意は一二月五日に調印される。ハミド・カルザイがアフガニスタンの指導者に選ばれ、新政府樹立に向けての行程が具体化された。

この時点で、ボン合意は注目すべき達成だった。しかし、その瞬間は長くは続かなかった。

二〇〇二年一月二九日、ブッシュは議会の上下両院とアメリカ国民に向けて、はじめての一般教書演説を行った。この演説は、一つのフレーズで記憶されることになる。ブッシュはイラン、イラク、北朝鮮の間に「悪の枢軸」が存在すると宣言した。この名指しでの類別は、リンドン・ジョンソンが「アメリカの若者をアジアの若者の代わりに死なせたりはしない」と宣言して以来の、大きな失言であるはずだった。「悪の枢軸」演説は、大統領に影響を与える集団としてのネオコンの存在感を増した。チェイニーがブッシュを操っているということについては、あれこれ言われてきたが、この話はかなり誇張されている。ネオコンはブッシュに特定の態度を強要したことはない。しかし、彼らは大統領の「フリーダム・アジェンダ」とイラクに民主主義をもたらすという決意を支援し、力を貸してきた。ブッシュのヴィジョンとネオコンが掲げるヴィジョンが互いに支え合う二本の柱となって、「フリーダム・アジェンダ」を推進し、中東に適用していく力になった。

タリバンが倒されたのと同じくらいあっという間に、ラムズフェルドの名声がうなぎ登りになった。彼はいっとき「戦争大臣」とみなされ、国防総省での働きはきわめて優秀であると評価されることが多くなった。もちろん、当初の計画はおおむねCIAが策定したものだったが、ペンタゴンは北部同盟がタリバンを倒すために必要とした火器を提供した。しかし、ラムズフェルドがそれ以外にもっと重要な二つの行動をとったことは、あまり報じられなかった。

有能な軍事補佐官のエドモンド・ギアンバスティアニ海軍中将（のちにノーフォークの変革連合軍の司令官に昇進した）の助けを得て、ラムズフェルドはアメリカの「戦争計画」を見直すという骨の折れる作業を始めた。作戦の指揮をとる戦闘部隊の指揮官を、何十年もそう呼ばれていた「最高司令官（ＣｉｎＣ）」から、「戦闘司令官」の呼び名に改めたときには、評判がよくなかった。戦争計画は最高司令官たちの権限内であり、これらの計画をめぐる文官と制服組の間の緊張関係は遠く一九四七年の国防総省創設のころから変わらない。いま、ラムズフェルドは毎週末、時間をとってＣｉｎＣと彼らのスタッフを戦争計画、とくにその支えになる前提について質問攻めにしていた。このような見直しはすべての政権で必ず行うべきもので、重要な戦争と危機管理計画についての大統領への説明という形で締めくくるべきなのだ。

次に、ラムズフェルドは変革という観点から、アメリカ軍の全世界的な配置を批判的な目で見直した。彼は国外の基地構造を近代化し、必要であれば削減する必要があると考えていた。その評価については、ラムズフェルドは正しかった。彼はアメリカ軍の配備は「軽い足跡」にすべきだと主張した。「非戦闘部隊」を減らして、「戦闘部隊」を増やせという意味だ。また、中央軍司令官のトミー・フランクス陸軍大将には、イラク侵攻計画を書き上げるように命じた。

第二次イラク戦争のためのアメリカ軍増強の歴史は広範囲に及ぶので、ここでは詳しく語らない。しかし、健全な戦略的思考についての考察は欠かせない。アフガニスタンの「不朽の自由作戦」の成功は、アメリカの軍事力は無敵であるかのような印象を誤って与えた。ブッシュ政権は「砂漠の嵐作戦」とその圧倒的な勝利によって記憶されてもいる。チェイニーとパウエルはこの戦争の立役者だった。ウォルフォウィッツとアーミテージも重要な役割を果たした。コンドリーザ・ライスはＮＳＣでは下っ端の役どころだった。武器の禁輸と頻繁な空爆で消耗したイラク軍に対して、同じような勝利を繰り返すのはむずかしくはないだろう。少なくとも、ネオコンはそう考えていた。「簡単に勝てる戦争」というのが、次の敵に対する戦いを表現する言葉だった。

ブッシュのヴィジョンがイラク介入の原動力だった。彼が必要としたのは、戦争を始めるための正当な理由だ。フセインは悪者だった。彼の体制は邪悪なことをした。それでも、その二〇年近く前には、レーガンがラムズフェルドをイラクに派遣し、フセインとの会談に臨ませる道を選んだ。イラン・イラク戦争では、イラク側の暗黙の同盟国にもなった。フセインがただ悪党であるというだけでは、戦争を始める十分な根拠とはならない。フセインがことのほか罪深かったのは、国連決議と国際法を無視して、合意されていた国連の人員による大量破壊兵器の査察を実行させなかったことだ。アメリカはイラクに法を遵守させようと威圧的な攻撃を開始していたが、とくにネオコンは、フセインが相当な量の大量破壊兵器を隠し持っていると確信していた。その考えに異議を唱える者はほとんどいなかった。

戦争を始めるなら、フセインが不法なWMD計画を継続し、国際法を明らかに無視しているという確信が前提となる。各情報機関がこの前提を裏づける証拠を見つけるように言い渡された。興味深いことに、元中央軍司令官のジニ海兵隊大将は、フセインがどのようなWMDを保有していたとしても、それらは一九九八年末の「砂漠の狐作戦」で廃絶されたはずだと主張した。ほとんどの外国情報機関も、イラクのWMDは査察または武力攻撃によって、ほぼすべて破壊されていると考えていた。ブッシュ政権はそう簡単には信じようとしなかった。それどころか、チェイニーはフセインがWMDを保有していることを証明する「決定的証拠」を見つけることに専念する別個の作戦まで立ち上げた。

イラクで戦争を始めるという決定がいつ下されたのかについては、議論の余地がある。しかし、二〇〇二年八月には、中央軍に対して遅くても二〇〇三年初めにはイラクに侵攻できるように具体的な計画を練り上げるように指示が与えられていた。コリン・パウエルは控えめにいっても懐疑的だった。二〇〇二年八月五日、パウエルはホワイトハウスの居住区でブッシュと内密に話をした。二時間に及んだこの面会にはコンドリーザ・ライスも同席した。パウエルは黄色くて縦に長いリーガルサイズの用紙一枚を持ってきていた。その紙には大統領への質問と、イラクとの戦争を始める場合に考えなければならない問題点がびっしり書き込まれていた。パウエルがのちに話しているように、イラクに関するNSCの会議の内容はほぼ毎回、軍事行動とその影響についてのもので、そもそもイラクに侵攻するための戦略的、地政学的な根拠についてではなかった。ブッシュとのこの面会の前日には、ブレント・スコウクロフトが日曜朝のテレビ番組で、イラクへの攻撃は中東を「煮えたぎる釜に変え、テロリズムとの戦争を台無しにする」ことになりかねない、と渋い顔で警告していた。ホワイトハウスはスコウクロフトのこの発言を喜ばなかった。スコウクロフトがイラクとの戦争についての自分の反対意見が疎んじられていると感じたのは、このときだけではない。

パウエルはブッシュとは親しい関係ではなく、こうした話し合いは関係を改善することを目的としたものでもあった。この日の面会で、パウエルは大統領に、イラクをどう扱うかを考える際には、あらゆる結果を想定しておく必要がある、と釘を刺した。戦略的思考の基本、まさに入門コースの教えである。パウエルもスコウクロフトの使った「煮えたぎる釜」という言葉は、正しい表現だと考えた。イラクへの侵攻は中東を不安定にするだろう。パウエルはそれ以外の影響についても想像した。イラクを占領することによる経済的、財政的コストについても。これらすべての懸念が、悲しいかな、まるで誤った判断への報復であるかのように現実のものになる。パウエルはアラブの国を管理するアメリカ人の将軍──いわば日本ではなくバグダッドのダグラス・マッカーサー的人物──は、イラク人には受け入れられないだろうともつけ加えた。「砂漠の盾」や「砂漠の嵐」のときとは違って、この地域へのアクセスは近隣国家から保証されているとはいえない。クウェートとサウジアラビアは地理的距離が近かったが、バグダッドは国境から離れている。また、一九九一年にフセインを倒したときに匹敵するような連携体制を再び築くのは、可能だとしても簡単ではないだろう。

ボブ・ウッドワードの『ブッシュの戦争』によれば、パウエルはこのブッシュとの面会で言うべき重要なことはすべて言えたので満足したという。戦争をしたくないパウエルは、彼が最も重要と考える戦後処理の問題についても、アメリカ単独での軍事行動が不可能ではないにしても困難であることも大統領に説明できたと思っていた。パウエルが知らなかったのは、彼の言葉が意図せずしてブッシュに、軍事行動を正当化するには国連決議と議会の承認が絶対に必要になると解釈させてしまったことだ。それによってパウエルは結果的にこの政権で戦争を支持するスポークスマンとなり、二〇〇三年二月五日に国連安保理で演説をすることとなる。

戦争の準備が本格的に始まった。一〇月一〇日と一一日、議会はイラクに対する武力行使を容認する共同決議を圧倒的多数で可決した。一一月八日、国連決議一四四一が採択され、イラクはそれ以前の国連決議に従うか、そうしない場合の結果を受け入れるかを決める三〇日間の猶予を与えられた。戦争を避けるための策がつきたパウエルは、武力行使を完全に正当化する別の国連決議が必要だと思う、とブッシュに進言した。ブッシュはパウエルに、「自分に賛成なのか反対なのか」をはっきりたずねはしなかった。しかし、パウエルの進言には無関心で、パウエルにはもう選択肢がなかった。

二〇〇二年九月末、上院ラッセルオフィスビルでの、ジョン・F・ケリー上院議員（JK）と私との会話。

JK　入りたまえ。君が何を考えているのか、察しはついている。

HKU　あなたは戦争に賛成票を入れるつもりですよね。その理由も知っています。

JK　そのとおりだ。一九九〇年の第一次イラク戦争に反対したのは間違っていた。今回の投票には必ずしも納得しているわけではないが、これがフセインを引き下がらせるために必要な影響力を大統領に与えると思っている。それが実現すれば、戦争は避けられる。これまでの情報によれば、イラクの大量破壊兵器（WMD）保有は、決定的ではないにしても、かなり有力だ。

HKU　トンキン湾のときには間違っていました。それに、フセインがまだWMDを持っているとCIAが本当に信じていると思うのですか？　チェイニーとウォルフォウィッツが集めたチームは、都合のよい情報だけを拾い集めています。この「カーブボール」（WMDに関する情報を提供したイラク人科学者のコードネーム）なる人物の話は、ドイツの情報機関が否定しています。

JK　カーブボールは機密扱いだ。君はどうやってこの情報をつかんだのだ？

HKU　ワシントンでこの件を追いかけているすべての記者が、カーブボールのことを知っていると思いますよ。私の情報源はヨーロッパの情報機関の上層部にコネを持つ人物です。どの国かはおそらく想像できるでしょう。私からは言えません。しかし、トニー・ジニ［砂漠の狐作戦のときの中央軍司令官］や、退役した将軍たちと話してみれば、彼らもみな同意するはずです。もしフセインがWMDを持っているとすれば、それは残りかすです。私を信じてください。カーブボールは自分がそう名乗っているような人物ではありません。ホワイトハウスは戦争をしたがっています。ですから、何としてでも戦争を始めようとするでしょう。国務長官とふたりだけで話してみてください。

JK　助言には感謝する。私が望むのは、力強い一票によってフセインにもう選択肢はないと納得させることだ。彼もそこまで不合理にはなれないだろう。前回どうなったかはわかっているのだから。今回だけは、はったりで私たちを欺けると考える理由などあるだろうか？

HKU　ソ連を崩壊させたのは、レーガンでも軍拡でもなかったことはご存じでしょう。ソ連の体制がもろく、不合理だったために、いずれにせよ自らの重みでつぶれたのです。フセインがどんなゲームをしようとしているのかは誰にもわかりません。おそらくWMDがないと明らかになれば、その大きな嘘のために自分が倒されるかもしれないと思っているのでしょう。だから、しがみついているのです。引き下がることができずに負けるとわかっている戦争を始めるか、あるいは査察団を受け入れて、WMDがないと明らかになっても権力を維持できるという希望を持つかです。

◆

二〇〇三年二月五日、国家情報長官（で大使の）ジョン・ネグロポンテとジョージ・テネットCIA長官をすぐ後ろの席に従えて、パウエルはフセインが大量破壊兵器を隠し持っているという証拠を提示した。パウエルとリチャード・アーミテージ国務副長官は数日の間、ヴァージニア州ラングレーのCIA本部に詰め、情報をたんねんに見直した。最後にパウエルはテネットに意見を求めた。テネットはホワイトハウスでは「スラムダンク（確実ですよ）」というフレーズを使っていた。今回はパウエルに、イラクがWMDを保有していることについてはまったく疑いを持たず、情報は間違いのないものだと確約した。

パウエルはここでも、ほかに選択肢がなかった。彼にはCIA長官の確約をしりぞけることができたはずだ。自分が辞職することもできただろう。そうでなければ、国連に行くしかない。忠実な兵士であり、CIAの評価を頭ごなしに拒絶できなかったパウエルは、国連で説得力ある主張を繰り広げた。その言葉を聞いて、イラクのWMDの存在に何らかの疑いを持った者はほとんどいなかった。たくさんの断片的な証拠のなかには、WMDの移動について話し合っているイラク人兵士の音声テープがあった。

数ヵ月後に大量破壊兵器がないとわかったとき、私はイラクの専門家として知られるマルコム・ナンスにそのテープを聞いてもらった。ナンスはイラクで使われるアラビア語を流暢に話す。テープを聞いた彼は笑いだした。「ばかばかしい。彼らは原稿を読んでいるだけですよ。声のトーンでわかります」

「どういうことですか？」と私はたずねた。ナンスは国務省とＣＩＡの通訳者の多くはヨルダン人で、イラクの方言を話さないのだと教えてくれた。その理由の一つは、イラク人の通訳者を信用していないからだという。そして、イラクの方言を聞き分けることが重要になるとは誰も考えていなかった。

知ってのとおり、戦争は三月二〇日に本格的に始まった。これは第一次湾岸戦争の焼き直しだった。ただしステロイドで増強した形で。アメリカの地上軍がイラク軍の部隊を切り裂くように進軍した。空爆とミサイルでイラクの装甲車両、大砲、部隊が骨抜きになった。巨大な砂嵐が襲ったときには、攻撃が阻害されると心配する声が上がった。そうした発言をする者たちは誰も、アメリカ軍の偵察・兵器システムが全天候型であることを理解していなかった。砂嵐のおかげで安全に隠れられると思い油断していたイラク軍を難なく探知することができたのだ。悪天候はアメリカの有利に働いた。

そのころまでに、私はＦＯＸテレビのコメンテーターを数年続けていたほか、『ニューヨーク・ポスト』紙でも、戦争について週に三本か四本、コラムを書かせてもらっていた。私は戦争が始まる前の段階で、フセインのＷＭＤ保有について大きな疑問を投げかけた。そして、ＷＭＤの食器棚が空っぽである可能性は少なくとも半々だと警告する数少ない発言者のひとりだった。結局、イラクは大量破壊兵器など持っていないことがわかるのだが、そうした疑いを口にするアナリストは、ほんのひと握りだった。

信頼できるアナリストのほぼ全員が、テレビまたはそれ以外のメディアで合意していたことが一つあったとすれば、それはフセインが倒されたあとの準備を整えておくことが絶対に必要だということだった。「次はどうする?」の問いかけは、あまりにも当たり前になっていて、陳腐な繰り返しになってしまっていた。政権は疑いを持つ人たちに、すべての手は打ってあると確約した。しかし、すべての準備が整っている状態とは程遠かった。これは犯罪と言っていいほどの怠慢だ。それでも、状況はさらに悪い方向へと進んでいく。

ジニが中央軍司令官だったとき、彼は戦後のイラクのために「砂漠の横断」と呼ばれる作戦を考案していた。ジニの退任後、フランクスはこの計画を完全に反故にした。それが、海軍と海兵隊のライバル意識のためだったのか、それとも権力構造のもっと上からの指示によるものだったのかはわからない。国務省のパウエルもイラクについての「次はどうする？」の問題を真剣に考え始めていたが、それもまた、ブッシュ政権によってあっさりとはねつけられた。ホワイトハウスにはもっとよい考えがあった。イラク国民会議の指導者で亡命中だったアフマド・チャラビに王国への鍵を与え、アメリカは安全にイラクを離れるのだ。

二〇〇三年一月、国防総省は復興人道支援室（ORHA）を設立し、その責任者にはタフで老練なジェイ・ガーナー退役陸軍中将が抜擢された。ガーナーは第一次湾岸戦争後にイラク北部での「プロバイド・コンフォート作戦」を指揮した人物だ。四月二一日には、国連決議一四八三に基づき、アメリカの責任のもとで連合国暫定当局（CPA）が設立された。

突然、ガーナーに代わってL・ポール・〝ジェリー〟・ブレマー元大使がCPAの代表になった。彼はイラクでもこの地域でも、まったく経験を持たなかった。ブレマーのニックネームの〝ジェリー〟は聖ヒエロニムス（ジェローム）からきている。ブレマーは子どものころ、雷雨のなかでこの聖人に命を救ってもらったと信じていた。バグダッドの「グリーンゾーン」にある本部の自室には、デスクの上に二枚の写真が置かれていた。妻フランシーヌと聖ヒエロニムスの絵だ。ガーナーは、アメリカ人ではなくイラク人が国の再建を始めなければならないと思っていたが、ブレマーが真っ先にとった行動は、非バース化の法律を強制し、バース党員が政府の職に就くことを禁じることだった。政府を機能させるために必要なはずの大勢の官僚が、ほんの一筆で解雇された。その後、五月二三日に、キャンプ・デイヴィッドに集まったブッシュ大統領と国家安全保障会議のメンバーとのテレビ会議で、イラク軍を解体する決定がなされた。討論はまったくないに等しかった。パウエルもアーミテージもこの会議には出席していなかった。

ブレマーがなぜCPA代表に選ばれたのかは、わからないままだ。チェイニーとネオコンはアフマド・チャラビが新しい政府を率いることを望んでいた。もしかしたら経験不足のブレマーのほうが操りやすかったのかもしれない。ブレマーは敬虔なカトリック信者だった。ブッシュ自身が「ボーン・アゲイン・クリスチャン（信仰を新たにしたキリスト教徒）」であったことを考えれば、それも彼の選択に影響を与えたのかもしれない。いずれにしても、ブレマーはこの任務には適していなかった。もっと経験豊富な人物であれば、結果が違っていただろうか？　ホワイトハウスと副大統領室の徹底した管理体制を考えると、その答えはわからない。

「次はどうする？」の問いかけが、十分に検討されることはなかった。CPA代表はラムズフェルドに報告する立場にあったが、ブレマーはホワイトハウスに直接報告することが多かった。フセインの軍隊が敗北して解体されると、武力抵抗が勃発した。情報機関がWMDの有無で誤りを犯したように、いわゆるサダム・フェダイーン（サダム殉教者軍団）については誰も予測していなかったか、その存在を知りもしなかった。これは都市や町で突撃隊員として雇われていた民兵組織で、武力を通してバース党体制への忠誠を守っていた。正規軍が消滅したことで、フセインに忠誠を誓うフェダイーンが、連合軍に対して反乱作戦を開始した。

連合軍による占領は大混乱に陥る。その始まりは、バグダッド陥落後の広範囲での略奪だった。ラムズフェルドはこの略奪騒動をぶっきらぼうに「こうしたことは起こるものだ」と言い放った。強化尋問に使われる「ブラックサイト」（秘密拘禁施設）での、捕獲した敵の戦闘員に対する常軌を逸した扱いが、メディアに暴かれた。バグダッド近郊の悪名高いアブグレイブ刑務所でのアメリカ軍人によるあまりにもひどい不法な囚人の扱いは、アメリカの倫理的行動についての評価を傷つけ、武装勢力の人員募集を助けることにもなった。

二〇〇四年六月二八日、CPAは解散し、政府の舵取りは正式にイラク人の手に戻された。もちろん、それまでにフセインは捕まっていた。彼はのちに絞首刑となるが、説明のつかない奇妙な不手際により、かつての独裁者は首の骨が折れる代わりに、頭部が切断された。この占領下でもう一つ目についた手際の悪さは、アフガニスタンでもそうだったが、イラクに送られた重さ三六三トンの資金——大部分は新札の一〇〇ドル紙幣——の大部分が盗まれたことだ。どういうわけか、第二次世界大戦や朝鮮戦争、ヴェトナム戦争で使われたような軍票、つまり戦地での軍費を賄うために発行された兌換できない紙幣は使われなかった。

トミー・フランクス大将は勝利を収めたのち、すぐにイラクを離れて引退し、本を書いたり講演ツアーをしたりして、相当な稼ぎを得ていた。彼が手がけた作戦計画「ポロステップ作戦」は、ジョージ・ワシントン大学の国家安全保障文書館で目にすることができる。内容は驚くべきものだ。中央軍は小さな残留部隊だけを残して、二〇〇三年末までにイラクから大部分の部隊を引き揚げさせる準備をしていた。

それから数ヵ月間の展開は、この戦争について書かれたトマス・リックスの評価の高い本によれば、まさにフィアスコ（大失敗）だった。反乱勢力はラムズフェルドが言うような、行き場をなくした負け犬たちではなかった。ラムズフェルドが「どこにあるかはわかっている」ときっぱり言っていたWMDにしても、どこにも見つからなかった。一部で予測されていたように、フセインのWMDは連合軍の空爆と国連査察官によって破壊されていたのだ。

フセインは自分自身を欺いていた。彼ははったりを続けることに最も気をくだいていた。配下の将軍たちでさえ、WMDについての彼の大言壮語が単なるこけおどしであることを知らなかった。おそらくフセインは、もし将軍たちが真実を知れば、彼自身ならそうするだろう行動をとると思っていたのだろう。つまり、嘘であることがわかれば、クーデターにつながるかもしれなかった。イラクにWMDがないとわかれば、イスラエルはもっと大胆になっていたかもしれない。この嘘が、戦争とのちのフセインの処刑を食い止めていた。それまでにどれだけ多くのイラク人が死亡したかはわからない。高いほうの推定数には一〇〇万を超えていたというものもある。

筋金入りのネオコンの目にさえ、二〇〇四年にはイラクの治安が手に負えないほど悪化していることは明らかだった。元陸軍参謀次長のジャック・キーン大将やその他の退役将校たち、またいくつかのシンクタンクからの助言を受け、ブッシュは劇的な戦略変更が必要だと理解した。二〇〇三年に召集され、ジェームズ・ベーカーとリー・ハミルトンが共同議長を務めた「イラク研究グループ」は、提案内容の仕上げにかかっているところだった。二〇〇六年一二月に公表された報告書は、厳しい内容になるはずだったが、十分に批判的とはいえなかった。報告書では二〇〇八年までに戦闘部隊を撤退させるように勧告しているが、実際には「増派《サージ》」戦略に取って代わられる。

二〇〇六年秋には、ブッシュ政権は屈辱と紙一重の政治的、戦略地政学的な危機に直面していた。支持率は四〇パーセントを割り込んだ。一一月七日、民主党は中間選挙で大勝利を収め、下院では三一議席増やして多数派となり、ナンシー・ペロシが女性初の下院議長となった。上院でも六議席増やし、民主党寄りの無所属議員二名を加えて過半数の五一議席を占めた。翌日、ラムズフェルドは国防長官を辞職した。チェイニーは友人でありかつての師であるラムズフェルドを必死に引き留めようとした。しかし、大統領はようやく、戦略だけでなく国防総省にも大きな変化が必要であることをはっきりと理解した。後任は、元CIA長官で国家安全保障担当補佐官のロバート・ゲーツだ。古くからのブッシュの友人であり同僚でもあったゲーツは、この職に就くように説得された。

ヴェトナム戦争の泥沼化にうまく対処できなかったジョンソン大統領とは違って、ブッシュがイラクの状況は大胆な行動によってのみ好転させられると気づいたことは称賛に値する。その結果が「増派」、もう少し陳腐な言い方をするなら、「イラク新戦略（the new way forward）」だ。大統領は二〇〇七年一月七日、全国放送されたテレビ演説で、この増派戦略を発表した。手始めが陸軍五個旅団、総数二万を超える兵力の派遣だった。

その大部分はバグダッドに向かい、イラク人が地域の治安を回復する手助けをし、国を真っ二つに引き裂く反乱勢力の暴力から人々を守った。大統領の目的は、ホワイトハウスのウェブサイトに書かれているように、「イラクを民主的な連邦国家にし、自らを統治し、自らを守り、自らを支えられる、テロとの戦いの同盟国にすること」だった。増派戦略を率いることになったデイヴィッド・ペトレイアス大将は、当時としては最も有能な陸軍将校で、ジャック・キーンの愛弟子でもあった。

増派戦略は暴力を鎮めることにはおおいに成功した。しかし、イラクの暴力を継続させる政治的なパラドックスを解決することはなく、できもしなかった。そのパラドックスとは、多数派のシーア派と少数派のスンニ派の間の敵対関係だ。フセインの支配下では、スンニ派が残忍極まる無節操なやり方でシーア派を抑圧していた。ヌーリ・マリキ首相のもとでシーア派が権力を握ると、今度はシーア派がスンニ派に対して見境のない抑圧を始めた。この宗派間の暴力を背景に生まれるのが、イスラム国（IS）だ。アメリカのイラク攻撃が生んだこのフランケンシュタイン的な遺産が、将来の多くの政権に災いと試練をもたらすかもしれない。

シーア派のイラク政府は大人数のアメリカ軍部隊の継続的駐留を受け入れる準備ができていなかった。アメリカ人は「解放者」として歓迎されるだろうというチェイニーの約束は、大量破壊兵器が見つかるだろうという予測と同じくらい、でたらめだった。オバマ政権は二〇〇九年以降に兵力削減を加速させたとして非難されるが、それ以前にブッシュ政権がアメリカの撤退を義務づける合意書に署名していたのだ。それによって、アメリカは意図せずしてイラクを破綻国家へと追いやった。この状況に対してアメリカにできることはほとんどなかっただろう。何と言っても二〇〇八年の大統領戦に出馬した民主党の候補は、戦争を終わらせることを目指していたのだから。

もう一つの政策的矛盾が、ブッシュ政権を苦しめていた。二〇〇六年一〇月九日、北朝鮮が核実験を実施した。北朝鮮はこれを核兵器だと大々的に宣伝していた。フセインがアメリカの都市を「きのこ雲」で覆うことを防ぐためにイラクに介入したアメリカにとって、北朝鮮に対する軍事行動という選択肢はなかった。イラクとアフガニスタンでは泥沼にはまったのだから。いずれにしても、朝鮮半島での戦争は両サイドに膨大な数の犠牲者を出していただろう。非武装地帯のすぐそばに配備された北朝鮮の兵器によって、ソウルが破壊される可能性もあった。

戦略的思考に関しては、ブッシュ政権は一期目を通して、また二期目に入ってからも、怠慢そのものだった。「悪の枢軸」宣言は口先だけの不要なレトリックだった。枢軸とされた三国の間には何の結びつきもなかった。イランとイラクは一〇年に及ぶ戦争を戦っていた。ボン会議の直後にイランをこの「枢軸」の一国と位置づけたことが、将来のアフガニスタンの安定に決定的な役割を果たすはずの国を遠ざける結果となったことは間違いない。国の最上層部がいかに戦略的に無能であったかが、これでわかる。

この政権に戦略的思考が欠けていた理由の一つは、大統領の人格と心理状態にある。九・一一同時多発テロは「フリーダム・アジェンダ」についてのブッシュのヴィジョンと論理的根拠を固めた。悪の枢軸と名指しされた三国は、民主的価値観と原則へのアンチテーゼだった。アフガニスタンでの驚くほどの軍事的成功、そして、二〇〇一年に文字どおりひと握りの戦力でタリバンを排除したことが、ブッシュの心にアメリカは無敵なのだという感覚を植えつけた。また、体制転換は戦略地政学的な状況を変えるための唯一合理的な方法に思われた。自由なイラクは民主主義をさらに世界に広めるだろうと、ブッシュは信じて疑わなかった。周辺国家、とくにサウジアラビアとイランは、この状況を自国に当てはめて考えたはずだ。民主化を通じて、イスラエルの安全は永続的に確約されるはずだった。

アフガニスタン戦略と並行するように、チェイニー、ウォルフォウィッツほか、政権内のネオコンたちの間にもう一つの思考の流れができていた。九・一一後に開かれた最初のNSC会議で早くも、イラクをどうするかという議題が挙げられた。フセインが大統領の父親を暗殺しようとしたことは、先制的な戦争を始める最大の理由ではなくても、理由の一つだったかもしれない。おそらく、一九九一年にバグダッドまで進軍しなかったという記憶が、過剰反応を引き起こしたのだ。ネオコンたちがブッシュにイラクを攻撃させたわけでも、そうブッシュを説得したわけでもないだろう。それでも、ネオコン派の見解が中東で戦争を始めるという決定に力を与えたことは間違いない。

情報収集のミスが与えた影響は計り知れない。「九・一一委員会」の最終報告書には、集団思考が一つの理由になったと、はっきり記されていた。ブッシュは明らかにイラクに侵攻したがっていた。最高司令官の望みが軽々しく受け止められることは決してない。ホワイトハウスのような政治的駆け引きが繰り広げられる環境で、客観性を維持することは想像を超えたむずかしさだろう。

基本的な前提に疑問が投げかけられることもなかった。二〇〇二年八月にブッシュ大統領と面会したコリン・パウエルは、重要な問題はすべて挙げた。しかし、こうした懸念が分析されることはなかった。すべてではないにしても、ほとんどの疑問は無視された。同様に、ラムズフェルドも侵攻前に、イラクを攻撃することで生じかねない問題を分析した長い覚書をブッシュに送っていた。これらの可能性も、政権の前提に疑いを持たせることはなかったようだ。この覚書は問題への答えを提供するものでも、起こりうる否定的な結果への対処策を与えるものでもなかった。

しかし、政権の前提のもろさは、エリック・シンセキ陸軍参謀総長が「イラクの自由作戦」の直前に上院軍事委員会で証言したときに明白になった。戦争終結後のイラクに安定をもたらすためにはどのくらいの兵力が必要になるか、答えを迫られたシンセキは、しぶしぶと数十万という数字を挙げた（ポール・ウォルフォウィッツ国防副長官は二〇〇三年二月二七日の下院予算委員会での証言で、この数字は「大きく的を外している」と発言した）。おそらくその報復人事なのだろう、ラムズフェルドはシンセキの後継者を一年も前倒しで発表した。これは、参謀総長の職にシンセキはふさわしくないと否定するにも等しい行動だ。後継者はキーン将軍になるはずだったが、彼は参謀次長としてキャリアを終えた。ラムズフェルドが代わりに選んだのは、ピーター・J・シューメイカー退役陸軍大将だ。この人選が陸軍の上層部をさらに激怒させた。シンセキの一件は、どれだけ丁重な進言であったとしても、政権は自分たちの政策への不同意を容赦しないことを示していた。

理解と知識に関して言えば、ブッシュ政権は嘆かわしいほどに準備ができていなかった。九・一一以前には、アフガニスタンがどこにあるのか、あるいは過激なイスラムの解釈について知っているアメリカ人はほとんどいなかった。ソ連の崩壊後、ソ連研究者は絶滅危惧種のような存在になっていた。このことは遅くても二〇〇八年には明らかになる。ロシアとの関係は、イラクとNATO拡大をめぐってぎこちないものになった。

二〇〇八年四月にルーマニアのブカレストで開かれたNATO首脳会議で、ジョージ・W・ブッシュは、ジョージアとウクライナに向けて、前章で言及した「加盟のための行動計画（MAP）」を提案した。他のNATO加盟国はこれがロシアに対する〝不必要な挑発〟になるとして異議を唱えた。一つにはウクライナとジョージアをなだめる目的で、ブッシュはどちらの国もNATOに加盟できるだろうし、二国のMAPの申請は二〇〇八年一二月に審査されるだろうと宣言した。首脳会議のためにブカレストに来ていたロシアのウラジーミル・プーチン大統領は、ロシア国境に達するNATO拡大は「ロシア国内では安全保障上の直接的な脅威として受け取られるだろう」とブッシュに警告した。ブッシュの発言はあまりにも大きな影響をもたらす〝凡ミス〟だった。

ロシアは国境紛争を抱える国はNATOへの加盟を認められないと気づき、ジョージアへの侵攻計画を開始した。同年八月、プーチンはジョージアにわなを仕掛け、ミヘイル・サアカシュヴィリ大統領は愚かにもそれを無視した。サアカシュヴィリは「ばら革命」で前任のエドゥアルド・シェワルナゼを追放したあと、二〇〇四年に大統領になっていた。シェワルナゼは旧ソ連の外相を務めたジョージア人だ。サアカシュヴィリはロシアのもとにとどまることを望む分離主義派が事実上支配する南オセチアとアブハジアの領土を取り戻したいと考えていた。分離派は北ジョージアの町への砲撃を開始した。これをわなではなく好機と考えたサアカシュヴィリは勢い込んで、分離派を罰するために軍を送った。ロシア政府がそれに反応し、その地域に住むロシア市民を守る権利を主張して軍を動員した。ジョージア軍はあっけなく敗退する。この国境紛争によって、ジョージアのNATO加入の可能性は消えた。西側では、ジョージアに侵攻したプーチンの目的を理解する者はほとんどいなかった。この年、プーチンは大統領職をドミトリー・メドヴェージェフに譲り、自分は首相に就任した。表向きは穏やかな物腰のメドヴェージェフは、西側諸国にとっては安堵感を与える存在だった。しかし、プーチンとメドヴェージェフはのちに再び職を交換する。

ケネディのいかなる代償を払っても自由を守るというイデオロギーがヴェトナム戦争につながったように、ブッシュは自分が提案した「フリーダム・アジェンダ」にしがみつこうとした。文化の異なる国への民主主義の植えつけは不可能ではなくても非常にむずかしいことを忘れていたようだ。ブッシュは一度としてアジェンダの成功を疑わなかった。「決断者」を自認する彼は、判断においては傲慢か自信過剰かのどちらかだった。謙虚さという資質はなかなか手に入らないものなのだ。

ブッシュはプーチンの目をのぞき込み、マーガレット・サッチャーがゴルバチョフに対して感じたように、「ビジネスができる相手」だと判断した。ABM条約の脱退からブカレストのNATO首脳会議まで、自分の行動がプーチンを同盟者にもなり得た友人から別のものに変える一因になったことを、彼はまるで理解していなかった。米ロ関係はその後悪化を続ける。NATO拡大はロシアにとっては迫りくる明白な危機だった。そのロシアの不安をアメリカ政府はまったく理解できなかったのだ。

皮肉なことに、ブッシュはフセインが持ってもいない核兵器を理由にイラクで戦争を始めたが、北朝鮮は二〇〇六年の原爆実験（と北朝鮮が主張した実験）以前から、軍事行動のリスクを冒すには危険すぎる場所だった。この実験のために、北朝鮮には制裁が科された。それから一〇年後、金正恩は水素爆弾の爆発実験に成功したと宣言する。この発表については今もまだ疑いを持たれている。しかし、北朝鮮が核兵器をいくつか保有していることは事実だ。

二〇〇八年の大統領選挙戦でオバマがジョン・マケインを破ったあと、マケイン陣営の選挙参謀だったスティーヴ・シュミットが残念そうに、「歴史はやり直しがきかない」と認めた。アフガニスタンでの国家建設への移行とイラクでのフセイン排除の決断は、（前者については最初のうちはどちらとも言えなかったが）振り返って考えてみれば、合理的思考とは程遠いものだった。同じことがヴェトナムにも当てはまった。それなのに、再びまったく同じことが繰り返されようとしている。耳を傾け、指揮をとってくれる人物が求められている。しかし、歴史から学んでくれる人物がはたしているだろうか？　残念ながらオバマ政権は学ばなかったし、そうしようともしなかった。

第8章　バラク・オバマからドナルド・トランプへ

経験は乏しいものの、希望と変化という大きな約束を掲げ、二〇〇九年一月二〇日、バラク・フセイン・オバマは第四四代アメリカ合衆国大統領に就任した。オバマは弁護士、地域のオーガナイザー、法学教授、州議会議員を経て、二〇〇四年にイリノイ州選出の連邦上院議員になった。その年の夏には、ジョン・ケリーが大統領候補に選ばれたボストンの民主党全国大会で、見事な基調演説で注目を浴び、国政の表舞台に躍り出た。

四年後、共和党のジョン・マケインを相手に圧倒的勝利を収めたオバマは、黒人として初のアメリカ大統領となる。もっとも、公平を期して言えば、彼の母親は白人だ。フランクリン・ルーズヴェルト以来、これほど難題が山積みの状況を引き継いだ大統領はいなかった。二〇〇八年の金融危機で大打撃を受けた経済は、いまだ回復には程遠かった。二つの戦争が悪化の一途をたどっていた。第三の、ブッシュが「テロとの戦い」と呼んでいた戦争は、それ以上に深刻だった。そして、二〇一一年にオバマが〝背後で指揮をとった〟、リビアのムアンマル・カダフィを追放した作戦は、最終的にはカダフィの死とその後の内戦に発展し、イスラム国（IS）がリビアに入り込む結果となる。

オバマはイラクでの「誤った選択による戦争」を終わらせ、アフガニスタンの「必要な」戦争に力を注ぐことを公約に掲げていた。「選択による戦争と必要な戦争」というフレーズは、ブッシュ父子両政権の高官だったリチャード・ハースが最初に使ったもので、彼はその後、外交問題評議会の会長になった。ハースによれば、イラクは選択による戦争で、アフガニスタンは必要な戦争だ。しかし、戦争を始める者たちにとっては、すべての戦争が必要な戦争で、勝つか、負けるか、引き分けるかしかない。

『ミリタリー・バランス』によれば、オバマが大統領に就任した当時、アメリカは戦争地域に約三〇万の兵員を派遣していた。「イラクの自由作戦」に二四万、アフガニスタンの「不朽の自由作戦」に約五万人だ。少なくとも同じほどの数の民間軍事会社の人員も動員され、イラクにはおよそ一六万人が送られていた。しかし、ジョージ・W・ブッシュは駐留米軍の地位に関する交渉で合意に達することができず、イラク政府はアメリカ人の撤退を求めて譲らなかったため、軍も民間軍事会社も現地に駐留させる人員の数は大幅に減りつつあった。それ以外に五万五〇〇〇の兵員がペルシア湾に配備されていた。アフガニスタンには三万八〇〇〇人。それに加えて約一万七〇〇〇人が、さらに一万七〇〇〇人の地上部隊とともに、アフガニスタンでの戦争に備えて海上または近隣地域に配備された。

オバマの国家安全保障チームは、そのリストを見るかぎりでは力強い顔ぶれだった。ヒラリー・クリントン元上院議員が国務長官に任命された。クリントンは上院議員を二期務め、公平で、有能で、勤勉であるという高い評価を得ていた。もちろん、大統領夫人として過ごした八年も、貴重な経験と多くの重要な問題についての理解、政府がどう機能するかを学ぶ機会を与えただろう。

ブッシュ前政権のふたり目の国防長官としてその働きにふさわしい評価を得たロバート・ゲーツがオバマ政権でも留任したことは、超党派の協力を維持したいという新政権の期待の表れだったように思われる。ゲーツには国家安全保障担当補佐官、CIA長官の経験もあった。イラク増派作戦もうまく指揮し、国防総省に安定と常識的な管理スタイルを持ち込んだことでも評価された。どちらも、ラムズフェルドと彼の独裁的なスタイルのあとで必要とされるものだった。ゲーツは将軍たちに尊敬され、人気もあった。率直で遠慮知らずだったが、人の話に耳を傾けられる能力でそれを補った。皮肉たっぷりのユーモアが得意で生真面目なリーダーであるゲーツは、政治的野心を隠し持つこともなく、国防総省を任せるにはこれ以上にない信頼できる人物だった。

国家安全保障担当補佐官として、ブッシュはジェームズ・L・ジョーンズ退役海兵隊大将を選んでいた。ジョーンズは海兵隊総司令官を務めたのち、二〇〇三年初めにヨーロッパ連合軍司令官としてヨーロッパに異動した。知的で洗練され、流暢なフランス語を話したので、この新しい職務でも成功した。彼は隠れた共和党員として見られていたかもしれない。共和党上院議員のジョン・マケインやウィリアム・コーエンと親しかったからだ。しかし、彼はラムズフェルドとの関係のために立派な経歴を損なうことになる。

ボブ・ウッドワードの『ブッシュのホワイトハウス』によれば、ジョーンズは当時の統合参謀本部議長で海兵隊時代の同僚だったピーター・ペイス大将に、「ラムズフェルドの肩にとまるオウムになるな」と告げたらしい。ラムズフェルドがどのようにマイヤーズを鼻であしらい、トミー・フランクスを操っていたかをよく知っていたのだ。ウッドワードはジョーンズ本人にこの言葉の引用の許可を得ている。興味深いことに、この本が刊行される前に、ラムズフェルドはジョーンズに、中央軍司令官の職に就く気持ちはないかとたずねている。本が出版されてしまうと、その話は立ち消えになった。

ジョーンズは海兵隊を退任すると、ワシントンDCにある大西洋評議会の会長になった（私はこのシンクタンクで一〇年以上、上級顧問を務めている）。二〇〇八年初め、評議会はアフガニスタンに関する研究報告書『*Afghanistan at a Crossroads*（岐路に立つアフガニスタン）』を刊行した。ジョーンズが署名したこの報告書の冒頭には、「間違いない。NATOはアフガニスタンで負ける」と書かれている（この一文はその後、「間違いない。欧米はアフガニスタンで勝てない」に改訂された）。ジョーンズが当時上院議員だったオバマの注意を引いたのは、この報告書がきっかけだった。

カリフォルニア州モントレー出身で、ベテラン下院議員のレオン・パネッタが、CIA長官になった。パネッタは議会では誰からも好かれ、尊敬を集めていた。ビル・クリントンの首席補佐官と予算委員長を務めたことがある。しかし、親しみやすい人物ではあるものの、怒りっぽく、不愛想になることもあった。のちにゲーツの後任としてパネッタが国防長官になると、デイヴィッド・ペトレイアスがCIA長官を引き継いだ。

ヒラリー・クリントンとゲーツを得たことは、政治的には大きな強みとなった。オバマは民主党の大統領候補の座をクリントンから奪い取ったこともあり、彼女を何としてでも政権に加えたかった。その暗黙の気遣いが、新長官にホワイトハウスへのアクセスと影響力を与えた。留任のゲーツにも影響力はあった。しかし、ジョージ・W・ブッシュのチームと同じように、オバマのチームもまた一枚岩とはならなかった。ヒラリーは自分に忠実な者で周囲を固め、彼らは国務省からの情報の多くを遮断し、新長官を孤立させた。ジョーンズは自分の次官を選ぶことすら認められず、民主党政治で経験の長いトム・ドニロンがその地位を得た。当然のことながら彼の忠誠は直属の上司のジョーンズではなく、大統領に向けられた。

ジョーンズはオバマの首席補佐官になったラーム・エマニュエル元下院議員によって、さらに脇に押しやられた。エマニュエルが大統領へのアクセスを制限したからだ。ほかにもオバマの親しい友人たちがNSCのスタッフに登用された。のちに駐韓国大使となるマーク・リッパートもそのひとりで、彼は大統領を「バリー」と呼んで、いつもジョーンズをイラつかせた。大統領職に対しては形式を重んじるジョーンズは、大統領が「弟」と呼ぶリッパートを表立って批判することはできなかった。ジョーンズは辞任し、ドニロンが後釜に座った。

ほかにも変化はある。スーザン・ライスが国連大使の職を離れて、国家安全保障担当補佐官になった。デニス・マクドノーがエマニュエルのあと四人目の主席補佐官となる。パネッタの後任として国防副長官だったチャック・ヘーゲル元上院議員が国防長官となり、そのヘーゲルの後任としてアシュトン・カーターが国防副長官になった。ヘーゲルは国防長官を二年しか務めなかった。彼が去ったのは、ホワイトハウスとの対立のためだ。二〇一三年には、ジョン・ケリー上院議員がヒラリー・クリントンに代わって国務長官となる。

オバマの大統領就任からまもなく、ノーベル賞委員会が新大統領にノーベル平和賞を贈った。「希望と変化」を約束し、大統領選挙で勝利した以外には、重要な業績は何も残していなかったにもかかわらず。その基準に従えば、彼以前の歴代大統領の多くもノーベル賞を受賞できていたはずだ。しかし、実際には、この賞は新大統領と彼の政権が大勢の人たちに将来への楽観的な期待を与えたことを評価したものだ。ジョージ・W・ブッシュ政権の数々の失態を考えれば、それも当然だろう。オバマは二〇〇九年一二月一〇日、ノルウェーのオスロで授賞式に臨んだ。大統領就任から一一ヵ月後のことだった。

オバマはアフガニスタン、イラク、リビア、パキスタン、シリア、イエメン、「アフリカの角」で、大きな試練に直面し、アメリカの軍事力を大々的に行使していくことになる。ヨーロッパとウクライナではロシアのプーチンに挑まれ、中国の習近平国家主席は南シナ海の小さな諸島を要塞化しようとしていた。オバマはかつて「二軍チーム」扱いしていたイスラム国（IS）にも対処しなければならなくなる。そして、オサマ・ビンラディンを捕らえるか殺すかするために、パキスタンに特殊部隊を派遣すべきかどうか、苦渋の決断を迫られる。

このアルカイダのリーダーに関しては、オバマの決断は称賛に値する。海軍特殊戦コマンドに特殊部隊シールズのチーム6を派遣することを承認し、パキスタンのアボッターバードで早朝の奇襲作戦を実行させた。ビンラディンと家族が住んでいる証拠が見つかっていた場所だ。オバマは成功の見込みは半々であると告げられていた。ビンラディンがその住居にいるかどうかは不確かだということだ。この種の急襲作戦はもともとリスクが大きい。オバマは苦境に立たされていた。もし彼がこの任務を承認せず、ビンラディンが標的だったかもしれないことが公になれば、政治的な命取りになったかもしれない。もし急襲が失敗すれば、「デザートワン」の失態をもっと大きな形で繰り返すことにもなりかねなかった。

その家はパキスタン版のウエストポイントからそう遠くない場所にあった。アボッターバードは上流階級が多く暮らす都市で、軍の将校も大勢住んでいた。その多くは退役将校だ。情報が漏れてビンラディンを取り逃がすことを恐れ、パキスタン側にはこの急襲について事前には知らせず、二〇一一年五月一日、アメリカ軍のヘリがパキスタン領内に入った。ブラックホーク一機が着陸に失敗したが、部隊はビンラディンの殺害に成功した。彼の遺体はその後、アメリカの空母に運ばれ、イスラム式に海に沈められた。シールズ隊員は全員が無事に帰還した。ブラックホーク一機だけは別として。

ついに正義の鉄槌は下された。九・一一の悲劇的な出来事への報復を、ある程度は果たすことができた。予想されたことだが、これによってパキスタンとの関係は悪化した。両国の関係はすでに、二月のレイモンド・デイヴィスの一件で損なわれていた（これについては後述する）。さらに、パキスタン軍が誤ってアメリカ軍部隊を銃撃したために、アメリカ側もパキスタン軍を激しく攻撃した。いわゆる「メモゲート」の一件もある。駐米パキスタン大使のフセイン・ハッカニ博士が、パキスタン軍の上層部に対するクーデターを企てているとして誤って告発されたのだ。両国の関係がどこまで悪化するかは、予想することさえむずかしかった。

しかし、オバマ政権とその後継政権の大きな失敗の一つは、軍事行動を起こす決定を下す際に、状況を理解し、十分な知識を持つ能力に欠けていたことだ。次の短い会話がそれをよく表している。

二〇〇九年五月、ホワイトハウスの国家安全保障担当補佐官室で。

ジェームズ・ジョーンズ（JJ）　ハーラン、来てくれてありがとう。パキスタン担当のアナリストふたりにも同席してもらおうと思う。君はベナジル・ブットとは親しかったね。彼女の夫でいまやパキスタン大統領のアシフ・ザルダリとも。

HKU　はい。ベナジルとはボストンの大学院時代からの知り合いです。彼女はラドクリフの学生でした。ベナジルが二〇〇〇年代初めに政界にカムバックしたときには、私も協力しました。二〇〇六年に、彼女の夫のアシフが刑務所から釈放されたあとは、彼とも親しくなりました。ベナジルが二〇〇七年一二月に殺害され、アシフがイスラマバードに戻ってから、彼に手を貸してほしいと頼まれました。それ以来、イスラマバードには何度も行っています。ご存じのように、彼は二〇〇八年九月に大統領になりました。

JJ　パキスタン担当のアナリストたちに入ってもらおう。

アナリスト　ザルダリの身体的・精神的な健康が懸念材料です。

HKU　（苛立ちを抑えて）続けてください。

アナリスト　心臓がかなり悪いようです。アメリカに来たときには精神科医を伴っていました。

HKU　アシム・フセイン博士を知っていますか？

アナリスト　誰ですか？

HKU　ザルダリの主治医です。

アナリスト　いいえ、知りません。

HKU　ザルダリがどうやって刑務所を出たかは知っていますか？

アナリスト　いいえ。

HKU　パキスタンでは、残念ながら反体制派を投獄することが常套手段です。ザルダリは五年か六年、刑務所に入っていました。ただし、彼の刑務所内での状況についてははっきりしていません。彼は釈放されるために治療を口実にしました。アシムがちょっとした手術をして、小さな切開部分に大きな絆創膏を貼りました。そして、ザルダリはドバイで治療を受ける必要があると訴えたのです。それで彼は釈放されました。

アナリスト　なるほど。しかし、彼の精神状態は？　ニューヨークの精神科医にかかっていましたよね？

HKU　そのときの状況を知っていますか？

アナリスト　いいえ。

HKU　（ジョーンズのほうを向いて）ジム、どこでこの人たちを見つけてきたのです？　情報不足というだけでは言い足りません。このふたりは危険なほど何も知りません。（アナリストたちのほうに向き直って）ザルダリが〝ミスター・一〇パーセント〟と呼ばれていることは知っていますよね？　それが、彼がリベートを受け取るときの取り分だったからです。

アナリスト　はい。

HKU　結果として、ザルダリは何度も訴えられました。アメリカに来たときには、ロンドンで数百万ドルの訴訟が争われている最中でした。ザルダリはイギリスの法廷には立ちたくありませんでした。それで、彼がどうしたか知っていますか？

アナリスト　いいえ。

ＨＫＵ　医師が、この患者は旅行できる状態ではないと認めれば、その患者はイギリスの法廷に出廷しなくてすみます。もしあなたが、たとえば二万五〇〇〇ドルでも精神科医に支払えば、診断書を書いてもらえます。これはよく用いられる手段です。ザルダリは正気そのものですよ。

後日談になるが、その数年後、私はＣＩＡの支部長とニューヨークで食事をしていた。彼は、パキスタンの国連大使について重要な情報をＣＩＡがつかんだと教えてくれた。私は「重要な情報」とは何かたずねてみた。

支部長は、大使にはおかしな性的指向がある、と言った。私は、それは誰でも知っていることだと答えた。大使には外交特権があるし、彼の家族はＣＩＡよりも資金を持っている。もしその情報を攻撃材料に使おうとすれば、大使はおもしろがって、これまでＣＩＡが見たこともないような大掛かりな訴訟を起こすだろう。ＣＩＡはなぜそんなにも世間知らずでいられるのか？　この批判が当てはまるのはトランプ現政権だけではない。外交分野でどれだけ長く、知識と理解の欠如が続いていくのかは想像もできない。

◆

オバマの最優先課題の一つは、核兵器拡散の脅威を軽減すること、そして、ロシアとアメリカの核兵器削減に尽力することだった。その意図だけは称賛に値する。証明することはできないが、オバマ大統領の最も重要な外交政策での業績は、イランの核兵器保有の野心をめぐるアメリカとイランの対立が、最悪の展開を迎えるのを防いだことだ。イランの最高指導者は否定したが、アメリカ人の多くはイランが核兵器開発の道を進んでいると確信していた。この結果を避けるには、先制攻撃でイランの核施設を破壊するか、実行可能な外交的解決策を探るかしか選択肢がなかった。

オバマ大統領の任期終盤の何年かに、武力行使という選択肢への気運が高まった。二〇一五年三月三日には、議会共和党による前例のない働きかけで、イスラエルのベンヤミン・ネタニヤフ首相がアメリカ上下両院合同会議で演説する機会を得た。ネタニヤフはその場で、イランとの交渉に強く反対した。イランは信用できず、合意を尊重するとは思えないという理由からだ。

オバマ政権はネタニヤフの演説にも、イランとの交渉を妨害し、武力攻撃を唯一の選択肢にしようとする共和党の政治的策略にも、当然ながら激怒した。オバマはいかなる攻撃も、イランの核保有の野心を一時的に中断させるだけの効果しかないと理解していた。攻撃がエスカレートして、イランに多くの報復の選択肢を与える危険もあった。幸いにも、アメリカとイランはどちらも、国連安保理常任理事国の五国にドイツを加え、ＥＵをオブザーバーとする交渉に臨み、妥協案にたどり着くことを強く望むだけの理由があった。

イランは経済制裁の解除を必要としていた。指導者たちは国際コミュニティに再び参加することも望んでいた。さらに、最高指導者が核兵器は不道徳でイスラムの教義に反すると繰り返し叫んでからは、核兵器の保有は必ずしも国の存続に必要なものとはみなされなくなっていた。イランはおそらく、いつの日か国の存続が脅かされたときのために、核兵器開発を選択肢として残しておきたいと思っていたのだ。

交渉の果実が「イラン核合意」として知られる「包括的共同作業計画（JCPOA）」で、二〇一五年末に当事者すべてが合意し、二〇一六年に履行された。JCPOAはイランが核兵器を開発することを、少なくとも一五年間、おそらくは永続的に封じるものだが、この見方に異議を唱える批評家もいる。おそらくJCPOAに批判的な人たちの多くは、この合意文書をきちんと読んでいなかったのだろう。彼らの批判がどれだけ手厳しいものであったとしても、取り決めの細部とはまったく関係のないものだった。

彼らはJCPOAがイランのテロリズム支援や、イラクとシリアへの介入などを含むもっと広範な問題に取り組んでいないと批判した。また、弾道ミサイルの制限が十分に厳しいものではなく、イランが核弾頭搭載可能な長距離ロケットを開発することを防げない、と指摘した。さらに、一五年を過ぎれば、国際原子力機関の査察官が常駐したとしても、イランは自由に核開発ができるだろうと容赦なく苦言を呈した。

この同じ批評家たちは、イランが受け入れた要求について十分に理解していたわけではなかった。その要求とは、イランがプルトニウムを製造することを実質的に不可能にするものだ。遠心分離機の数を四分の三ほど減らし、濃縮ウランの大部分を廃棄し、非常に厳しい査察体制を認めなければならなかった。たしかに、たとえ現時点で最高指導者がいかなる種類の大量破壊兵器も開発しないと約束したとしても、イランが将来のどこかの時点で方向転換し、核兵器保有という選択肢を選ぶ可能性はある。しかし、JCPOAがなければ、イランの核施設に対する先制攻撃という選択肢が完全に除外されることはなかっただろう。先制攻撃を選べば、地域戦争を誘発するか、もっと深刻な事態を引き起こしていたかもしれない。

オバマは精力的に残りの核不拡散計画の実現に努めた。ロシアとの間では、戦略核兵器を制限する新戦略兵器削減条約（新START）に署名し、承認した。核拡散への反対と防止を推進するために、数多くの核安全保障会議を主催した。任期の終わり間近には、ホワイトハウスで核兵器「先制不使用」政策を採用するという案も浮上した。これについては、議会で否決されることは最初から明らかだった。七〇年間も核による抑止に依存し続けてきたこと、最近ではロシアと中国が軍備増強を図っていることを考えれば、核の先制不使用を宣言するなど不可能だった。

核問題以外に目を向ければ、オバマ政権はミャンマーの非常に抑圧的な体制をより開かれた社会に移行させるうえで、大きな役割を果たした。延び延びになっていたキューバの承認は、建設的な動きではあったが、重大な達成とまではいかない。これも、他の業績の多くも、支持者からは大げさに褒め称えられたものの、JCPOAと比べれば影響は小さなものだった。JCPOAは間違いなく、オバマ政権の最も称えられるべき外交政策上の勝利だ。

さまざまな理由により、オバマは前政権から引き継いだ一連の厄介な状況をひっくり返すことも改善することもできなかった。アメリカの立場や影響力を高めることもできなかった。心に響くレトリックはしばしば逆効果になった。二〇〇九年六月のカイロでの演説は、アラブ諸国やムスリム社会との関係に風穴を開けるものとして称賛された。しかし、アメリカは「アラブの春」を後押しするための行動を、ほとんど何も起こしていない。「アラブの春」は、チュニジアのひとりの果物売りが経済的に追い詰められ、その抗議として焼身自殺をしたことがきっかけで高まった運動だ（その四五年前にヴェトナム人僧侶が同じく焼身自殺を図った一件を思い出させる）。レトリックはその後も大統領をトラブルに巻き込み続ける。カイロのタハリール広場での抗議が、エジプトでのクーデターの危険を招いたとき、ホワイトハウスは古くからの同盟者だったホスニ・ムバラク大統領と手を切ってしまった。ムバラクの後継者として、選挙で正式に選ばれた「ムスリム同胞団」代表のムハンマド・ムルシは、のちに軍によるクーデターで失脚する。そこでオバマ政権はようやく方針を変更して、アブドルファッターフ・アッシーシ将軍（のちの陸軍元帥で大統領）を支持した。

二〇一三年にシリアで内戦の嵐が吹き荒れ、数万の罪もない市民が虐殺されると、伝説のカヌート王が海に向かって「潮よ、引け」と命じたように、オバマはシリアのバッシャール・アル・アサド大統領に退陣を迫った。もちろん、アサドはおとなしく従いなどしなかった。シリアが自国民に対する化学兵器の使用をほのめかすと、オバマはそれを「越えてはならない一線」だと強く訴えたが、その警告は無視された。二〇一三年九月一〇日の国民に向けた演説で、オバマは二つの決定を発表した。

第一に、アメリカは将来の化学兵器の使用を抑止するために、シリアへの攻撃を実行すると宣言した。第二に、オバマにはアメリカ軍に行動を命じる権限はあったのだが、彼は議会の承認を得ることにした。公平を期して言えば、オバマとイギリスのデイヴィッド・キャメロン首相はシリアを罰するための共同軍事作戦に合意していた。政治的な愚かさを露呈するようなものだが、キャメロンは八月末の長い週末の間に議会を再招集して、この決定についての票決を求めていた。議会は圧倒的多数で否決した。

アフガニスタンとイラクでの戦争がまだ続き、二〇一一年のリビアへの軍事介入の失態がまだ記憶に新しかったこの時期には、議会はシリアに対する軍事行動を承認する準備ができていなかった。もし票決が行われていたら、イギリス議会と同じ結果が出ていただろう。オバマは引き下がらざるを得なくなり、アメリカは結局、何も行動を起こさなかった。このことはアメリカの信用に大きな打撃を与えた。のちにロシアが介入し、アサドを説得して大量破壊兵器を放棄させると、オバマは「アメリカは最終的には望む結果を得ることができた」と述べた。しかし、この弁解はあまりにむなしく、説得力もなかった。オバマに批判的な者たちは、ここぞとばかり、「越えてはならない一線」と「アサドは去れ」というオバマの言葉を持ち出して、強力な攻撃材料として使った。彼らはどちらのフレーズもあざ笑い、オバマは慎重すぎて断固とした行動をとれなかったと非難した。

二〇一一年末、オバマは劇的な「アジア・シフト(pivot to Asia)」戦略を発表した。太平洋地域の戦略的、経済的重要性が増しているという考えからだ。しかし、この宣言は広報戦略としては大失敗だった。ヨーロッパ、中東、アジアの同盟国は、事前の相談もほとんどなかったこの一見大きな方針転換に、恐怖とは言わないまでも、強い懸念を感じた。中国はこの「シフト」を、中国の主権と地位に対する直接の攻撃とみなして、怒りをあらわにした。

国防総省はこの戦略的転換の影響を和らげようと、名称を「アジア・リバランス(再均衡)」に変更した。しかし、アフガニスタンと中東の状況が悪化し、また二〇一四年にはロシアがウクライナに介入したことで、アメリカは両地域での軍事プレゼンスを強化せざるを得なくなり、東への「シフト」という考えはさらに尻すぼみになった。明らかに、戦略的思考よりスローガンが先走っていた。耳に心地よいフレーズは、有効な戦略ではない。皮肉なことに、「シフト」戦略には海軍の太平洋地域への配備を全体の六〇パーセントにまで増す計画が含まれていたが、予算削減という現実を考えれば、その割合でさえ、アジアに配備される戦艦の総数がそれまでより減ることを意味していた。

オバマの外交政策顧問として中心的存在のひとりだったデレク・チョレットは、著書『*The Long Game*（ロングゲーム）』のなかで、オバマ政権は将来への影響を戦略的に考えようとしていたと書いている。この考え方については、オバマ自身の「ひどいヘマはしないこと」という言葉にも表れている。しかし、将来は予測不能ではあるものの、チョレットの興味深い著書は、とくにオバマの業績に関しては、あまりに楽観的すぎるように思える。さらに悪いことに、ホワイトハウスが露呈する理解と知識の欠如は、しばしば目にあまるほどだった。パキスタンとアフガニスタンは、残念ながら、十分な理解と健全な戦略的思考が欠けていたことを表す二つの格好の例だ。

オバマ政権が最初に実施した大きな戦略見直しは、「ＡｆＰａｋ（アフパック）」と呼ばれる「アフガン・パキスタン研究」で、元ＣＩＡ高官でサウジアラビアと近隣地域の専門家であるブルース・リーデルが率いた。リーデルは一九九〇年代後半にパキスタンの担当となり、核実験を含め、パキスタン政府との交渉に苦労した経験があった。その結果、パキスタンに対して当然ながら偏見を持つようになった。それがＡｆＰａｋの評価に影響を与えたかもしれない。「アフガン・パキスタン」というタイトル自体、重要度の順番が逆になっており、この調査の欠点を表す最大の批判ポイントだろう。戦略評価は二〇〇九年三月末に完了した。国家安全保障担当補佐官のジェームズ・ジョーンズ大将がヨーロッパ連合軍最高司令官として、二〇〇七年二月までアフガニスタンの「国際治安支援部隊（ISAF）」の全体的な指揮をとっていたのだが、彼の見解が経験の少ない大統領に否定されたことは興味深い。大統領はもっと控えめな最低限のアプローチを好んだ。この考えは、大統領のこれが「ロングゲーム」になるという認識と、愚かなことはしたくないという気持ちを反映したものだろう。残念ながら、この解決策は問題を正すには不十分だった。

オバマは三月末にホワイトハウスで行った重要な演説で、アフガニスタン・パキスタン新戦略を発表し、その目的は「アフガニスタンとパキスタンのアルカイダを混乱させ、破壊し、打倒して、将来どの国にも再び現れないようにする」ことだと説明した。そして、さらにこう続けた。「これはアメリカだけの問題ではない。最も重要度の高い国際安全保障への脅威である。ロンドンとバリ島でのテロ攻撃は、パキスタンのアルカイダおよびその提携勢力と結びついていた。北アフリカと中東、イスラマバードとカブールの事件と同じように。アジア、ヨーロッパ、アフリカの都市に対して大きな攻撃があれば、それもパキスタンのアルカイダ指導部とつながっている可能性が高い」

アフガニスタンに関しては、AfPak研究は、二〇〇一年以降に反体制派がアフガニスタンとパキスタンの大部分を支配下に置いてきたことで、治安は「ますます悪く」になっている、と推察した。さらに、アフガニスタン政府はタリバンに倒されるかもしれず、アフガニスタンが再びテロリストたちの拠点になる可能性もあった。最後に、オバマは正しい読みをしてこう言った。「イラクでの戦争のために、アフガニスタンには必要な資源を投入できなかった。今こそ「アメリカはアフガニスタンでの」目標を達成できるように、介入しなければならない」

残念ながら、ＡｆＰａｋ戦略は欠陥だらけだった。第一に、そもそもパキスタンを重点的に考えるべきだったのだ。もしパキスタンが国境を封鎖して、タリバンを抑えつけておくことができれば（タリバンの多くはパキスタン政府に直接、間接の支援を受けていた）、アフガニスタンでの状況は改善できていただろう。これは、パキスタンに売り込むのは相当困難な戦略だった。パキスタン軍とその強力な「軍統合情報局（ＩＳＩ）」は、アフガニスタン政府に影響力を与えるためにも、アフガニスタンへのインドの介入や影響力の行使を防ぐためにも、タリバンを頼っていた。パキスタン軍を取り込まないかぎり、安定が達成される望みは薄かった。

第二に、ＮＡＴＯはアフガニスタンの司法と立法、教育、経済、警察、麻薬対策、インフラ整備といった国の再建のためのさまざまな仕事を、この国で活動する加盟国の間で分割していた。この分割が不平等でしばしば対立する政策につながった。ヴェトナムが組織面での失敗だったように、アフガニスタンも国際レベルでの組織上の失敗だった。この組織編成の問題は国中で目についた。

たとえば、一八ある地方復興チーム（ＰＲＴ）は国家建設と再建を支援するために考えられたものだ。しかし、チーム間の協力体制がなく、能力にばらつきがあった。これらのチームはソ連の前任者たちの経験から学んでもいなかった。ソ連も同じような組織をつくり、失敗していたのだ。オバマが理解したように、アフガニスタンはイラクを攻撃したくて仕方がなかったブッシュ政権からほとんど見捨てられた状態だったので、人員も資源もほとんど与えられていなかった。

第三に、アフガニスタンは部族社会で地方色が強かった。カブールの中央政府の権力は地方には及ばなかった。それは、この国の経済を支える伝統的な農業が、小集団化を促していたからだ。歴史のまだ早い時点で、アフガニスタンは南アジアの農業の中心地となり、古代ローマ人が最初のものを建設した見事な導水路も整っていた。タリバンが破壊しなかったものを、ソ連が破壊した。どういうわけか、この全国的な灌漑システムは、NATOが復興支援をしていた間に修復されることはなく、それ以降も再建されないままだ。

第四に、麻薬取引は、海外から流れ込むドルやユーロを除けば、アフガニスタンの国内総生産（GDP）の最大の構成要素になっていた。麻薬に対する競争力を保ってきたのは、健全で豊かな農業部門だけだった。

第五に、欧米諸国、とくにアメリカが、女性の役割や、もちろん教育に関して、アフガニスタンの社会、文化に変化を強要しようとした。女性の地位に対するアフガニスタンの非常に保守的な考え方からすれば、この変化を実現させるには根本からの徹底的な変革が必要だった。学校に通う少女や女性の数を増やすことばかりが目的になり、女性にもっと大きな役割と責任を与える必要と、その状況に社会を慣れさせることには注意を向けなかった。

第六に、イラクと同じように、警察官の募集と訓練に十分な注意が向けられなかった。もちろん、軍隊は欠かせない。しかし、村や小さな町では警察が治安を守る。このことが見逃されていた。アフガニスタンについてもっと深い理解と知識があれば、結果は変わっていただろうか？　この疑問に答えるのはほとんど不可能だ。しかし、もっと状況が悪くなっていたとはあまり想像できない。

AfPak研究が進められているころ、一万七〇〇〇人の増派部隊がすでにアフガニスタンに向かっていた。ホワイトハウスは国際治安支援部隊の司令官だったスタンリー・マクリスタル将軍に、必要な兵力についてさらなる評価を行い、夏までに将軍自身の意見を添えて報告するように命じた。マクリスタルが「リスクを最低限にする」戦力、つまり約八万の追加兵力が必要だと報告するらしいという話が漏れ伝わると、ジョーンズが「W（ウイスキー）・T（タンゴ）・F（フォックストロット）」（誰もがよく知る〝WTF〟――What the fuck?〔いったいどういうことだ？〕――の隠語）のメッセージを携えてカブールに送られた。二〇〇九年一二月一日、ウエストポイント陸軍士官学校で、オバマ大統領はアフガニスタン戦略の第二段階と三万人の増派を発表した。

それが、ハミド・カルザイ率いるアフガニスタン政府に圧力をかけ、治安部隊を拡大するという約束を守らせる最も効果的な手段だと信じていたオバマは、二〇一一年六月二二日、アフガニスタンからの米軍の撤退を開始すると発表する。治安に関するすべての責任を、二〇一四年までにアフガニスタンに引き渡すという計画だった。この発表はすぐさま批判される。なぜ敵に我々の計画を教えるのか？　北ヴェトナム人はアメリカが去るまで待つことができた。タリバンだって同じことをできるではないか、と。

最終的にオバマは撤退の期日を延期し、アフガニスタンに残す兵力を一万弱にまで増やした。この頻繁な計画変更は、アフガニスタン国内の状況というよりも、健全な戦略的思考の欠如を反映したものだ。

同じ戦略的誤りは、イラクでも続いた。オバマのイラクからの撤退決定がイスラム国を誕生させたというのちの見当違いの批判は別として（イスラム国は、イラク軍を解体し、バース党と関わりのあるすべての政府関係者を解雇するという、ブッシュ政権のなんともひどい決定によって生まれたのだ）、アメリカには撤退するしか選択肢はなかった。ヌーリ・マリキのシーア派政府は、アメリカ人をイラクから追い払いたがっていた。しかし、こうしたイラク側の要求を受け入れることは、「増派」の効果が失われることを意味した。オバマは現地の状況を再評価しなければならなくなり、アルカイダとイスラム国（ＩＳ）と戦うためには、もっと多くの兵力が必要になっていく。

イスラム国との戦いは、オバマの戦争というよりブッシュの戦争と呼ぶべきものだ。ＩＳはたしかにブッシュ政権の間に生まれ、それから数年でイデオロギーの伝染病のように広がっていった。ブッシュはこの伝染病との戦いについて、「テロとのグローバル戦争」という誤った位置づけをしていた。その名称の戦略的、意味的な誤りは、もっと早い時点から明らかだった。

ＩＳを「二軍チーム」と呼んだミスは別として、オバマは二〇一二年一月二四日の一般教書演説を、自分の外交政策と国家安全保障上の達成（明確な勝利ではなかったが）を発表する機会として使った。

この九年ではじめて、イラクにアメリカの戦闘員がひとりもいない状況になった。この二〇年ではじめて、オサマ・ビンラディンがアメリカに対する脅威ではなくなった。

しかし……それも国民の協力があったからこそのことだ。我々が団結して臨むとき、アメリカ合衆国に達成できないことは何もない。

それが、ここ数年の国外での活動から学んだことだ。イラク戦争を終わらせることで、敵に対して決定的な打撃を与えることができた。

パキスタンからイエメンまで、残存するアルカイダの工作員たちは混乱している。アメリカの追及の手を逃れられないことがわかっているからだ。

この圧倒的な力の優位を得て、我々はアフガニスタンでの戦争の段階的縮小を始めた。一万人の兵士がすでに帰国した。さらに二万三〇〇〇人が今年の夏の終わりまでには帰国の途につくだろう。アフガニスタンへの責任の移行は今後も続く。そして、アフガニスタンが二度とアメリカに対する攻撃の源にならないように、長期的なパートナーシップを築いていく。

戦争の潮が引き、変化の波が中東と北アフリカに、チュニスからカイロへ、サナアからトリポリへと広がっている。

一年前には、カダフィが世界で最も長く権力の座に居座った独裁者だった。彼はアメリカ人の血で手を汚した殺人者だ。いま、そのカダフィは姿を消した。

シリアのアサド体制も、変化の力はもう抑えられないことを、人間の尊厳は否定できないことをまもなく悟るだろう。私はそう信じて疑わない。


それから五年後に振り返ったオバマの実績は、それほど見栄えのよいものではなかった。実際のところ、大統領の発言（この二〇一二年の一般教書演説やその他の演説、記者会見での言葉）を、二〇一七年半ばの状況を重ね合わせてみれば、それが一番の厳しい批判となっただろう。この政権で何度も繰り返された特徴は、どっちつかずというものだ。大統領は「タフに話す」ように心がけつつ、愚かなことはしたくなかった。この矛盾が、意図を行動に移せない原因になった。オバマもまた状況の評価ではあまりに楽観的すぎた。また、彼の政策は説得力ある戦略的枠組みや考え抜かれた分析や理性よりも、本能的な用心深さから発することのほうがずっと多かったように思える。

ＩＳが地域に重大な危機をもたらすことをようやく理解したオバマは、遅ればせながら行動を起こす。二〇一四年三月、ジョン・ケリー国務長官の強い勧めに従い、オバマはジョン・アレン退役海兵隊大将と会った。アレンは二〇〇六年から二〇〇八年までイラクで任務に就き、アルカイダとＩＳ予備軍に激しく抵抗したスンニ派の「アンバルの覚醒」に大きな責任を負っていた人物だ。彼はその後、アフガニスタンで国際治安支援部隊司令官となり、二〇一三年に現役を引退した。

アレンは大統領に、イラクのための政治的・軍事的・経済的総合戦略を提案した。状況が悪化を続けるばかりの半年間に、ホワイトハウスはアレンの提案について延々と協議を続けた。しびれを切らしたケリーが介入しなければならなかった。オバマは九月になってようやく、アレンを「過激派組織ＩＳＩＬに対抗する有志連合」（ＩＳＩＬはホワイトハウスによるＩＳの呼称で、正式には「イラクとレヴァントのイスラム国」）の特別大使にした。連合をつくり出せるかどうかは、アレンの手腕次第となった。

結局は、無駄に過ごした半年が致命的になった。アレンがあれほど熱心に養成したアンバルの指導者たちは、国外逃亡するか殺されるかしていた。私は一二月にペンタゴンシティのホテルでアレンと昼食をともにした。その途中で彼は、電話に出るために一分ほど席を外した。戻ってきた彼は、具合が悪そうに見えた。軍の同僚で親しい友人だったシーク・ローレンス・ムティブ・ハザン（曽祖父がアラビアのロレンスと一緒にトルコ人と戦ったことにちなんだ名）が、ＩＥＤ（即席爆発装置）で死亡したという知らせだった。

アレンは最善をつくした。しかし、当初は六二国で結成された有志連合は、本物の同盟ではなかった。ＪＣＰＯＡの履行以来、サウジアラビアはアメリカがイランのために自分たちを見捨てた、と考えていた。サウジにとっては、ＩＳではなくイランこそが最大の敵だった。そのため、イエメンに部隊を送りはしたものの、他の湾岸諸国と同様、ＩＳと戦うために地上軍を派遣するつもりはなかった。シリアは手に負えない状況になっていた。オバマの「越えてはならない一線」と、アサド退陣の要求は、何の脅しにもならず、アメリカの影響力と威信を傷つけただけだった。イラクはシーア派国家なので、スンニ派のアラブ諸国は、ＩＳが自国の存亡に関わる危険となる可能性を過小評価し、積極的に支援するのは気が進まなかった。

アレンは国防総省からの支持もほとんど得られなかった。当時の中央軍司令官のロイド・オースティン陸軍大将はアレンに、この任務に就くために現役に戻ったのは賢明ではなかった、と忠告した。オースティンはもちろん、対イラク戦略の指揮をとった人物だ。

ＩＳを「混乱させ破壊する」というオバマの約束は、彼の他の宣言と同じくらい軽く受け取られた。混乱させることはできそうだった。破壊ははるかにむずかしい目標に見えた。対ＩＳの努力はシリアで泥沼にはまり込む。シリアはイスラム国の主たる避難場所になっていた。空爆や無人飛行機による攻撃で死者の数だけは増えていったが、殺すことは勝利への道にはならない。五億ドルをかけてひと握りの反政府派のシリア人兵士を訓練したことも、この種の代理戦争を戦ううえでの障害と効率の悪さを露呈する、もう一つのひどい証拠だった。ＩＳはラマディやファルージャからは追放されたが、（本書執筆時点での私の観測では）イラク軍がイラク第二の都市モスルをＩＳから奪還したあとで、解放されたこの町をどう統治していくかでまた試練が訪れるだろう。

シリアの内戦はまさに地獄絵図だった。体制は前大統領（アサドの父）と同じくらい無慈悲で、反体制派を抹殺し、罪のないシリア人を殺した。二〇一三年初めの一連の「樽爆弾」と、化学兵器ではないかとうわさされた攻撃のあと、オバマの上級顧問たちはアサドの空軍と対空防衛を無効にすることが、反体制派への強力な支援手段になると進言した。オバマはこの助言をはねつけた。

政権のメンバーも政権に批判的な側も、シリアの民間人を守るために「飛行禁止区域」と安全な避難場所が必要だと訴えた。しかし、安全地帯を設けるには、それを守るためのかなりの地上部隊が必要になる。アラブやムスリムの同盟国は、地上軍を送るつもりはなかった。アメリカも同様だった。さらに、一九九一年以降のイラクで学んだように、飛行禁止区域は非常に複雑でコストがかかる。これについては後述するが、二〇一五年九月にプーチンが介入したときには、ロシアの航空機との偶発的な遭遇の危険が生じ、飛行禁止区域の設定ができなくなった。

シリアの悲劇は、現在の世界の安全保障環境がどれほど複雑で、相互につながっているかを示す多くの例の一つにすぎない。二〇世紀の大きく二極化された世界は、二つの勢力が力と影響力を競い合っていた。現在の状況はそれとは対照的だ。アメリカと、アラブとムスリムの同盟国はアサドに反対している。とくに、トルコとサウジアラビアはアサドの支配体制を何としてでも終わらせようとしている。しかし、トルコはこの戦いにクルドの同盟者を受け入れることについては疑心暗鬼に陥っている。トルコ政府はクルド人のナショナリズムとクルド労働者党（ＰＫＫ）の反政府派を危険視しているからだ。同様に、以前はシリアと同盟を結んでいたシーア派国家のイラクは、クルドのゲリラ組織

「ペシュメルガ」と対立している。クルディスタンの分離独立を恐れているからだ。さらには、すでに述べたように、サウジアラビアはアメリカがサウジの最大の敵、イランへ歩み寄っていることを心配している。

ロシアとイランはシリアにとっての生命線だ。しかし、ロシアはアサドの支配が永続するように肩入れするつもりはない。ロシアはイラクとリビアで何が起こったかをよく知っている。それでも、政情不安がシリアの状況をさらに悪化させ、イスラム過激主義がロシアで無視できない規模のコミュニティを築いているムスリム少数派にまで広がる可能性を考え、長年の友好国を手助けする道を選んだ。同じように、シーア派のイランも以前からアラウィー派のシリアを支援してきた。アメリカと最も強い絆で結ばれた同盟国であるイスラエルに対抗することもその理由の一つだ。しかし、イランは現在、欧米諸国とともにJCPOAに参加している。

内戦によって一〇〇〇万を超えるシリア人が土地を追われ、大勢が近隣諸国に逃げ込んだ。近隣国の多くは彼らの受け入れに四苦八苦している。数百万人がヨーロッパへ逃れようとして大きな問題を生じさせた。新聞社シャルリー・エブドやパリとカンヌのレストランの襲撃、ブリュッセルの空港と地下鉄の襲撃など、多発するテロ攻撃とともに、この難民の大きな流入がヨーロッパ社会に経済的、社会的、文化的、法的、政治的圧力をかけている。外からの長期的解決策を講じることは不可能かもしれない。残念ながら、内戦はどこでもそうであるように、暴力は鎮まるまで自然の成り行きに任せるしかなく、それまでは安定を取り戻すための手段は見つからない。一時的な救済行動でさえ困難なのだ。

シリアはすべての大統領にとっての外交政策の悪夢を象徴する例だろう。結果は「悪い」か「より悪い」のどちらかしかない。それが避けがたい現実なのかもしれない。しかし、健全な戦略的思考と十分な理解がなければ、つまり、状況についての深い知識と十分な情報を集めたうえでの結果についての理解がなければ、最悪の結果が約束されたも同然だ。たとえば、誰がシリアをコントロールしているかについては、その仮定を再考してみなければならない。バッシャール・アル・アサドが名目上の指導者にすぎないかもしれないという証拠はある。彼をよく知る者たちは、アサドには父親の無慈悲さが欠けていると考えている。実際に、事故で死亡するまでは、彼の兄が後継者に選ばれていた。このことを理解しておくことが重要な理由は、もしその弟とひとりかふたりの将軍が実際に決定を下しているのであれば、アサドに注目するだけでは暴力を緩和するという目標は達成できないだろうからだ。

オバマ政権の軍事力行使に関する政策すべてを、ここで一つ一つ検証することはできない。したがって、その政策を代表するものとして、ウクライナとパキスタンをめぐる問題に注目し、ウクライナについてはNATOやロシアにどう対処したか、そして、これらの出来事がアメリカの軍隊の規模と能力にどのような影響を与えたかを考えてみよう。

二〇〇九年初め、ヒラリー・クリントン国務長官がロシアとの関係の「リセットボタン」を押し、ロシアのセルゲイ・ラヴロフ外相にそれを記念する模型ボタンを贈りさえした。残念ながら、その模型に記された「リセット」のロシア語の翻訳は正確ではなく、やがて起こる出来事の予兆となる。すでに述べたように、オバマ政権はプーチンに代わって大統領になったドミトリー・メドヴェージェフが、前任者よりも柔軟な人物だろうと安堵していた。しかし、権力を握っているのはまだ、首相に戻ったプーチンだった。

ロシアはジョージ・W・ブッシュに対してイラク侵攻の愚かさを指摘し、強く警告したという点では正しかった。イラクは崩壊に向かっていた。リビアでの思慮の足りないNATOの行動は内戦とさらなる政情不安を引き起こした。イスラム国の出現とシリアでの「カリフ制国家」の樹立が、シリア政府の体制を脅かし、内戦を悪化させた。

アメリカはアサドの化学兵器を排除するため、最終的な破壊か別の場所への移動を求めたものの交渉は行き詰まり、それを正すためにロシアの介入が必要になった。アメリカのいわゆる「自由シリア軍」への支援は、ロシア政府にはイラクの災難の繰り返しに見えた。二〇一五年九月、ロシアはアサド体制を救い、バース党政府の崩壊を避けるために、比較的控えめな軍事介入を開始した。

その一方で、ウクライナが火種になっていた。プーチンはさらなるNATOの拡大に対して警告していた。ウクライナはEUとの連合協定を交渉中だった。二〇一三年一一月二一日、ロシア政府からの強い圧力を受け、当時のヴィクトル・ヤヌコーヴィチ大統領はブリュッセルとの交渉を打ち切った。ロシアはウクライナがEUに近づきすぎ、伝統的なロシアの勢力圏から離れることを心配していたのだ。大衆の抗議運動がそれに続き、キエフを中心にしたこの運動は「ユーロマイダン」革命［訳注：キエフの中央部に位置する「独立広場」が活動の中心になったことから、広場を意味する「マイダン」とヨーロッパの「ユーロ」を組み合わせた造語］と呼ばれるようになった。

ヤヌコーヴィチは二〇一四年二月末にキエフから追放される。選挙で選ばれた大統領に退陣を強制するという違法とみなされる暴挙に対し、おもに親ロシア派の、ウクライナ東部と南部のロシア語圏の地域ではその反動として暴動が発生し、勢いを増した。三月一八日、ロシアがクリミアを併合した。クリミアは実質的にはロシアの一地方といってもよく、一九五四年にニキータ・フルシチョフによって無造作にウクライナに割譲されたのちも、軍事基地に約二万人のロシア兵が駐留していた。このクリミアへの介入が欧米に危機感をもたらした。西側諸国はロシアが主権国家の領土を侵害し、冷戦後の世界秩序を覆したという理にかなった主張をした。

「小さな緑の男たち」(国章のない戦闘服を着たロシア兵を指す）がドネツク州とルハンスク州（合わせてドンバス地方と呼ばれる）になだれ込み、「ハイブリッド戦争」というふさわしくない名をつけられた軍事行動を起こしたことで、危機はエスカレートした。これが、キエフのヤヌコーヴィチ後の政府と、ロシアの支援を受けた東部の親ロシア派の武装勢力との戦いに発展する。「ミンスク合意I」「ミンスク合意II」の二度の停戦合意にもかかわらず、紛争は続いている。

NATOとEUはまず、ロシアに対する経済制裁、金融制裁という形で対応した。一方、ロシア政府はロシア軍がウクライナ国境を越えたことを否定した。NATOの当時のヨーロッパ連合軍最高司令官のフィリップ・ブリードラヴ米空軍大将は、偵察衛星の写真や無線の傍受で得た証拠から、ロシアの言い分を信じなかった。非常に興味深いことながら、フェイスブックやツイッターなどのソーシャルメディアを使うことで、ロシア軍の存在について機密情報でもなんでもない決定的な証拠が集まった。

そこからは、どう対応するかで激しい議論が続いた。ワシントンでは、多くがキエフの政府の武装化を支持したが、ホワイトハウスは反対した。反対意見のほうが説得力はあった。ロシアには内部の連絡手段がある。西側から支援する際の距離を考えれば、ロシアがウクライナ東部の武装を強化して優位に立つだろう。したがって、ロシアは西側を上回る勢いで戦闘を拡大することができる。

第二に、キエフが戦闘で「対等に戦える」ように攻撃兵器を提供することは、人道的にも妥当であると訴えることはできるだろうが、現実には、エスカレーションがさらに多くの犠牲者を出し、ロシアの介入の度合いを高めるリスクがあっただろう。第三に、提供する兵器をウクライナ軍が使えるように訓練するには時間がかかり、コストが高くつき、西側の訓練要員を危険にさらすだろう。しかし、いくらかの防御兵器と後方支援は提供されてきた。

理由はわからないが、ハイブリッド戦争は意外なものとして受け止められたようだ。「ハイブリッド」という言葉は従来型の戦力以上のものを使うことを意味する。プロパガンダ、サイバー攻撃、経済的影響力、政治的脅しなども、いわゆる新しいテクニックに含まれる。しかし実際には、これらはどれも新しいものではない。レーニンは一九二四年に、エストニアを併合しようとして同じような戦術を使った。当時は、電話でのやりとりが現在のインターネットとサイバーに相当した。レーニンのクーデターは失敗に終わった。

一方、NATOはその東端に位置する加盟国がロシアのクリミア侵略と併合に対して物騒な反応を見せている状況に、何をすべきか、何ができるかを議論した。ちょうどウェールズで開催される二〇一四年のNATO首脳会議が間近に迫っていたころで、これを同盟の目的について思い切った戦略的再定義をする機会にすることもできた。しかし、ホワイトハウスは合意しなかった。

国務省とNATO常駐代表の助言にもかかわらず、ホワイトハウスは無関心のように見えた。おそらく大統領は、さらなるロシアとの対立は得策ではないと考えたのだろう。皮肉なことに、ヨーロッパの同盟国は、アメリカに困難な仕事を任せたがっていた。オバマがアフガニスタンからの撤退の期日を設定したのは、一つには、アフガン人に自国の治安回復の責任を持たせるためだった。同じ論理が、ヨーロッパにも当てはまるはずだ。つまり、ヨーロッパにいつもアメリカの救援を当てにするのではなく、自らヨーロッパの防衛に力を注がせるということだ。

しかし、ウェールズでの首脳会議の議題に、特定の推薦事項が含まれるように率先して動いたのは、ヨーロッパ連合軍司令官だった。とくに重要だったのは、「即応性行動計画（RAP）」だ。この計画はヨーロッパへの戦力配備を強化し、訓練を実施して同盟国に自信を持たせ、ロシアにプレッシャーを与え、抑止効果を期待するものだった。同盟国は少なくともGDPの二パーセントを防衛費にあてることにも合意した（実際には、二九加盟国のうち、この基準に達したのは五国だけだった）。RAPはワルシャワで開かれた二〇一六年の首脳会議でさらに拡大された。合わせて四個大隊（アメリカ二隊、イギリスとカナダがそれぞれ一隊）が、ポーランドとバルト諸国に追加配備される。地中海東部、黒海、バルト海での一連の演習もスケジュールが組まれた。

ロシアはその間、NATOの対処策と、もちろん制裁に対抗した。まず、一連の「抜き打ち」軍事演習で、その即応能力を見せつけた。そして、西側に対するプロパガンダとサイバー活動を増やした。さらに、ロシアの海上、航空部隊がたびたび国際水域と空域で危険を顧みずにNATO部隊に接近した。新しい「冷戦」の始まりは避けられないかに見えた。

予想されたことながら、NATOとアメリカは二〇世紀型の反応を見せていた。ロシアを牽制する代替手段を探す代わりに、NATOは従来型戦力と手段に訴えた。安心を与えることは重要で、小規模の配備は役に立つ。しかし、四個大隊の増派は、もしロシアが大々的な従来型の攻撃を選べば（リスクが大きすぎるので、その可能性はほとんどないだろうが）、高速道路の「スピード軽減用バンプ」にもならないだろう。

まずは戦略の根本的改革から始めることが優れた出発点になっていたはずだ。バルト海と黒海周辺のNATO加盟国に「ヤマアラシ」防衛を提供し、いかなる攻撃も攻撃側が血を流すようにしておけば、大掛かりな増派よりもずっとコスト効率の高い戦略になっていただろう。この防衛策はスティンガー対空ミサイルとジャヴェリンなどの対車両ミサイルシステムを兵器に含めることで、国境を越えてくる「小さな緑の男たち」を食い止めるか殺すかする、というものだ。NATOはさらに、プロパガンダ、脅し、サイバー攻撃や、その他のハイブリッド戦争の戦術にも対抗できるようにする。一九三九年にフィンランドとソ連の間で戦われた冬戦争が、サイバーであれ別の手段であれ、侵略を防ぐためのモデルになるだろう。

西側諸国は制裁という強力な手段を使うこともできる。なぜ西側はウクライナをめぐるロシアとの交渉で、制裁解除というカードを利用しなかったのだろう？　その代わりに、プーチンが革新的で創造力に飛んだ戦略で出し抜くことを許してしまった。ロシアのシリアへの介入は、五〇〇〇から六〇〇〇の兵力に制限されていた。イラクとアフガニスタンで戦った連合勢力の数十万とは対照的だ。この小規模の戦力が卑劣なアサド体制を救った。カスピ海上の小型砲艦から「カリブル」巡航ミサイルをシリアの反政府勢力の標的に向けて発射することは、本格的な戦術というよりは示威的活動ではあったものの、広報上の勝利だった。

これはロシア製兵器の見事な宣伝にもなった。アメリカのトマホーク巡航ミサイルのほうがはるかに効果的で、数十年も前から配備されていたとしても、である。二〇一六年八月末、冷戦時代の遺物であるロシアのTu-22爆撃機が、シリアの標的を攻撃するため、イランの基地を飛び立った。ロシアはこうした飛行を派手に見せつけた。イランはその後、ロシア軍に撤退を要求した。

短期間であれ、イランから軍事作戦を実行するというロシアの大胆さは、この地域とヨーロッパに強い政治的メッセージを送った。プーチンはチャーチルの「資金が底をついたら、危険を避けるための方法を考え出さなければならない」という警句に従っていたのだ。プーチンかモスクワの政府の誰かが明らかにそれを実行し、西側とアメリカ政府を戦略的にうまく出し抜いていた。

二〇一六年五月、モスクワの国防省（MoD）でのアナトリー・アントノフ国防次官（AA）とHKUの会話。アントノフは博士号を取得し、ロシア外務省に所属して大使を務めていたが、そこからMoDに異動し、二〇一一年からは国防次官を務めている。この会談は第五回モスクワ国際安全保障会議の直後に行われた。私はこの会議には、数少ないアメリカ代表のひとりとして参加したが、軍対軍の交渉は中断されていた。

HKU　米ロ関係を改善するために何ができるでしょうか？　両国はウクライナの紛争を収束さ

せること、イスラム国を打倒すること、またシリアの人道的危機を和らげる手助けをするという点では、利害が共通しています。それでも、両国は日増しに敵対的になっています。ロシアの戦闘機がアメリカとNATOの戦艦に接近しています。一つでも間違いが起これば、危機につながるでしょう。もしロシアの一機が我々の船や航空機と衝突したら？　あるいは、ロシアの戦闘機が攻撃を仕掛けていると誤認され、撃ち落とされたとしたら？　実際にそうしたことがトルコで起こりました。もちろん、一九八八年にペルシア湾でアメリカの巡洋艦がイランのエアバスを撃墜するという悲劇もありました。

AA　いい質問だ。ところで、ロシアの航空機は武装されていなかった……。

HKU（相手の言葉をさえぎって）アメリカ側はそのことを知っていますか？

AA　さあ、わからない。そう話したと思う。しかし、もっと大きな問題は、アメリカとNATOが我々とのコミュニケーションをほとんど断ってしまったことだ。我々は会話を必要としている。

HKU　統合参謀本部議長のダンフォード海兵隊大将は、ゲラシモフ参謀総長と連絡をとろうとしたものの、返答がなかったと言っていました。

AA　おそらく、もう一度試してみるべきだろう。いいかね、ロシアはNATOのここまでの東への拡大を直接的な脅威と考えている。アメリカはルーマニアの海岸にイージスミサイル防衛基地の建設を発注し、ポーランドでも着工した。これが中距離核戦力（INF）全廃条約の合意に違反していることはわかるはずだ。我々がこうした基地を心配するのは、ロシアの戦略ロ

ケット軍を射程内に入れるからではなく、短距離戦術ミサイルに対しても使えるからだという
こともわかっているだろう（これが厳密な意味で条約違反になりうるという点では、ロシア側
の主張は正しい。アメリカはロシア政府に、兵器体系をアップグレードしてINF条約に違反するこ
とはないと確約した。アメリカ政府は、ロシアもすでにミサイル実験でINF条約に違反していると
主張してもいる）。

HKU　双方の話がかみ合っていません。米ロ会議を開いてはいかがでしょう。INF条約につ
いて、また、偶発的な事件が起こった場合に、不必要な危機を避けるにはどうすべきかについ
て話し合うのです。シリアとウクライナに関しても、共通の利害のために歩み寄る余地がある
かどうかを確かめるべきでしょう。

AA　国防省もプーチンも、それについてはすでに提案している。アメリカが回答を拒否してい
るのだ。NATOも同じで、事務総長を今年のロシアでの主要会議に招待したが、返答は得ら
れなかった。

HKU　レーガンが言ったように、〝信頼せよ、されど検証せよ〟です。私はこのあとNATO
に向かいますから、私に確認させてください。何の返答もしていないというのはどうにも信じ
られません（実際にはアントノフが正しかったことがわかった）。

AA　耳の聞こえない相手と話しているようなものだ。我々にも非難されるべきところはある。
しかし、我々の主張、警告、そして何よりも我々の利害が無視されている。

HKU　わかります。しかし、ラヴロフとケリーの関係は良好なのでは……。

AA　彼らは問題ではない。ホワイトハウスとペンタゴンは敵対的だ。スーザン・ライス〔国家安全保障担当補佐官〕とカーター〔国防長官〕は強硬路線をとっている。ケリーは蚊帳の外に置かれているように思う。我々は次の政権を待たなければならないだろう。しかし、率直に言えば、どちらの候補もロシアを現政権より理解しているようには見えない。

HKU　期待はできないでしょうね。

AA　ロシアが現状を打開するために、新しい同盟相手を探す方向に外交政策をシフトしているのはそのためだ。はっきり言って、アメリカが正しい行動をとるとは期待できない。アメリカが介入した国はどこも、イラクも、アフガニスタンも、リビアも、状況は悪化している。ロシアはアメリカよりも大きなムスリム人口を抱えている。チェチェンではイスラム原理主義と戦った。モスクワの劇場とベスランの学校へのテロ攻撃のことは覚えているだろう。

HKU　ぜひ何らかの種類の軍対軍の対話、あるいは〝トラックⅡ外交〟〔非政府機関の影響力ある人物による民間外交〕を考えてくださるようにお願いします。新たな形の冷戦が始まれば、米ロどちらの利益にもなりません。他の国にとっても同じです。

AA　私もその考えには同意する。

残念ながら、その翌年も東西の関係は悪化する一方だった。二〇一七年四月に開かれた第六回モスクワ国際安全保障会議は、それまでに比べるはるかに重苦しく、厳しいものだった。この会議については後述する。

◆

パキスタンはビンラディン急襲からしばらくたって、再び大きな問題として舞い戻ってくる。アイゼンハワー時代までさかのぼる歴代政権が、パキスタンの扱いでは苦労してきた。冷戦時代にはソ連と対抗するうえで重要な同盟国だったパキスタンは、ブッシュのテロとの戦いに欠かせないパートナーとなり、「NATO以外の主要同盟国」に位置づけられた。一九六〇年五月にシベリア上空でフランシス・ゲーリー・パワーズの操縦するU-2機が撃墜されたとき、彼が飛び立ったのはパキスタンにあるミーランショー基地だった。残念ながら、パキスタンの政治は今も、三つの主要勢力の対立のために苦労を強いられている。

第一に、パキスタンは現在も封建制が残り、三・五の家族に支配されている。一つ目の「家族」である軍は、一九四八年のインドからの分離以来、この国の歴史の半分近くを支配してきた。ブット＝ザルダリ家とシャリフ一族が、あと二つの家族を構成し、チョードリー家が残りの「半分」を構成する。ズルフィカル・ブットは大統領と首相を兼任していたが、元国防長官（で当時は大統領になっていた）ジア・ウル・ハク将軍によって反逆罪に問われ、一九七九年に処刑された。娘のベナジル・ブットは二度首相になり、二〇〇七年一二月に暗殺されていなければ、三期目も当選していただろう。彼女の夫のアシフ・アリ・ザルダリが二〇〇八年に大統領になった。彼の文民政府は任期をまっとうする最初の政権だった。チョードリー家はといえば、政治と法律の世界で影響力を保ってきた。

第二に、ズルフィカル・ブットが一九七〇年代に経済の国有化を進めたことは、パキスタンを二級国家の地位に追いやったにも等しかった。彼のこの決定以降、パキスタン経済は完全に回復することなく現在に至っている。第三に、ジア大統領は国を急進化させ、より原理主義に近いイスラム主義へとシフトした。ジアはまた、「マドラサ」と呼ばれる宗教学校を増やしたため、そこが過激主義の温床となってきた。こうした学校は何百万という貧しい男性や少年に過激な宗教思想を植えつけることはもちろん、彼らにとっては食べ物や住む場所を得られる唯一の場所だ。この制度を改革しようという試みは失敗に終わってきた。今も二万校近くが存在し、原理主義がはびこっている。

アメリカ政府はパキスタンに影響を与えている基本的な勢力を理解するという点では、失敗を繰り返してきた。パキスタン政府の高官たちは、そうしたアメリカ政府を操るのがじつにうまい。ＡｆＰａｋ研究は、こうしたパキスタン社会と政治の基本的な現実を十分に認識できなかった。アメリカとパキスタンの関係はときに不安定になり、（本書執筆時点で）改善はしているものの、まだ良好とはいえない。

一つの出来事が両国の関係をよく表している。二〇一一年一月、ラホールのアメリカ領事館で働いていたとされるレイモンド・デイヴィスというアメリカ人が、運転していた車を止め、ふたりのパキスタン人を撃ち殺した。どうやらふたりはＩＳＩの指示でデイヴィスを尾行していたらしい。救援を求められ、現場に急いでいた領事館のＳＵＶ車は渋滞を避けようとして間違って一方通行の道に迷いこみ、そこで自転車に乗っていた民間人をはねて殺してしまった。進行中のテロとの戦いや、アフガニスタンでの紛争、無実のイスラム教徒を殺すものとして認識されていた無人航空機による攻撃などにより、プロパガンダで操られたパキスタンの世論は強い反米感情に染まっていた。この事件によって、パキスタン中に怒りが広まった。デイヴィスは逮捕され、投獄された。アメリカは、彼には外交特権があるとして、釈放を求めるための外交努力を始めた。領事館のＳＵＶの運転者についても同じだ。

二〇〇〇年代半ば以降、私は以前から親しい友人だったベナジル・ブットの顧問を務めていた。彼女の夫のアシフ・アリ・ザルダリとも、彼が長期に及んだ獄中生活からようやく解放されたあとに（義理の父と同じ運命を幸いにも避けることができた）、友人になっていた。私は頻繁にパキスタンを訪れ、政府や軍部の最上層部とも懇意になった。陸軍参謀総長や当時のＩＳＩ長官もそのなかに含まれる。

デイヴィスの事件が持ち上がったとき、私のところに統合参謀本部議長室から電話があり、彼を釈放するための手助けを求められた。相手はデイヴィスが、「我々のひとり」だからと強調した。おそらくデイヴィスが統合特殊作戦司令部（ＪＳＯＣ）のために働いていたという意味なのだろう。私はザルダリ大統領と話し合い、デイヴィスには外交特権があるというアメリカ側の主張を受け入れてもらった。しかし、パキスタンのメディアは世界でもとくに自由な発言で知られる。そして、パキスタン国民の間に怒りが広まった、という表現はおそらく控えめにすぎる。彼らはデイヴィスの裁判と死刑を要求していた。外交特権があるというザルダリの主張は、マフムード・クレシ外相によって覆された。これを政治的な好機と感じ取ったクレシは、デイヴィスには外交特権は認められないと宣言した。しかし、ザルダリ大統領が自分の政権の外相から挑まれるという事態が、新たな政治的な嵐を引き起こした。クレシは辞職を余儀なくされた。

二〇一一年五月、ジョン・ケリー上院議員（JK）のジョージタウンの自宅で。パキスタンの有能な駐米大使であるフセイン・ハッカニ（HH）と私が同席。この会話の間に、ケリーは二度、電話を入れた。一本はオバマ大統領に、もう一本はクリントン国務長官に。ハッカニも同じように、二度、電話で話していた。相手は、一本はザルダリ大統領で、もう一本はISI長官のアフメド・シュジャ・パシャ中将だ。

JK　大統領、デイヴィスを釈放するための別の手段があるかもしれません。ハッカニ大使がザルダリ大統領、パシャ将軍と電話で話しています。別の手段というのは「ディヤ」と呼ばれる習慣を使うことで、要するに犠牲者の家族への補償金の支払いです。それと引き換えに、すべての告訴が取り消されるかもしれません。

JK（大統領か国務長官どちらかの質問に答えて）そうです。〝ブラッド・マネー（血の代金）〟とも呼ばれています。

HH（パシャへの電話で）将軍、この方法でうまくいくでしょうか？（答えを聞いたあとで、ハッカニはケリーに、ISIが家族との仲介役として話をまとめ、補償金を手渡すことになるだろうと伝えた）。

HKU　いずれにしても、デイヴィスがCIAの職員ではないことは確かですか？　もし彼がCIA職員で、大使館の職員またはJSOCでないのであれば、大変なしっぺ返しを食らうことになります。ザルダリの立場も危うくなるでしょう。軍はパキスタンのプレデター基地をアメリカ軍が使うことを認めず、カイバル峠越えのアフガニスタンへの陸路まで封鎖されてしまうかもしれません。

ＪＫ（携帯電話を胸に押しつけ、相手にこちらの声が聞こえないようにして）大統領の優先順位は、どんなことがあってもデイヴィスを取り戻すことだ。

ＨＫＵ　わかりました。しかし、そのための代償は？　デイヴィスは裁判を受け、責任を負うべきです。

ＨＨ　もしアメリカが少なくともこの殺人事件について調査をすると約束すれば、効果があるでしょう。

ＪＫ　私もそう思う。しかし、向こうは受け入れないだろう。アメリカ国内で調査をしてみることはできる。しかし、ホワイトハウスが調査を見届けようとするとは思えない。国際法と外交特権という主張を押し通すべきだという意見に圧倒されるだろう。

デイヴィスの釈放までのパキスタンとの関係は、これ以上はないというほど悪化した（ビンラディンを殺害した五月一日の急襲で十分に悪化していたのだが）。デイヴィスは実際に、ＣＩＡの連絡要員で、外交特権は持たないことがのちに明らかになった。この年のうちに、デイヴィスはコロラド州のショッピングセンターで、駐車場所をめぐって口論になった五〇歳の男性を暴行したとして逮捕された。ホワイトハウスがデイヴィスの一件についてもっと十分な情報を与えられていたら（おそらく与えられていたはずだ）、結果は違っていたかもしれない。逆の状況で、もしパキスタンのＩＳＩに雇われ、外交特権のない人物がアメリカ政府で働くアメリカ市民を殺していたとしたら、その人物が釈放されるかどうかは疑わしい。

◆

この一件から導き出される結論は、ここ最近のアメリカ大統領はいずれも、就任時にその職に要求される経験があまりに乏しかったという観察結果を裏づける。彼らの政権には戦略的思考が決定的に欠けていた。重要な問題や状況についての理解と知識も欠けていた。オバマのどっちつかずの態度が、方向性の定まらない彼の政策に見てとれた。同じように、言葉と行動も一致していなかった。

ブッシュがイラクの状況を見誤っていたように、オバマも重大な間違いを犯した。幸いにもそれほどの災禍をもたらすものではなかったが、もしかしたら、まだその影響が表面化していないだけかもしれない。公正を期して言えば、大統領に要求される資質や資格の規準はあまりにも厳しい。二一世紀の世界では、どれほど資格や経験があっても、アメリカから見て成功とみなされる結果につながる形ですべての状況に対処できる大統領など、ひとりもいないかもしれない。そして、党派主義に毒されて麻痺し、分裂した政府は、大統領執務室に突きつけられる極端に困難な要求をさらに複雑にしている。

軍事力という点では、オバマ政権は後継者に三つの危機を遺産として残した。第一は巻き添え被害を最小限にするために「完璧な戦争」を追求したことだ。第二は対テロに重点を移したために、アメリカ軍の作戦の性格を変更したこと。第三は、党派別に分裂した政府により、ヴェトナム戦争後の「空洞化した軍隊」に似たものが生まれたことだ。この状況は今のうちに修正しておかないと、将来のアメリカ軍の戦力、収容能力、軍事能力に悪い影響を与える。

オバマはアメリカ軍へのリスクと巻き添え被害をできるかぎり最小限にする戦術と手段で、イスラムのテロリストたちを攻撃的に追った。無人攻撃機がその最もわかりやすい例だろう。しかし、「捕獲か殺害か」の任務がテロとの戦いの中心になり、アフガニスタン、イラク、リビア、シリアでの作戦にもそれが持ち込まれた。

「暴力的・宗教的過激主義」という呼び名を好むオバマは、彼らを直接イスラムと結びつけることは好まなかった。残念ながら、この理性的なアプローチは、イスラムに内在する欠陥がこの過激主義を生み出したと信じるアメリカ人からの強い反発を招いた。国内の成熟した討論を刺激する代わりに、党派政治はこのワンフレーズに不必要な注目を集めた。

アフガニスタンとイラクでのコストのかかる戦争の終結を望んだオバマは、偵察と無人機におけるアメリカの技術的な優位を、比較的完璧に近い選択肢とみなした。敵の戦闘員はおもに無人のシステムによって標的にされ攻撃される。これによって危険にさらされるアメリカ人の数は少なくなる。無人機はネヴァダ州の砂漠にあるクリーチ空軍基地のような、遠く離れた安全な場所から操作できたからだ。標的を正確にとらえた場合、また巻き添え被害が本当に最小限に保たれる場合にかぎって攻撃が実行される。

この遠隔操作の能力を補完したのが、特殊部隊の積極的な使用だった。ジョージ・W・ブッシュ政権下の「増派」戦略の間、イラクではスタンリー・マクリスタル陸軍大将が統合特殊作戦司令部を率いていた。彼が反政府勢力を追い詰めるための「ネットワークのネットワーク」とみなしたものの一部として、「捕獲か殺害か」の任務が、特殊部隊と通常部隊両方の常套戦術となった。アボッターバードでのビンラディン急襲は、この戦術の最たる例だった。

武装勢力との戦いにおいて、このように情報、偵察、小規模部隊を重視した結果として生まれたのが、第二の遺産、すなわち米軍が「大きな戦争」から小さな戦争に重点を移したことだ。少なくともここ一〇年は、この傾向が続いてきた。したがって、アメリカがイラクとアフガニスタンでの戦争で消耗している時期に、ロシアや中国が攻撃的な行動を起こし、通常戦力を増強したことは、当然ながら不安を引き起こした。

ジョージ・W・ブッシュ政権時代に陸軍参謀総長になったジョージ・ケイシー大将は、当初は「大きな戦争」を戦うための準備が小さな戦争に引き継がれるだろうと考えていた。ケイシーが任期中に、この仮定が間違っていたことに気づいたのは、褒められるべきことだ。大きな戦争と小さな戦争とでは、求められるスキルが違う。一方のための訓練はもう一方を戦うためには十分ではない。この矛盾を解決する仕事は、新しい大統領に引き継がれた。

その間にも、地上部隊を中心に「捕獲か殺害か」作戦や、小部隊での作戦のための訓練が続いていた。この訓練によって、大勢の下士官と、これらの作戦に適した例外的な戦闘スキルを持つ兵士が生まれた。しかし、その代償は、大きな戦争を戦うための能力が損なわれたことだ。ケイシーがのちに認めたように、大きな戦争のための準備には、小規模な戦闘に必要な準備が組み込まれない。反対のこともいえる。小規模部隊での対武装勢力や対テロリストの作戦の経験は、どれだけ広範囲であっても、一国の軍隊を相手にするような大きな戦争を戦うには十分ではない。

いわゆる「同格の競合国」、すなわちロシアと中国の出現により、アメリカ軍も重点を変更しなければならなくなるだろう。ヴェトナム戦争後の軍の体制を立て直すには数十年がかかった。従来型の戦争に戻すのにどれだけの時間がかかるかは、誰にも予測できない。これを実現させるには、第三の遺産を克服しなければならないだろう。これが三つの遺産のなかでいちばん大きな脅威なのだ。外からのどの敵よりもアメリカの安全にとって危険になりかねないのは、新たな「空洞化した軍隊」だと私は考える。

空洞化した軍隊につながる最も明らかな要因は、制御不能の防衛費の増加で、現在は毎年五〜七パーセントずつ増えている。その内訳は、増える一方の人件費、医療費、年金、兵器システム、後方支援、諸経費だ。年率七パーセントの伸びなら、コストは一〇年で倍になる。国防事業会議が実施したものをはじめ、多くの調査結果がこの予測を裏づけている。

即応性、近代化、訓練のための予算は縮小していくだろう。どのように予算を削減していくかについては、一連の不可能な選択肢が挙げられている。約一二〇万の現役兵力が高度な即応性、近代化、戦闘能力を維持するには、二〇一七会計年度の六〇〇〇億ドル超の予算でもまだ不十分だ。その予算は、実質的には、レーガン時代の防衛力増強のピークよりも多い。軍の側は、作戦に求められるスピードと、アシュトン・カーター国防長官が考案した「四プラス一」(これについては後述する)の脅威のシナリオを考えれば、もっと高レベルの戦力が不可欠だと主張しているが、それも無理はない。

このコスト面での危機をさらに悪化させるかのように、分裂した政府が賢明な防衛計画と管理を阻害し行き詰まらせている。予算管理法と「予算一律削減」によって、すべての防衛計画の予算が自動的、強制的に一律でカットされる。戦闘機、戦艦、弾丸を一〇パーセント少なく購入するにはどうしたらいいのだろう？　このばかげた、意味のない、非効率な制限は、「空洞化した軍隊」が生まれるのはほぼ間違いないと考えるさらなる理由を与える。

本書執筆時点でまだ効力を持つオバマ政権の国家安全保障戦略と軍事戦略は、野心的なものだ。しかし実際には、国防総省が発行している安全保障戦略に関する報告書『*DoD Contributions to National Security*（国防総省の国家の安全への貢献）』は、戦略も戦略的思考も否定している。さらに、オバマのホワイトハウスは緊急時対応計画の指針を定める代わりに、国防総省と作戦立案者に「選択肢」をたずねることを好んだ。そうした選択肢は効力がないとしてしばしば保留になるか却下されるかして、戦略は宙ぶらりん状態のままになる。

アメリカ軍の能力は非常にコストのかかる全志願制の兵力と、作戦に関わる問題のテクノロジーによる解決に依存しているため、国防総省ははるかにコストが少なくてすむ敵に対して、コスト交差比率で負けている。即席爆発装置（ＩＥＤ）がその例だ。国防総省は比較的低技術で安価な地雷、仕掛け爆弾、自爆装置つきベストに抵抗するために、七〇〇億ドル以上を費やしてきた。控えめに見積もって、イラクやアフガニスタンの敵やイスラム国が旧式のＩＥＤに七〇〇万ドルしか費やしてこなかったとしよう。コスト交差比率は一万対一で、アメリカが圧倒的に不利だ。七〇〇〇万ドルでも、一〇〇〇対一だ。同じ論理がもっと大きなテロとの戦争にも当てはまる。アメリカはどれだけ支出しているだろう、そして、それは費用対効果が高いといえるだろうか？

兵器そのもののほかに、それに関連した指揮統制、情報活動、その他の支援システムのコストを加えると、無人機による攻撃は安くはない。有人飛行に関しては、F－35戦闘機のパイロットのヘルメット代に約五〇万ドルかかる。これは戦闘システムの一部で、各パイロットに二個ずつ支給される。もしアメリカがF－35戦闘機を二〇〇〇機購入すれば、ヘルメットだけで二〇億ドルになる。このコスト交差比率が大きく変わらないかぎり、アメリカがどこに向かうかは明らかだ。

現時点での軍は、現在または将来の予算で支えられる規模に対して四分の一から三分の一程度大きすぎる。新たな戦争をもう一つ抱えることは問題外として、障害を排除するための支出さえ選択肢にはない。大幅な予算削減を達成できるような兵力構成のスリム化が求められると同時に、この爆発的な規模の増大を抑えるために、コストを軽減する効率性も必要になる。

第四の遺産も現れつつあるかもしれない。「同格の競合国」に対する計画が支配的になっていることだ。アシュトン・カーター元国防長官は、「四プラス一」軍事計画を提案した。四つの主たる緊急時対応計画は、ロシア、中国、北朝鮮、イランに対するもので、すべて同時にではなくても、それぞれの国を抑止、あるいは、必要であれば戦闘で打ち負かすことを目的とする。「プラス一」は、暴力的・宗教的過激主義、すなわち過激派イスラムを混乱させ、破壊することである。

このような計画には、大きな欠陥がある。アメリカは現在、ロシアと中国を戦争で抑止し、打ち負かす必要があるような深刻な段階に身を置いているだろうか？　もちろん、両大戦間の「レインボー・プラン」と呼ばれた戦争計画には、一九三〇年代半ばまで続いたイギリスとの紛争のための危機管理計画も含まれた。しかし、今の段階で敵ではない主要国家を抑止、打倒する必要を公式に宣言することは、愚かとはいわないまでも危険な行為だ。たしかに、現地指揮官たちは幅広い危機管理計画を手にしておく必要があるだろう。九・一一後のアフガニスタンに対してそれがまったくなかったことは、正されなければならない欠陥だった。しかし、危機管理計画は高レベルでの機密情報にしておかなければならない。

さらに、「四プラス一」計画表のどこにも、ロシア、中国、北朝鮮、イランの「抑止または打倒」に何が必要になるかが明記されていない。ただ、予算で現行の体制を維持できないときに、軍がより大きな編成を要求する正当な理由を与えているにすぎない。

どの大統領の実績の評価も主観的にならざるをえない。ブッシュとオバマは間違いなく、二〇〇八年の金融危機への対処では優れた手腕を見せた。アメリカと世界の経済は内部崩壊せずにすんだ。回復は力強くも一定でもなかったものの、株価の暴落は避けられた。

オバマ政権の最も重要な外交政策と安全保障上の達成は、JCPOAだ。その意義と効果については、将来が決めることだろう。しかし、二〇一七年のイラクとアフガニスタンは、どちらも二〇〇九年よりも不安定になり、問題を抱えていた。リビアはカダフィ体制を打倒した二〇一一年の攻撃の結果として、内戦で混乱している。ロシアや中国との関係は悪化した。こうした関係はゼロサムゲームになるべきではない。オバマ政権のチームは、ロシアとアメリカの政治的利害は一致させられると信じていた。たとえば、アサドは排除しなければならないとか、化学兵器の使用を越えてはならない一線にする、といったことだ。これは戦略を一連のキャッチコピーに置き換えることがどのようにマイナスに作用するかの例といえる。「アジア・シフト」とその発表は、明らかに中国を挑発するものだった。

イスラム国（ＩＳ）との限定的な戦闘はたしかに敵の戦闘員数万人を殺害し、ＩＳは撤退を余儀なくされ、占領していた土地を手放さざるを得なくなったが、戦いは収束に向かってはいない。暴力的イスラムに刺激されたテロリズムが広まっている。九・一一ほどの規模の攻撃は起こっていないものの、イスラム主義に影響された攻撃の頻度と数は、とくにヨーロッパで増加している。

皮肉なことに、警告と最低限の武力行使を好んだために、オバマ政権の遺産は逆効果となった。それぞれの状況を引き継いだトランプ政権は、どれくらいの規模の戦力が必要で、どこで、どのように、なぜ使うのかを決めなければならない。

◆

二〇一七年一月二〇日、ドナルド・Ｊ・トランプは大統領に就任した。連邦最高裁の採決でジョージ・Ｗ・ブッシュが大統領に決まった二〇〇〇年と同じくらいの驚きと論争を巻き起こした大統領選で、トランプは一般投票では三〇〇万票近く負けていたが、選挙人票の差で勝利した。敗れた候補の一般投票での得票がこれほど多かったのは、アメリカの大統領選の歴史では前例のない出来事だった。トランプは、「アメリカを再び偉大な国にする」こと、アメリカを最優先に考えること、南の国境に壁を建設してメキシコにその費用を支払わせることを約束し、さらに、「医療費負担適正化法」（オバマケア）の撤廃とそれに変わる医療制度、年率四パーセントの経済成長、数百万の雇用の創出、税制の改革と規制緩和、環太平洋パートナーシップ協定（ＴＰＰ）の拒否、北米自由貿易協定（ＮＡＦＴＡ）の再交渉、多国間ではなく二国間の貿易協定、予算の大幅増加による米軍の再建などを公約として掲げた。

この本が印刷に回されるまでの期日を考えると（本書は二〇一七年の秋刊行予定だった）、トランプ政権を深く分析する時間はない。実際のところ、大統領がしばしば選挙公約や発言を翻していることを考えれば、いくら情報に基づいた分析をしても、数時間、あるいは一日か二日で意味のないものになるだろう。しかし、選挙公約を守ろうとする大統領の決意と、自分の政策と見解を国民に伝えるために毎日のようにツイッターを利用していることから、ある程度の観察は可能だ。その結果は、戦略的に考えること、あるいは何らかの行動が求められる問題について十分な理解と知識を持つことに、この政権もやはり失敗しているように見える。

残念ながら、トランプ政権の最初の一〇〇日ほどは、明瞭さと安定よりも、混乱と議論を引き起こした。一連の大統領令により、トランプはすぐさま彼の選挙公約を実行に移し始めた。しかし、始まったばかりの政権は組織編成と政府を率いるために必要となる一〇〇〇人を超える職員の任命と承認に、多くの時間を必要とするものだが、そちらはまだ動きだしていない。

国家安全保障に関しては、トランプは国防長官にジム・マティス退役海兵隊大将を指名し、（圧倒的多数で）すでに承認を得た。エクソンモービル元会長のレックス・ティラーソンが国務長官になり、やはり海兵隊出身のジョン・ケリーが短期間だけ国土安全保障長官を務めたあと、二〇一七年七月にホワイトハウスの首席補佐官を引き継いだ。

最初に国家安全保障担当補佐官に選ばれたマイケル・フリン退役陸軍中将は、三週間ほどしかこの職にとどまれなかった。彼はロシアのセルゲイ・キスリャク駐米大使との会話についてマイク・ペンス副大統領に嘘を述べたことで、辞職を余儀なくされた。後任としてトランプが選んだH・R・マクマスター中将は、イラクとアフガニスタンで装甲師団員として戦闘を経験するとともに、学者でもあり、『*Dereliction of Duty: Lyndon Johnson, Robert McNamara, the Joint Chiefs of Staff, and the Lies that Led to Vietnam*（職務怠慢——リンドン・ジョンソン、ロバート・マクナマラ、歴代統合参謀本部議長と、ヴェトナムを引き起こした嘘）』の著書もある。この本は、戦争についての評価や予測について、アメリカ国民や議会に対してありのままの状況を伝えなかったアメリカ軍の上級将校たちを厳しく批判する内容だ。マクマスターは歴代の統合参謀本部議長が、ヴェトナム戦争の実情についてのジョンソン政権の過ちを隠そうとするか、嘘をついているとして告発した。トランプ大統領と真実が交わる機会はあまりに少なすぎるため、この政権ではマクマスター自身が、ヴェトナム戦争に従軍した将軍たちを厳しい批判にさらすことになったご都合主義の餌食にならずにいられるかどうか、力を試されることだろう。

トランプは、四人の将軍に頼りすぎていると批判されてきた。間違いなく、フリンに関してはよい選択ではなかった。それでも、オバマもまた三人の将軍を高官に据えていた。すでに述べたように、国家安全保障担当補佐官にジョーンズ海兵隊大将、復員軍人援護局長官にエリック・シンセキ退役陸軍大将、国家情報長官にデニス・ブレア退役海軍大将だ。三人とも二年で交代した。

本書は、最近の四代の大統領はいずれも大統領職を担うには経験と準備が（大きく）欠けていたと考える。そのなかでも、トランプほど政治経験の乏しい大統領はいない。そして、どの大統領も最初の一年は苦労をするのが普通ではあるものの、この四五代大統領のように、これほど早い段階で自ら傷を負った者はいない。トランプはフリンを更迭した。サリー・イエイツ司法長官代行も更迭した。彼女はトランプが命じた移民の禁止を違法と考え、実行を拒否したからだ。さらに、トランプは大統領執務室でソ連のラヴロフ外相とキスリャク大使と会う前日に、ジェームズ・コミーFBI長官を更迭した。アメリカの大統領選挙にロシアが介入したとされる一件、また、トランプ陣営との共謀の疑いをめぐり世論が大騒ぎになっているときに行われたこの会談は、陽気な雰囲気で進んだ。

大統領は賢明にも、多くの問題で自分の見解を翻した。NATOは時代遅れだと言っていたのに、今では重要だと言っている。中国が為替相場を操作しているとして罰することを約束したが、習近平主席は今のところはよき友人になっている。アメリカを最優先に考えると約束し、外国とのもつれた関係を避けると約束していたが、北朝鮮に対しては、核を放棄しなければ深刻な結果をもたらすだろうと警告し、サリンガスを使用したシリアに対しては、トマホーク巡航ミサイル五九発をシリアの空軍基地に向けて発射した（五八発が標的に命中した）。提案した防衛費の増額は削られた。また、トランプは親米派のクルド人民防衛隊（YPG）にシリアのラッカを攻撃するための武器を提供している。トルコのエルドアン大統領がアメリカのアフガニスタン駐留兵力を三〇〇〇から五〇〇〇に増やさないように警告したが、それも無視した。

現在までの任命手続きはまったくひどいものだ。とは言うものの、トランプ政権は高官職の候補の任命がとくに遅かった。国防総省では、軍の長官がひとりだけ承認されたものの、少なくとも三人が利益相反の可能性があるため辞退している。国務省の高官の食器棚はまだがらんとした状態だ。一方、マクマスター中将は、失態続きではあったが、幸いにも短い任期ですんだ前任者を引き継ぐと、静かにNSCの再建に取り組んだ。

一言で言えば、この政権はカオス状態だ。大統領のツイートも逆効果になっている。進行中の問題についての知識も乏しく、大統領の職務を軽くみなしている。そのうち、彼も学ぶかもしれない。あるいは、学ばないままかもしれない。

たとえ大統領に幅広い戦略的見解があったとしても、今のところは表に出てきていない。健全な戦略的思考よりも、選挙公約と、必ずしも事実に基づいたものではない直感的な判断が勝っているように思える。考え抜かれた計画に基づくアジェンダよりも、制度を混乱させる即興的な行動が特徴のように見える。どの大統領も直面する問題への理解と知識の欠如が、これまでのほぼすべての決断に明らかだ。マティスとマクマスターが一般常識を政権に持ち込んでくれることが期待されるが、補佐官がどれほど優れていても、政権を率いるのは補佐官ではなく大統領だ。ジョージ・W・ブッシュは書類上では、過去のどの政権よりも優秀な国家安全保障チームを擁していた。それでも、二〇〇三年のイラク侵攻という、おそらく南北戦争後のアメリカの歴史で最悪の戦略的誤りを防ぐことはできなかった。いずれにしても、二〇一八年の中間選挙で、国民の評価が票となって示されるだろう。両党の古参議員たちは、一九九五年に議会共和党が予算案に合意せず連邦政府機関が閉鎖された翌年、民主党が上下両院で多数派となり、ビル・クリントンが二期目を勝ち取ったことを覚えているだろう。「新世界無秩序」時代には、有能で情報に通じたリーダーが、アメリカ国内にも国際社会にも欠かせない。それを期待できるかどうかといえば、見通しは暗い。歴史は何らかの形で繰り返すものだが、すべての大統領の任期の最初の一年か二年は、よくても混乱続きで、一歩間違えれば大失敗や大惨事が待っている。最善のアドバイスは、気を引きしめることだ。もう少し時間がたてば、トランプ政権が健全な戦略的思考を取り入れているか、直面する問題の本質を理解できているかという点で、どれほどうまくやっているかを読者自身が評価できるだろう。

追記

二〇一七年四月の最終週に、私は二つの会議に出席した。一つは第六回モスクワ国際安全保障会議（MISC）。もう一つは、ISKRAN（モスクワにあるアメリカ・カナダ研究所）、カーネギー財団、ゴルチャコフ基金が資金提供する会議だ。西ヨーロッパ、アメリカ、ロシアに関する公式、非公式両方の議論は、緊張感に満ちた重々しいもので、多くの点で、冷戦の終結後に私が経験したなかで最も柔軟性を欠いたものだった。ロシア高官の全員が実質的に同じメッセージを伝えていた。つまり、アメリカはロシアに対して明らかに敵対的で、ロシアのワレリー・ゲラシモフ参謀総長によれば、中東からNATOまで、現在の危機の主たる源が両国関係を「破滅的なほどに」低いレベルへと落ち込ませている、ということだ。

こうした変化は新しいものではない。しかし、前年の会議に比べて、ロシア側の不満はずっとネガティブなものになった。議会の民主党と共和党が緊張緩和（あるいは休戦）に至るのが困難なのと同じくらい、親しいロシア人の同僚とでさえ、妥協案に達することも、信用を回復し、緊張を緩和することもほとんど不可能に見える。

次の二つの問いかけに対する応答は、どちらも同じように否定と不信を反映していた。第一に、シリアがサリンガスを使った（そして今も保有している）決定的な証拠があるなら、それはアメリカの考え方とロシアの政策を変えるだろうか？　第二に、もしロシアがアメリカや他国の選挙や政治的プロセスに介入したという決定的な証拠があるとしたら、それはロシア人の考え方を変えるだろうか？「そんなことは絶対にない」が彼らの断固とした答えだった。

ロシアの軍事戦略に関してゲラシモフ将軍がＭＩＳＣで行った非機密扱いのブリーフィングの大部分は、警告だった。ゲラシモフはＮＡＴＯとアメリカが、ロシア政府との緊張を引き起こしたとして非難した。さらに、将軍はＮＡＴＯの軍事能力についてはかなり誇張し、ＮＡＴＯが控えめな戦力増強と考えていたものも、より強硬な一連の軍事演習についても、ロシアにとっては直接的な脅威であると訴えた。彼はまた、連合軍最高司令官には軍を配備し、したがって戦争を始める権限があるとほのめかしたが、それは間違いだ。そして彼は、アメリカのサイバー軍が、ロシアだけを攻撃対象にしていると認識していた。

しかし、これは単なるロシアの被害妄想ではない。現在のアメリカの軍事戦略は「四プラス一」の軍事計画に基づき、ロシア、中国、イラク、北朝鮮を抑止すること、また戦争が始まった場合には「打倒」することを目的とするとともに、イスラム国やその他のイスラム主義武装組織と戦っている。

ロシア軍がこのアメリカの意図についての宣言を深刻に受け取るのも無理はない。とは言うものの、ゲラシモフの話は、非常に前向きで楽観的なトーンで終わった。

将軍は必ずしもアメリカをはじめとする西側諸国との間で共通の利害、たとえばテロの打倒や軍縮協定の維持などについて、軍対軍の対話を再開しようと訴えたわけではないが、その気持ちがあったことは間違いない。対話を求めるこの訴えがワシントンで聞き入れられるかどうかは、また別の問題だ。八〇〇人近くの会議出席者のうちアメリカ人はほんの少数で、いずれも民間人だった。モスクワのアメリカ大使館から何人か「オブサーバー」が送られてはいたが、アメリカ政府の高官がひとりもいなかったことは、関係改善への見通しを明るくする材料ではなかった。

第二の会議には、ロシアのトップレベルの高官と、アメリカの四人の元駐ロシア大使（と現大使）が参加したが、建設的な意見交換はほとんど行われなかった。七月に予定されている大統領同士の会談に関しては、リスクが小さく、結果も小さい、小さなステップの話し合いになるか、より広く大きな、高リスク、高リターンの駆け引きになるかのどちらかだ。トランプ政権の国家安全保障チームは有能ではあるものの、メンバーは誰ひとりとして、ロシアとの間の軍縮交渉や安全保障問題に関する交渉を直接経験したことがない。いちばん最近のアメリカのエネルギー長官（傑出した核物理学者で、この分野には精通している）と現在の長官を比べることで、この点をよく理解できる。

明らかに、対話の再開、あるいは新しい信頼醸成の手段を見つけることが不可欠だ。しかし、アメリカの議員はほとんどみな、ロシアを敵とまではいかなくても、競争相手とみなしている。この国内の現実を克服して、ロシアとの関係をよい方向に進められる政権は現れるだろうか？　せいぜい達成できることといえば、これ以上の害をもたらさない行動をとるくらいかもしれない。それよりも、関係が悪化する可能性のほうがずっと大きい。

その代償は共通の利益を追求できる機会を逃してしまうことだろう。緊張と不和が広がり、癌ではなくても悪質なインフルエンザのように、健全だった領域まで汚染してしまうかもしれない。私が出席した会議から引き出したこの暗い見通しは、残念ながら客観的な結論だ。

＊「追記」の内容は、ＵＰＩ通信の二〇一七年五月一五日付の記事「U.S.-Russian relations: At least do no more harm（米ロ関係——少なくともこれ以上悪化させるな）」をもとに加筆・修正したもの。

第9章　どうしたら勝てるのか——歴史が答えを教えてくれる

一九六〇年代のアメリカン・フットボールのリーグで圧倒的な強さを見せたグリーンベイ・パッカーズの偉大なコーチ、ヴィンス・ロンバルディはこう言った。「勝つことがすべてではない。勝つことが唯一絶対なのだ」。将来の大統領は、武力を行使するかどうか決めるときにはいつも、このロンバルディの名言を思い出すべきだ。武力行使は効果があるだろうか？　成功した場合には、あるいは、こちらのほうがもっと大事だが、失敗した場合にはどのような影響があるだろうか？　これらがたずねるべき、そして答えを出しておくべき重要な問いかけになる。ところが、何らかの理由で、この常識にかなった考えが行動から抜け落ちている。

本書で考察してきたさまざまなケースで、健全な戦略的思考の欠如が失敗の根本的な原因になってきた。政権が健全な戦略的思考を取り入れようとしなかったわけではない。しかし、取り入れ方がまずかった。このたびたび繰り返される問題に加えて、武力行使が必要になるかもしれない状況についての理解と知識も欠けていた。戦争を始める、あるいは武力を行使するという決定の根拠となる前提に厳しく疑いを投げかけることを拒否したり、避けたりすることが、同じように失敗の大きな原因となる。

代わりに取り入れるべきは、健全な戦略的思考への頭脳ベース・アプローチだ。これは三つの要素から成る。問題とその解決策についてのあらゆる側面からの完全な知識と理解、二〇世紀ではなく、二一世紀の現実に基づいた思考法、そして、現実の、また想定上の敵の意志と認識に影響を与え、コントロールすることだ。

◆

誰が大統領であっても、またどれほど有能で賢く、立派な志と経験を持っていても、成功がするりと手から逃げていきやすいことは、歴史が繰り返し示してきた。大統領の職務は厳しく、ときには続けるのが不可能にさえ思える。この過酷な仕事は政治システムに助けられていない。現在の政治システムはよくても機能不全に陥っているし、根本部分で破綻している可能性も高い。おそらく、一つの原則は、医師がそう訓練されているように、とにかく「害を与えない」政策と戦略を考えるということだろう。

アメリカの「抑制と均衡」のシステムは、政府の三権の権力と権威を限定することを意図して考案された。この構造は一党がホワイトハウスだけでなく議会の両院（と上院の六〇票）を支配しないかぎり、あるいは本当に恐るべき脅威のために合意せざるを得なくなるのでないかぎり、本質的に非効率だ。しかし、フランクリン・ルーズヴェルトでさえ、民主党が圧倒的多数で議会を支配しながらも、いつも自分の思い通りの政策を進められるとはかぎらなかった。

現在の、さらに分断と分裂が目立つ政府では、権力分散から生じる本質的な非効率が、政治的な麻痺状態につながってきた。そして、両党がともに極端な左寄りか右寄りに向かっていることも、統治の失敗を加速させる一因だ。この下向きのスパイラルのなかで妥協や礼節が犠牲になり、抑制と均衡が働かなくなっている。その結果は軽微な問題でも、もっと深刻な問題でも、行き詰まり状態に陥るか、もっと悪い状況につながるかだ。政府高官の任命者が上院の承認を得ることに苦労したことも含め、トランプ政権の最初の数ヵ月に見られた騒動は、アメリカ政治の腐敗の徴候だ。民主党員はいま、共和党員の過去の行動に報復している。その過去の行動自体も、たいていはそれ以前の政権での民主党議員の共和党議員に対する扱いが原因になったものだ。この悪のサイクルが単純にどんどん悪化している。

一五年以上前に、議会は九・一一の首謀者たちに対する最初の「軍事力行使権限（AUMF）」を承認した。ブッシュ政権は二〇〇三年にAUMFともう一つの議会の決議を引っ張り出してイラクに侵攻した。二〇一七年になっても、アメリカはまだこの権限に基づいてこれらの紛争を続けている。アメリカはどのような根拠で、イスラム国（IS、二〇〇一年には存在しなかった敵）に対する軍事力の行使や、二〇一一年のカダフィの打倒、あるいはシリアやイエメンでのAUMFに明記されていない敵に対して行った攻撃を正当化できるのだろう？

正当化はできない。そして、議会はこの権限を延長も更新もできないし、そうする意志もない。この失敗は、最も基本的な義務すら果たせない政府と、法的に認められた権限なしで戦争をしようとする意図がもたらした、なんとも気を滅入らせる結果だ。

二四時間休むことのない、どこからでもアクセスできるマスコミ報道は、ホワイトハウスをつねに稼働状態に置く。そのため、最も有能な高官でさえ、つねに理性的な判断を下し、効果的に反応する能力が限界に達している。二一世紀の相互に結びつき影響を与え合う世界は、ますます複雑化した危険と課題を生み出した。そのいくつかは手に負えず、解決の可能性さえないものだ。第二次世界大戦と冷戦の時代は二極化され、二つの大きなブロックが世界政治を支配していた。それ以降、世界はジョージ・H・W・ブッシュが「新世界秩序」と呼んだものに取って代わられ、それが今では「新世界無秩序」の時代へと移行している。

ほかにもう一つ、残念ながら議論の余地のない観察結果がある。それは二〇世紀の後半から、アメリカは自ら始めるか挑発した戦争で負け続け、いつも同じ理由のために軍事介入で失敗してきたということだ。これらの失敗の根本的な原因は、健全な戦略的思考と判断力の欠落、そして状況についての十分な知識と理解の欠如にある。

この失敗の記録のすべてに共通しているのは、大統領による戦争または武力行使の決断が、のちに間違っていたとわかる前提に基礎を置いていたということだ。問題となっている状況についての正確で総合的な理解の欠如が、こうした決定の否定的な結果をさらに悪化させる。つまり、政権が健全な戦略的思考と判断力を用いることを怠るか、軽視するか、歪めるか、あるいは単純に取り入れようとしないときに、失敗は予想されうる結果となる。

健全な戦略的思考が絶対的に必要であることを、すべての大統領と政権がはっきりと理解しなければならない。残念ながら大統領執務室の暖炉には何の警告も刻まれておらず、大統領が必ず読まなければならないファイルにも書き込まれていない。ホワイトハウスを去っていく大統領と新たにやってくる大統領がともに過ごす時間があったとしても、その間に、後任者が健全な戦略的思考に基づいて決定を下すように注意を促されたり警告されたりすることは、あったとしても非常にめずらしい。

なぜこの欠点がいつまでも変わらないままなのだろうか？　なぜどの政権も健全な戦略的思考を取り入れることにこれほど頻繁に失敗するのだろう？　すべての政権が審議の場にその時代の「ベスト&ブライテスト」を求めている。最初から失敗しようと思う政権などない。ホワイトハウスが国のために最善をつくそうとしていないと非難されるべきではない。クラウゼヴィッツが述べたように、戦争には霧と摩擦が満ちている。いずれにしても、人間の過ちが消えることはない。戦争か平和かという国の選択は、本質的に誤認や間違い（正直なものもそうでないものも）、判断ミスにさらされやすい。そうしたネガティブな要素を最小限に抑えることが課題となるが、それは簡単なことではない。

このパターンはアメリカの戦略的文化とDNAにもっと大きな制度的欠陥があることを示しているのだろうか。歴代の政権は、アメリカがアフガニスタンとイラクで三〇年以上戦争を続けてきたことに気づいていない。アメリカは一九八〇年にアフガニスタンに介入し、ソ連の侵攻を食い止めようとした。それから三七年後、アフガニスタンはまだ戦争状態にあり、アメリカの軍隊がまだそこで重要な役割を果たしている。同様に、イラクとの関係も一九八〇年から八八年のイラン・イラク戦争とアメリカの事実上のフセイン支援にまでさかのぼる。こうした歴史は無視されるか忘れられるかしてきた。ヴェトナム戦争とそれ以降の失敗した軍事介入の教訓は、歴史の本や大学の講義のテーマへと格下げされてきた。大統領と補佐官たちはもちろん、意図的に過去を無視しているわけではない。しかし、歴代の政権はこの歴史を忘れているか、日々の出来事、危機、問題の対処に忙殺されている。

こうした失敗の病巣を研究することが、なぜアメリカが戦争や武力行使に成功できなかったのか、その具体的な理由へと導いてくれる。第一に、重要なことなので本書では何度も繰り返してきたが、何がうまくいき、何がうまくいかなかったかの歴史は、これまでの政権で中心的な役割を果たした政府高官たちからでさえ、見逃されるか、考慮されないかのどちらかだった。とくに残念な例を挙げるなら、ジョージ・W・ブッシュ政権では、最上層部の補佐官のうち過去を無視する何人かのほうが、より状況を理解し異議を唱えたごくわずかの者たちより重用されていた。

第二に、政権は達成不可能な野心や目的を持つことがあまりに多い。リンドン・ジョンソンはヴェトナム人の「心」をつかみたいと望んでいた。リチャード・ニクソンにはその戦争を終わらせるための「秘策」があった。ジョージ・W・ブッシュは「中東の戦略地政学的な風景を変革」したいと望んだ。バラク・オバマはイスラム国を「混乱させ破壊する」ことを望んだ。こうした野心がどれほど高貴(あるいは表面的)なものであっても、どれ一つとして成功しなかった。いずれも非現実的で、コストがかかりすぎ、そのために達成不可能であることがわかった。こうした野心の大部分は、間違ったイデオロギーから生まれたものだ。アメリカ例外主義と道徳的な優位を信じ込み、政治的、社会経済的、宗教的、文化的要素が複雑にからんだ分裂と対立を解決するうえでのアメリカ軍の能力も過信していた。そうした歪んだ認識が、達成できない目標を設定することにつながった。最近の国家建設の試み、アフガニスタンやイラクに民主主義を植えつけようという考えは、高貴ではあるものの認識不足の野心がいかにうまくいかないかをまざまざと思い出させる。

第三に、問題となっている状況とその段階的な影響についての知識と理解が不十分であることも、成功の可能性を否定してきた。ケネディの「ベスト＆ブライテスト」たちは、ヴェトナムを疲弊させている複雑な要素がからんだ紛争をまったく理解していなかった。二〇一一年九月一一日以前には、「スンニ派」や「シーア派」という言葉、ましてやその違いをよく知るアメリカ人はほとんどいなかった。アメリカは今もまだ、テロとの戦争で誰が敵なのかを正確には定義できずにいる。漠然と「アルカイダ」や「イスラム国」、「ダーイシュ（Da'esh）」（イスラム国のアラビア語での呼び名の一つを略語にしたもの）などと大雑把に表現しているにすぎない。

第四に、「集団思考」も失敗につながる要因になる。集団思考は司令官の前提、主張、判断への幅広い同意と暗黙の信頼を生み出すことにより、仮定や主張を精査する機会を排除する。レーガンが「信頼せよ、されど検証せよ」と言ったことは有名だ。「検証」については、いつもうまくいくわけではなかった。イラクの存在もしない大量破壊兵器（ＷＭＤ）の破壊を戦争目的にしたことは、集団思考が致命的な結果をもたらした最たる例だろう。二〇〇二年八月までには、イラク侵攻とサダム・フセイン打倒の決定がなされていた。イラクにはＷＭＤが存在するという疑いが、この決定を正当化する最大の根拠だった。この前提は間違っていたことがわかり、侵攻に代わる他の手段があったこともわかった。証拠がこれほど決定的に思えなければ、つまり集団思考が働いていなければ、ブッシュはイラク侵攻の代わりに、フセインがそうした兵器を今後いっさい配備できないようにするための先制攻撃を指示していたかもしれない。

第五に、戦争と平和という最も重要なことを含め、ほとんどすべての問題を政治化することが、失敗の非常に大きな要因になってきた。ジョージ・W・ブッシュは、「我々の側につくか、敵対するかのどちらかだ」と言った。イラクは「共和党の」戦争になった。オバマがアフガニスタンからの軍の撤退を命じたとき、それは「民主党の」戦争になった。それぞれの政党が、他方を痛めつけようと際限なく攻撃していた。それも、多くの場合はもっともらしく見えるだけの、あるいは捏造された理由によって。両党の長期的な協力なしでは、失敗という結果に終わる可能性が高くなる。

こうした要因により失敗と誤った認識に向かう傾向は、二〇世紀とはまったく異なる二一世紀の環境によってますます強くなる。現在の国際環境は相互に関連し合い、瞬時につながっていくため、すでに述べたように巨大な帯域幅の問題を生み出す。高度な理解と知識が求められる問題があまりにも多く同時に発生してしまうのだ。比較的小さな官僚組織なら、取り組むべき問題のあまりの多さに圧倒されるだろう。あるいは、六〇〇から八〇〇〇人のスタッフを擁する国家安全保障会議であっても同じかもしれない。

どの大統領も、重大な決定、とくに人の生死がかかった決定の責任を誰かに委ねることはできない。そして、どの大統領補佐官やスタッフも、すべての問題に通じているわけではない。官僚組織は、統合し協力する意図がどれだけあっても、本質的に分断されている。理由は人間的なものだ。ライバル意識、不信、情報の遮断、高位任命者の政治的野心、認識の不一致、その他の要因を、意思決定プロセスから完全に排除することはできない。したがって、処理能力の問題を解決しなければならない。さまざまな課題と問題それぞれに専門知識が用いられるようにするための、新しい組織モデルについてはのちほど提案する。

失敗が続くもう一つの理由は、大統領に選ばれる者の経験不足と、それによって避けられない判断力の心もとなさにある。一九九三年から二〇一七年の四半世紀に大統領になった四人は、就任時にその職にふさわしい資格に欠けていたか、それほど厳しい職務に就いた経験を持たなかった。もちろん、合衆国憲法のどこにも、判断力や経験が大統領職に就く必要条件であるとは明記されていない。四人の経歴を見るかぎり、彼らのうちひとりでも民間部門で上級職に昇り詰めるか、政治的な理由以外で閣僚になれるだけの資質を持っていたかは疑わしい（ドナルド・トランプを除く。トランプは公職での経験もいちばん乏しい）。その彼らが、国家の最高行政官と最高司令官になったのだ。

経験不足はつねに危険を伴う。しかし、四人のうち三人の最高行政官が間違いなく失敗の要因となる経験不足に悩まされていたことは明らかだ。四人目も、就任後の最初の数ヵ月を見るかぎり、この分類に含まれるように思える。クリントンは黄金期に大統領になったという点で、三人のなかでいちばん運がよかった。前任者のブッシュ・シニアが経済回復のための手段を講じ、ソ連の崩壊を見届け、フセインの軍隊を倒してくれていたからだ。

一九九〇年代の一〇年は、たしかにアメリカ人とアメリカにとって非常によい時代だった。それに続く一〇年は違った。オバマの就任時の状況を考えると、彼は間違いなくフランクリン・ルーズベルト以来の最も運の悪い大統領だった。二つの失敗した戦争と一九二九年以来最悪の経済と金融恐慌を引き継いだのだから。しかし、これらの戦争に対処するうえでは彼の経験不足が間違いなく足を引っ張り、深刻な国内の状況を十分に改善することもできなかった。そして、ドナルド・トランプは多くの点で、近年の大統領のなかでその職に就く準備が最もできておらず、最も経験不足で、最も覚悟ができていない。全体として、最近の四人の大統領候補はいずれも、その職に就く資格も準備も十分とは程遠かった。深刻なジレンマは、これを避ける方法はなく、将来の大統領がそれにふさわしい十分な資格と経験を備えている保証はできないということだ。

健全な戦略的思考を取り入れた新しいアプローチのための背景として、アメリカはなぜ、どのように戦争や武力行使で成功してきたかを理解することが重要だ。アメリカは二〇世紀に三つの重要な戦争で勝利を収めた（あるいは勝利に手を貸した）。二度の世界戦争と冷戦である。

アメリカは第一次世界大戦の戦況を連合国側に有利な方向へシフトさせ、第二次世界大戦の勝利に欠かせない存在であり、多くの理由で冷戦に勝利した。一九四一年一二月七日の真珠湾攻撃は、アメリカ人を奮い立たせ、団結させ、それが敵に「無条件降伏」を受け入れさせる力になった。国全体がその戦争のために総力を結集し、一九二九年の株式市場の崩壊とそれに続く大恐慌以来、休眠状態にあったほとんど無尽蔵の資源を引き出した。実際のところ、その大恐慌の影響を払拭し経済回復を果たすためには、第二次世界大戦が必要だったともいえる。

その戦争で、アメリカには同盟国があった。〝最強のイングリッシュ・ブルドッグ〟の異名をとったウィンストン・チャーチルに体現されるイギリスの不屈の精神は、この島国が西ヨーロッパを征服したヒトラーとナチスの前に立ちはだかることを可能にした。東では、スターリンの容赦ない残忍さを我々は軽蔑していたものの、ロシアはドイツ国防軍に多くの血を流させた。もちろん、自らの血と資産を犠牲にして。戦争中は戦略よりも意見の不一致と論争が目立ち、各軍の間の、また同盟国間のライバル意識が消えることはなかったが、最初はヨーロッパで、次には太平洋で勝つという大きな目的については合意があった。指揮系統はときには入り組むことはあっても、かなりすっきりしていた。たとえば太平洋では、チェスター・ニミッツ海軍大将とダグラス・マッカーサー陸軍大将が近隣地域の最高司令官だった。

軍の参謀総長には当時、大きな権限があった。現在なら当たり前の過度なルール、規則、管理で、軍が複雑になる以前のことだ。これは、昔も今も管理が不必要という意味ではない。管理は不可欠だ。しかし、過剰な管理は組織の機能を損なう。現在は、議会の不必要で重複する監督権限が目につく。多くの軍事作戦、とくに「捕獲か殺害か」の任務には法的な承認が必要になり（国際法の解釈を利用する「法律戦（lawfare）」と呼ばれるもののため）、息が詰まるほどの過剰な規制があり、これらすべてが大きな官僚主義につきものの無駄と非効率と相まって、失敗につながっている。

連合国側の力の結集と前例のない規模の攻撃能力と豊富な兵器を考えれば、ひとたび真珠湾攻撃の壊滅的な被害とヨーロッパの占領を耐え抜けば、もうナチスドイツと軍国主義の日本には戦争に勝つ見込みはほとんどなかった。連合国は、戦争に勝利し、敵に無条件降伏を強制したあとで、どう敵を扱うかについて、「次はどうする？」の問いかけとその答えを明らかにすることを忘れなかった。ドイツと日本の占領計画は一九四三年には早くも始まっていた。その計画と、それに続くマーシャル・プランの成功には目覚ましいものがあった。ドイツ、イタリア、日本は解放され、機能を回復し、民主化に驚くほど成功し、強く開かれた経済を持つようになった。アメリカはこれらの国、また韓国に今でも相当規模の軍隊を駐留させ、安定を維持し、同盟国を安心させている。

冷戦に勝利した大きな理由は、自由民主主義の比較的自由で開かれた市場が、計画経済よりも柔軟性があり持続可能だと証明されたからだ。閉鎖的で権威主義的なソビエトのシステムは、基本的な社会の矛盾を解消することができなかった。それは、現実を否定することでしか得られない正当性を求める体制だった。この否定が最終的にソビエト体制を崩壊させた。ロナルド・レーガンがソ連の財政を破綻させ崩壊へ導いたという見方もある。しかし実際には、ソ連は内部崩壊したというのが事実だ。レーガン支持者はソ連が軍備拡張のために内部破裂したと考えているが、共産主義体制を終わらせたのはミハイル・ゴルバチョフのペレストロイカとグラスノスチだった。どこかの時点で、ソビエト体制は内部崩壊するか、別の道を探すしかなかったのだ。熱核兵器時代の戦争は選択肢ではなかった。

核戦争は、実行可能な選択肢とするにはあまりに破壊の規模が大きすぎる。幸いにも、「不合理な」ソ連も「合理的な」アメリカの指導部も、それがどれほどの災禍をもたらすかを理解していた。しかし、その瀬戸際まで行ったことは何度かある。キューバのミサイル危機はおそらく最も危険なものだった。しかし、ケネディの思い込みによる「ミサイルギャップ」の警告にもかかわらず、このときにフルシチョフがアメリカの戦略核の優位を出し抜こうと試みた理由は、アメリカの軍事的優位を相殺し、ソ連の防衛費を最小限にして、アメリカとの何らかの和解にたどり着こうとしたからだった。

アメリカの戦略は、トルーマンからブッシュ・シニアまで、封じ込めと抑止が中心だった。この戦略は、敵側が基本的に迎合的で、ゲームのルールを破る意志を持たないかぎりは有効だった。戦術の変化は起こった。大量報復から柔軟反応への変更などがその例だ。しかし、全体としてみれば、両陣営が第三次世界大戦を避け、防ぐために自制したことで、皮肉にも冷戦はより安全で安定したものになった。

第二次世界大戦中と同じように、冷戦中のアメリカは同盟国に依存し、その連携でソ連を取り巻いた。NATOはとくに強固で効果的だった。朝鮮戦争以降、アメリカはその圧倒的な経済力と豊富な資源を利用して、高度な技術に支えられた巨大な軍隊を維持し、ソ連が追いつくまではその軍事的優位を強調していた。多くのつまずきはあったが――ヴェトナムでの敗北、それに続く「空洞化した軍隊」、ソ連が軍事力とテクノロジーのギャップを狭めようとしたことなど――、それでも東西の軍事バランスは、西側に有利なまま維持された。

もちろん、多くの間違いはあった。なかでも、ソ連の抱える深刻な弱みは共産主義の政治体制を長く続けられないことだと結論すべきだったのに、アメリカはそう結論できなかった。アイゼンハワーは南米からアフリカ、ペルシア湾まで、CIAが多くの場所で活動を増し、体制転換を煽ることを許した。ソ連への対抗はアメリカの利害と行動の基準になった。専制君主や独裁者がどれほど腐敗し、民主主義の価値観、法のルール、社会正義を無視していても、彼らがより大きな東からの脅威との対決に参加するかぎり、アメリカはこれらの国を取り込んだ。

ソ連と、のちのロシアについての理解の欠如が、共産主義が「あちら側からこちら側に」広まるのを止めようという見当違いの希望を持たせ、その結果として軍拡競争と軍事介入を引き起こした。ケネディがでっち上げたミサイルギャップ、ヴェトナムの失態、レーガンの「悪の帝国」、そして第二次イラク戦争は、健全な戦略的思考と理解が著しく欠けていたことをはっきり表している。二〇一四年にプーチンがウクライナ東部に侵攻し、クリミアを併合したあとには、ジョン・ケリー国務長官の必死の努力にもかかわらず、オバマ大統領はロシア政府との長期交渉を推し進めて、対立を終わらせるか和らげるかする方向に持っていけなかった。このことからも、長期的な戦略的思考が取り入れられていなかったことがわかる。

戦略的思考が（現在もそうであるように）当たり前のように欠如していたのは、抑止が何を意味するか、そのなかで確証破壊がどんな役割を果たすかについての理解が不十分だったことにもよる。冷戦中、アメリカはソ連を抑止するために、あるいは戦争をしてソ連を倒すために何が必要になるかについて、明確な考えを持っていなかった。ロバート・マクナマラ国防長官は自分勝手に、確証破壊を核システムのさらなる調達を制限するものとして定義した。

私たちは「新世界無秩序」というまったく異なる時代に入ったので、前世紀の概念を修正し、再定義しなければならない。抑止と封じ込めがその修正リストのトップにくる。冷戦中、アメリカはその両方をソ連に対抗するための政策と戦略の基礎として使った。どちらの概念も二〇世紀の後半にはうまく機能した。しかし、二一世紀はまったく別の世界だ。グローバル化と力の分散が情報通信革命によって加速し、個人と非国家の組織に力を与え、その分だけ国家の力が弱まり、四〇〇年近く続いたウェストファリア体制の主権国家を中心とした国際関係が揺らいだ。絶対的な意味で、アメリカは他のどの国よりも、またどの国の連合よりも強大な軍事力と経済力を持つが、相対的な優位は失われつつある。

世界が相互に結びつくにつれ、世界のどこかで起こる出来事が簡単に残りの部分に影響を与える。西アフリカのエボラ熱の発生は世界的な大流行になりかねなかった。シリアの内戦はあまりに多くの人々を難民にしたため、この巨大な移民の波をどうすべきかという問題がヨーロッパとアメリカを危機に追い込んだ。これらの人間の流れをテロリストが利用し、他国に潜入する可能性もある。今のうちに有効で実行可能な戦略的概念を生み出さないかぎり、失敗は必然ではないとしても、間違いなくその可能性は高くなる。これが、健全な戦略的思考が絶対に必要になるもう一つの理由である。健全な戦略的思考なしでは、過去のものと大きく異なる結果を期待することはできない。

二一世紀には、抑止のために何が必要になるかが誰にもわからない。中国、ロシア、イラン、北朝鮮、そしてイスラム国（ＩＳ）を考えてみてほしい。それぞれを抑止するために何が必要になるのだろう？　何を抑止するのだろう？　戦争を始める意図がないのであれば、抑止は意味を持つだろうか？　ＩＳに関しては、抑止は自動的に意味をなくす。もし人々が一連の信条のために命を投げ捨てる覚悟をしているとすれば、彼らを止めることなどできるだろうか？

第二次世界大戦中、日本は神風特攻隊に「バンザイ突撃」で自殺飛行をさせた。サイパンと沖縄では、大勢の民間人がアメリカ兵に捕らえられるより、自殺する道を選んだ。日本の都市への焼夷弾爆撃と船舶輸送の封鎖によって、一九四四年末までに国全体が飢餓状態に陥るなか、日本は戦い続けた。日本本土への侵攻による連合国軍側の戦死者の推定は、数十万とされた。日本人の犠牲者は数百万人に上るかもしれなかった。日本の戦時内閣に戦争を終わらせる決意をさせるには、二つの原子力爆弾が必要だった。

そのときでさえ、昭和天皇が介入するまでは行き詰まり状態だった。内閣はその後、御前会議で降伏を決定した。最終的に降伏を選んだ理由は、核兵器の破壊的な影響が切腹の文化の力を打破したからだ。日本人は一〇〇〇機のB‐29爆撃機による一晩続く焼夷弾攻撃が、広島と長崎で犠牲になったよりも多くの市民を東京などの大都市で殺すことができると気づいていた。しかし、ほとんどの人、とくに軍の指導部は、一発の爆弾がこれほど破壊的な力を持つとは理解できなかった。「衝撃と畏怖」は自殺的行動を降伏へと変えた。

核兵器がISに同じ効果をもたらすだろうと考える者はひとりもいない。しかし、自殺を非合法化する方向に聖戦のイデオロギーを変えることはできる。もし、アヤトラ（イスラム教シーア派最高指導者）とムッラー（イスラム法の指導者）がそう考え、イスラム世界の大部分がこの宗教の歪んだ解釈を否定すれば、の話だが。これは可能性の低い「もし」だ。つまり、二一世紀の抑止の概念は、この新たな危険を考慮に入れて考案されなければならない。しかし、誰もこの重要な目的を追求することに関心を持っていないように見える。グーグルで「抑止に関する新たな考え方」を検索してみても、ほとんど何も出てこないだろう。

いわゆる「同格の競合国」に対しても、抑止の新しい定義が必要だ。二〇一六年、アシュトン・カーター国防長官が「四プラス一」の脅威のリストを発表した。それによれば、国防総省が準備しておくことが想定されている四つの主たる危機管理計画は、（復活した）ロシア、中国、北朝鮮、イランに対するものだ。「プラス一」はイスラム国（IS）を指し示す。この計画の指針からすると、軍はこれらの敵を抑止するために、また、もし戦争になるのなら、確実に敵を倒すために何が必要かを明らかにすることが求められる。

私の考えでは、この計画は明らかに不十分で、戦略的思考としては欠陥がある。これまでのケースでは、計画立案者たちは二一世紀の問題に対処するために二〇世紀の思考法と概念を使っていた。ヴェトナムでの失敗と同じように、それでは成功は望めないだろう。ロシアも中国も、近隣国を攻撃しようとする意図は持たない。アメリカの同盟国ならなおさらだ。だとすれば、戦争を抑止するために何が必要かという問いかけは意味がない。

同様に、核戦争になりかねない戦争でロシアや中国を倒すために何が必要か、という問いかけも、政府の中枢部の最高機密を扱う部署だけで取り組むべきものだ。ロバート・ゲーツ元国防長官が警告したように、アジアで地上戦を始めようとするアメリカの大統領は誰であれ、脳が正常かどうか調べてもらったほうがいい。もちろん、アメリカが一九三〇年代初めまで、「レインボー・プラン」と呼ばれる戦争計画でイギリスを仮想敵国にしていたことは事実だ。しかし、二一世紀には、競合国やライバルではあっても軍事的な敵ではない国に対しては、これまでとは異なる手段を必要とする。

朝鮮半島は状況が異なる。ここでは、北朝鮮からの攻撃を鈍らせる責任の大部分は韓国軍と近隣諸国が負うべきだ。アメリカはそれを支援することができるし、アメリカの核兵器は北朝鮮のものへの対抗手段になるだろう。しかし、前述した古いニクソン・ドクトリンを新たに手直ししたものが、朝鮮半島での緊急事態に対処する最善の方法になる。

ＩＳに関しては、国防総省は好きなだけ計画を立てることができる。しかし、成功の見込みがあるのは、政府が一体となったアプローチだけだ。朝鮮半島と同じように、やはり近隣諸国が地域の安全保障とＩＳへの対処のための責任の大部分を担わなければならない。オバマ政権は約六〇ヵ国で構成される反ＩＳ連合を創設したが、残念ながら、ほんの少数の参加国が戦力の大部分を提供しているというのが実情だ。ＩＳの脅威が自国の存続を左右するものであることを地域諸国が理解し、うわべだけの言葉ではなく現実的な行動で対処しないかぎり、ドナルド・ラムズフェルド元国防長官が警告したように、これは「長く厳しい歩み」になるだろう。

同様に、核戦争による世界の終末、つまり、相互確証破壊（ＭＡＤ：Mutual Assured Destruction）という冷戦の亡霊が、二一世紀になって別の新しいＭＡＤに置き換えられた。このＭＡＤは、「相互確証混乱」（Mutual Assured Disruption）だ。人間または自然が引き起こした混乱が、危険を招く。ビンラディンがニューヨークの世界貿易センターを崩落させたときには、おそらく彼自身でさえ、この攻撃が引き起こす混乱の規模を予想していなかっただろう。株式市場の数兆ドル相当の資産が一瞬にして消えた。これからはずっと、飛行機の搭乗客は空港で屈辱的なセキュリティ検査を受けなければならない。おそらくこの検査は合衆国憲法に違反するものだが、何度も繰り返されたシステムの試験が十分すぎるほど示してきたように、この検査で乗客の安全が保証されるわけではない。

サイバー攻撃は破壊というより混乱を目的としたものだ。もっとも、「スタックスネット」ウイルスはたしかにイランの遠心分離機の多くを機能不全にした。ハッキングをされたか個人情報を盗まれたことがある人なら誰でも知っていることだが、一種の混乱を招くことがその最大の効果だ。気候変動、極端な天候、地球温暖化は、自然が引き起こす二一世紀の混乱の例となる。もし何も対処しなければ、間違いなく大きな破壊をもたらす可能性があり、おそらくは核戦争よりも大きな脅威になる。

不安を抱えた個人や過激なジハーディストによる暴力は、たしかに人々を殺し、傷つける。そのさらに大きな影響は、そうした暴力が日常生活を混乱させることだ。一〇年ほど前に、ふたりのスナイパーがワシントンDCとその近郊のメリーランド州とヴァージニア州北部を小さな「恐怖の統制」下に置いた。人々は姿を見せるだけで、銃で撃たれる危険があると知って恐怖にかられた。これは新しい現象ではない。歴史上の比較で言えば、一八八〇年代から一九二〇年代には、テロ攻撃がもっと多かった。王や皇帝、首相、大統領の暗殺も含まれる。テロリストたちとの過去の戦いにおける成功は、将来を考えるうえで間違いなく役立つだろう。古いニクソン・ドクトリンを二一世紀向けに手直しすることも、その一例だ。「三角政治」――中国とソ連の間で互いにバランスをとらせる――に加えて、ニクソンは独自のドクトリンも創出した。その目的は近隣国家を奨励し、巻き込んで、地域の安全により大きな責任を持たせ、アメリカは救援者となって、安定のための戦略を提供するというものだった。

歴代大統領はこれをしようと努めてきたが、限定的な、あるいはわずかな成功しか得られなかった。この努力は続けなければならないし、将来のアメリカの政策の中心にならなければならない。その努力はまず、将来のアメリカ、西側諸国、そして世界全体の安全のためにも、その基礎としてNATOを再活性化することから始めるべきだろう。トランプ大統領も、ようやくこの考え方を理解したように見える。アメリカは友好国と同盟国をもっと効果的に利用し、相互利益を高めることに集中しなければならない。国家安全保障のための激増するコストよりも、給付金や年金プログラムのためのバランスを失った負債のほうが大きい。利率が高レベルに戻れば、債務返済はより高くつく。明らかな結果は、安全保障のための支出を少なくするということだ。

一方、もしロシアと中国がますます大きな脅威として認識されれば、アメリカ単独では対抗手段と保護の両方を提供することはできない。第二次世界大戦がそうだったように、アメリカは単独では効果的な作戦を遂行できない。撤退して引きこもることは世界経済とも、世界が瞬時に結びついて影響し合う今世紀の社会とも相いれない。

以上のことは、過去の政権が軍事力を行使するための戦略と政策を引き出すため、最善の知性と手段を採用しなかったという意味ではない。批判すべきは、あまりにも頻繁に失敗してきたこと、そして、アメリカが選んだ行動は成功しなかったということだ。重要なことは、過去に直面してきた状況と比べて、より予測不可能で、つねに変化し、はるかに複雑な将来に、アメリカがどうしたら成功を確かなものにできるかである。

第10章　将来への道――健全な戦略的思考への頭脳ベース・アプローチ

共和国の初期の時代から、戦争を行い、国家の利益と安全を守ることに関しては、どの政党のどの大統領の政権も、まったく戦略がないか、間違った戦略を用いているか、戦略と資源が結びついていないかで非難されてきた。この批判の正しさを証明するかのように、過去六〇年以上にわたって、アメリカは自らが始めた戦争すべてで敗北し、間違った理由のために軍事力を行使したときにはいつも失敗してきた。しかし、現在のアメリカにとっての最大の脅威は、イスラム国（ＩＳ）でも、再起したロシアでも、強引な中国でも、核を保有した北朝鮮でも、イランでもない。最大の脅威は、冷戦の終結以来、癌細胞が転移するように広まった強烈な党派主義により、分裂し、内部崩壊し、機能しなくなった政府だ。この状況が短期間で、あるいは存続の危機をもたらすことなく、自ら修復できることはまず期待できない。

アメリカ軍に置き換えて言えば、最大の危険はここでもやはり、外からくる脅威ではない。危険は国内にある。内部コストの際限のない増加こそが問題で、もし食い止めなければ、イラクやアフガニスタンでの戦争よりもアメリカ軍に大きな損害を与えるだろう。

このまま進めば、人材、医療保険、年金、管理、運営、兵器システムに際限なく費やされる内部コストが「空洞化した軍隊」を生み出す。現行の防衛予算をつぎ込んでもなお、その任務を実行する能力にも装備にも欠けている軍隊だ。そして、現在の支出は、恒常ドル価値で、レーガン政権時代に軍を増強したときの最大の防衛予算をも上回る。現役兵力は数字にして当時より一〇〇万近くも多いのだ。

現在、財政の「ダモクレスの剣」を十分に理解できている者はほとんどいない。それどころか、予算の一律削減やその他の付け焼刃の対策を取りやめれば、国防総省とアメリカの軍事力の危機を避けられるだろうと信じている。この爆発的なコスト増加の影響を理解、認識できなければ、間違いなく「空洞化した軍隊」が生み出される。それは誰ひとり再び目にしたいとは思わない軍隊だ。

戦略に関しては、私たちはこう問わなければならない。「過去七〇年間の歴史的事実を見直してみたとき、アメリカとその大統領はなぜこうも頻繁に失敗を繰り返しているのか？　なぜ彼らは国を大々的な軍事介入に引き込むときに、もっと優れた戦略的計算をしなかったのか？」もちろん、冷戦では西側が勝利した。しかし、その戦争は武力に訴える熱い戦争にはならなかった。アメリカを最も苦しめたのは、実際に熱くなった戦争だ。そのただ一つの理由は、武力行使を選んだ際に頭脳と知性が十分に使われず、誤った判断や間違った認識につながり、最終的には失敗という結果をもたらしたからだ。頭脳と知性だけでは、選挙で選ばれたリーダーたちに情報を与え、教育するには十分ではない。厳しい財政の現実と、内部コストの増加がアメリカの軍隊にとってどれほど危険かを完全に理解させることもできない。

当然のことながら、思慮深い人物であれば、頭脳と知性を使うことを拒否しようなどとは考えないだろう。それが国の安全保障に関わる深刻な問題であれば、なおさらだ。鍵となる問いかけは、頭脳と知性をどう使うのがベストかということだ。他の要因に阻害されることがあまりに多い。たとえば、国内の政治的圧力、選挙で勝利して重要なポストに任命された公職者がその職に必要な能力を持ち合わせていないこと、思想的な強い信条、誤った前提、官僚主義や視野の狭さ、予算の現実を顧みないこと、代替手段あるいは一時しのぎに資金を使うこと、人間の本質的な弱さ、頭を使おうとしないことなどだ。こうしたすべてのことがその時々の状況にふさわしい、厳しく、とりわけ客観的な知的枠組みを否定するか踏みつぶすかしてきた。そうした知的枠組みの一つが「頭脳ベース・アプローチ」であり、二一世紀にふさわしい思考を取り入れることで機能する。

たとえば、ジョージ・W・ブッシュの閣僚には経験豊富な者たちが多かったが、二〇〇二年から二〇〇三年のイラク戦争のための軍備増強の間、彼らは「次はどうする?」の問いかけと答えを真剣に考えなかった。誰もフセインを権力の座から引きずり下ろしたあとに、何が必要になるかを考えなかったのだ。

オバマ政権はシリアのバッシャール・アル・アサドに対して「越えてはならない一線」を突きつけ、彼の退陣を要求したものの、その脅しを遂行するための手段も計画も用意していなかったという点で無能さを露呈した。アジアへの戦略的シフトに賛成か反対かは別として、その「アジア・シフト」戦略の発表の仕方は、同盟国と友好国を震え上がらせ、中国を挑発した。いずれにしても、すぐに大中東圏の状況が悪化し、この地域に軍を「リバランス」させる必要が生じたため、アジアに重心を移す計画への関心は薄れた。

最初に必要とされるのは、どうしたら正しい戦略的アプローチを取り入れられるかを示し、その基礎にもなってくれるモデルだ。第二次世界大戦のときのマンハッタン計画を思い出してほしい。この計画で最初の三つの原子爆弾が製造された。それを可能にした要因の一つは $E=mc^2$ の公式［訳注：アインシュタインが相対性理論から導き出した、質量とエネルギーの等価性を表す公式］だった。効果的な国家安全保障戦略を模索するうえで現在欠けているのは、$E=mc^2$ に相当する戦略地政学的な公式だ。

私は頭脳ベース・アプローチがその公式だと考えている。少なくとも、そうしたモデルを創造するために欠かせないステップになる。この頭脳ベース・アプローチを支持する理由については、私の前書『*A Handful of Bullets*（ひと握りの銃弾）』で詳しく論じている。

戦略への頭脳ベース・アプローチは、三つの要素で特徴づけられる。第一に、知識に基づいたものでなければならず、そうすることで戦略のあらゆる側面をできるだけ完全に理解しやすくする。これには基本的な目的、敵の詳細な分析、戦略それぞれで取り得るさまざまな行動とその前提、結果（資源への影響を含む）、コスト、人的被害と財政面からの実行可能性についての客観的な計算などが含まれる。

第二に、このアプローチは二一世紀型の思考法で取り組まなければならない。現在の状況、とくに主権国家から成るウェストファリア体制のどこにほころびが出て、どう変化しているかを理解することがその基礎になる。その変化は、個人の力（エドワード・スノーデン、ジュリアン・アサンジ、オサマ・ビンラディン）、多国籍組織（EU、国連、国際司法裁判所）、国際協定、アルカイダやイスラム国のような国家を持たない組織によって引き起こされるものだ。理解には、「相互確証破壊」の戦略的スローガンには欠陥があるという認識も含まれなければならない。この概念は冷戦時代の東西の核による対立を反映したものだ。二一世紀型の思考には、「相互確証破壊」から「相互確証混乱」への移行が含まれる。こちらはテロ、サイバー攻撃、環境破壊、その他の安全への脅威によって国際秩序が不安定になるのを防ごうという概念だ。

第三に、政策の目的は相手の意志と認識に影響を与え、コントロールすることでなければならない。より優れたイノベーション、創造力、発明の才、要するに、しばしば「既存の枠にとらわれない思考」と呼ばれるものを使って、頭脳で相手の頭脳を打ち負かす。このアプローチはあらゆる既成概念を捨て去ることになるだろう。

健全な戦略的思考の基礎は、国際政治を動かす根本的な力と変化について理解することでなければならない。その推進力となっているのはウェストファリア体制への攻撃であり、それは三つの現実に体現されている。目には見えにくいこれら三つの現実は、これまで無視されるか否定されるかしてきた。

- 第一に、世界最強の陸海空軍でも、決意を固めた敵を倒すことには苦労し、たいていは勝利を得られない。敵はアメリカ軍のような軍事能力には欠けるので、クラウゼヴィッツが言う「他の手段」で戦うことを選び、強固な決意と執着心を武器に戦う。最近ではＩＳがその最も顕著な例で

ある

- 第二に、アメリカは「ハイブリッド戦争」と同様、「非対称」という言葉を好き勝手に使うが、現実には、そのような紛争においては、敵はコスト交差比率と、とくに政治的発言やプロパガンダを利用して我々を苦境に立たせている。イスラム国はどちらの分野でも先行し、ロシアのプーチンも広報戦略で圧倒的強さを見せている
- 第三に、最も重要なこととして、性質の異なる多くの紛争に対処するために戦略を相互に関連させるには、「相互確証混乱」という概念を用いて、ポスト・ウェストファリア体制時代の世界にふさわしい対応ができるよう基礎を作らなければならない

最初の二つの課題に関しては、アメリカはIED（即席爆発装置）に対抗するために七〇〇億ドル近くを使っている。それに対して、相手側はほんのわずかなコストしかかかっていない。現在、アメリカは敵に奪われた自分たちのハンヴィー［軍用車両］や装備を破壊するために数百万ドルを費やすという贅沢な戦い方をしている。これは、相手側にはまったくコストがかからない。同様に、遠慮なく言えば、自爆攻撃は安くすむ。また、悲劇的にも、IED対策としてこれほどの資金が使われているにもかかわらず、アメリカ軍の犠牲者の三分の二ほどが今もこうした武器で殺されている。

十分な予算が与えられるだろうという期待は、いまだに消えることがない。議会が寛大さを見せてくれるか、あるいは「海外緊急作戦経費（OCO）」の特別予算のような巧妙な手続きがとられることをあてにしているのだ（内部コストの急増を相殺するために、OCOの名目で数十億ドルが国防費に加

算されている)。財政赤字削減のために現在用いられているのが「予算一律削減」だ。国防計画のすべてに等分の予算削減を求めるなど、官僚主義の愚かさの最たるものだ。しかし、国の存続に関わるような危機が起こらないかぎり、アメリカはもう危険を防ぐために好きなように支出する選択肢は持たない。

敵が優位に見える側面を誇張することで、アメリカの戦略は敏感になりすぎ、政治的圧力に過剰反応することがあまりに多い。戦争はさまざまな政策が入り混じった意志の強さの戦いであるというクラウゼヴィッツの教えを忘れ、暴力の原因ではなく徴候と戦う傾向がある。もちろん、ウェストファリア体制の三五〇年間は、たとえばナチスドイツやソ連のような国家が、国の存亡に関わるほどの大きな脅威となり、その一つの脅威と戦うだけでよかったので、戦略家たちの仕事は楽だった。しかし、現在の世界には、多くの異なる脅威、危険、課題が結びついたものが間違いなく存在する。グローバル化と権力分散によって世界の相互依存が以前よりはるかに強くなった。このすべてが結びついた状況のなかで、新しい世界秩序を理解し、それに対処する思考法が必要になる。

具体的に説明しよう。現在、目に見えないか無視されているのは、ロシア、ウクライナ、NATO、ヨーロッパと関係する出来事が、イラク、シリア、IS、イランなどの湾岸諸国がからんだ出来事と直接関連し、結びついているということだ。世界を結びつけているのは、テロリストを倒し、一つの地域の政情不安が他の地域に広まることを防ぐという共通の利益だ。つまり、ペルシア湾で起こる出来事はヨーロッパで起こる出来事と切り離すことはできないし、逆もまた然りなのだ。これまでのホワイトハウスはポスト・ウェストファリア体制の世界の性質を理解できず、しばしば二〇世紀的な思考を用いてきた。

ほかには何が健全な戦略的思考を構成し、どのように戦略を行動に移すことができるだろうか？ 第六章で取り上げた「衝撃と畏怖」は、敵の意志と認識に影響を与え、コントロールすることを目的とする。簡単な言葉にするなら、相手に自分が望むことをさせる、あるいは好ましくないと考えることをやめさせるための、強要あるいは説得の手段として用いる。武力は道具の一つにすぎず、唯一の道具ではない。そして、必ずしも武力だけでは十分ではない。残念ながら、第二次湾岸戦争では、「衝撃と畏怖」が戦略ではなくキャッチコピーと化し、使い方を誤ったために信用を失った。しかし、「衝撃と畏怖」の本来の意図こそ、頭脳ベース・アプローチの中核になるべきものだ。

「衝撃と畏怖」は四つの必要条件を持つ。敵のあらゆる側面についての詳細な知識と理解、優れた実行方法、スピード、そして、こちらの意志を相手に強要するためあらゆる角度から状況を十分にコントロールできることである。こうした基準、とくに必要な知識を備えることが、すべての頭脳ベース・アプローチの基礎を築く。

健全な戦略的思考へのこの頭脳ベース・アプローチを考案し、実行し、維持するために、まずしなければならないことは何か？ そして、どうしたら知性、革新性、創造力をこのアプローチの永続的な特徴にできるのだろう？ 必要とされるのは、運用的、知的、学術的、教育的な変革を制度化することだ。二一世紀の考え方を植えつけるには、二〇世紀と冷戦の概念とツールの多くはもう役に立たず、単純に時代遅れであることを理解させなければならない。しかし、誰がこのすべての変革を率いてくれるのだろう？

アメリカの現在の政治は、統治ではなく選挙に勝つことを最優先に考えるようになった。さらに悪いことに、新たに選ばれた大統領は、実際の統治能力ではなく、選挙戦での貢献度に応じて上級スタッフを任命することが多すぎる。これはとくに、ホワイトハウスのスタッフに当てはまる。候補者にとって、戦略的思考は将来の統治に必要なものではなく、選挙で勝つことだけが重視される戦いの場で、後づけされるものにすぎない。議会は戦略的思考の拠点になるには、組織的な基礎に欠ける。そして、あまりにも多くのシンクタンクが、客観的な分析を装いながらも、「左」と「右」の産物になってしまっている。

したがって、まず確立しなければならないのは、健全な戦略的思考に賛成する支持層だ。二〇一五年、イギリスの王立防衛安全保障研究所が毎年開催し、イギリス軍が資金援助をしている地上戦争会議で、頭脳ベース・アプローチを支援するための最初の組織的な取り組みが実現した。私は二〇一〇年から毎年、この会議に出席している。最近のふたりの参謀総長が自軍のための戦略的思考に頭脳ベース・アプローチを採用してきた。

この取り組みの重要な出発点は、知識と理解でなければならない。現実の敵であれ仮想敵であれ、敵についてよく知らなければならないという教えは、孫子の兵法よりも古い。それでは、その「敵」がバーミンガムやボストンやベルリンに住む一三歳の少女だったり、アルカイダ、アルヌスラ（シリアのアルカイダ）、そしてもちろんＩＳの顔の見えない構成員だったりするときに、この目標をどう達成したらよいのだろうか？

多くの機関や組織が仮想敵の情報と知識を引き出すために、「データマイニング」を使っている。

必要とされるのは、より大きな、より集中した努力だ。その一つのモデルとなるものが、第二次世界大戦に見つかるかもしれない。暗号解読で有名なイギリスのブレッチリー・パークである。ナチスドイツの「エニグマ」と大日本帝国の「パープル」暗号を解読したのは、ブレッチリー・パークとアメリカの同等の機関で、戦争の勝利に大きく貢献した。ドイツが少なくとも同じくらい連合国側の暗号の解読に長けていたことはあまりよく知られていないが、もちろん、ドイツは最終的には連合国の圧倒的な戦力の前に敗北した。

二一世紀のブレッチリー・パークに相当するものが、新旧の敵に対するために創設されなければならない。敵をよりよく理解し、その知識を使って彼らを倒すために。この能力は「ビッグアイデア」、ソーシャルメディア、全世界で利用できる「グーグルアース」、その他の公共のプラットフォームをうまく利用することで達成できる。これをどう使うかについての例は数多く存在する。

私も参加している大西洋理事会は、二〇一五年にロシア軍がウクライナに駐留している動かぬ証拠を提供する分析テクニックを見事に披露した。分析官たちは、ユーチューブの動画、セルフィー（自撮り写真）、その他のソーシャルメディアを追跡して、若いロシア人のパラシュート部隊員がシベリアの自宅から四八〇〇キロ西に離れたウクライナ東部の戦闘地域に移動したことを突き止めた。政府、非政府の両方の機関で同様の証拠が集まり、この手段が実際に有効であることを証明した。この新しいブレッチリー・パークの拠点としては、国務省、国防総省、情報コミュニティがふさわしいかもしれない。

当然のことながら、データ量は無限に近い。さらに、敵は対抗手段をとることができる。電子メールや動画の投稿を防ぎ、入手可能なデータを隠したり、カモフラージュしたりするのだ。他の戦争とは違い、現在のブレッチリー・パークの暗号解読者たちは、電子的に追跡されやすく、インターネット上または直接の攻撃を受けるリスクがある。実際に、大将クラスのソーシャルメディアのアカウントが、報復のため、あるいは混乱を引き起こすためにハッキングされた例がすでにある。

それでも、イギリス軍はすでに取り組みを開始し、二個旅団――第七七旅団と第一ISR（情報・監視・偵察）――が、この目的のために編成されている。前者は実際に動くことなく軍事目的を達成するという形の戦い方を取り入れる任務を与えられている。後者は開かれた民間の情報源を利用して、知識を収集する。これらはアメリカと新しいブレッチリー・パークのためのモデルになるだろう。

健全な戦略的思考を制度化するための第二のステップは、現在の国際・国内安全保障機関が二〇世紀、もっと具体的に言えば冷戦時代の世界を反映していると認識することだ。アメリカの国家安全保障に関する活動は、一九四七年に最初に成立した法律をもとにしている（その後に改正はされたが）。国連、国際通貨基金、世界銀行、NATOなどの機関やブレトンウッズ体制は、この時代に生まれたものだ。EU、国際司法裁判所、さまざまな国際協定など、新しい組織と機構が形成されてきたが、新しい考え方には新しい組織が必要になる。

国家安全保障会議は単純に、政府のすべての行動を効果的にコントロールするには、大きくなりすぎた。これを時代にうまく適応させなければならない。軍に関しては、統合軍と国防総省の組織を同じように近代化する必要がある。戦略的思考に頭脳ベース・アプローチを取り入れ始める方法の一つは、統合参謀本部議長を各軍の参謀総長から切り離すことだ。そうした切り離しが、新しい統合参謀本部議長から各軍に特有の利害と必要を考える負担を取り除く。それは国家全体の利益にならないかもしれず、利益相反を招くかもしれないものだ。したがって、統合参謀本部議長がフルタイムで取り組まなければならない任務は、純粋な戦略的思考を提供することになるだろう。国家安全保障政策の形成と実施から、長いあいだ欠けていたものだ。これと関連したステップに、地理別、機能別の指揮系統を合理化し、より広い戦略的対話に参加させることがある。

第三のステップは、国家安全保障の教育面の大改革で、これは行政部門全体に欠かせない。量と質、費用という点で、国防総省が政府で最大の教育の消費者である。しかし、年齢と階級が教育の必要と比例する国防総省の縦割りの構造は、二〇世紀の遺物となっている。今はもう、将校が国防大学の上級課程で学ぶための選考に手を上げる資格を得るまでに、入隊から一五年も二〇年も待ってなどいられない。さらに、下士官の重要性が増しているという点で、この階級にも高度な教育を提供しなければならない。

軍の人材同士の交流は、高度な教育を提供する一つの重要な目的になる（が、ささいなことに見られがちだ）。しかし、オンライン教育、ヴァーチャル学習、遠隔学習も強化する必要がある。軍にはモントレーからモービルまで、さまざまな大学と大学院があるので、当然ながらこの改革のための最もふさわしい場所になるだろう。

戦略的思考を軍の教育に取り込むための新しい方法の一つの例は、一〇年以上前に陸軍がイラクで開発したCompanyCommander.comのウェブサイトだ。目的は若い将校の間で作戦の情報を共有し、連携することだった。このおかげで、彼らは戦術や偵察情報をリアルタイムで交換することができ、特定の戦闘区域で戦っている、あるいは戦ったことのある兵士たちの経験を参考にすることができた。国家安全保障についての戦略的思考を広めるために、政府の各省でCompanyCommander.comのようなサイトを採用し、拡大するのがいいだろう。物理的にではなくデジタルですでに結びついている一団のためには、CompanyCommander.comを最新型に移行させることが自然な流れだろう。実用的で役立つリアルタイムの情報とデータの交換が、新しいブレッチリー・パークを強化し、またブレッチリー・パークによって強化される。

第四に、行政部門のすべての省、とくにホワイトハウスは、あらゆるレベルの戦略、作戦、戦術計画の根底にある前提を明らかにし、それが正しいかどうかを集中的にテストする準備を整えなければならない。その手始めは、今が二一世紀で、ウェストファリア体制の多くのルールはもはや通用しないと認識することだ。これはつまり、このテストを実行するための「レッドチーム」の常設と、ここで述べた目的のために、すべての階級が意識的に前提に疑いを抱く習慣を身につけることを意味する。「レッドチーム」はホワイトハウスに置くべきだが、他のすべての省庁や機関も、それぞれの「レッドチーム」を長官や委員長レベルで結成したほうがいい。

たとえば、ISとの戦いにおいて、アメリカはイラクが勝つと仮定しているが、もしイラク政府がISを打倒する軍隊を出動させられないのであれば、外部勢力にもできないと考えなければならない。しかし、もしイラク政府がその党派主義を解決できず、そのためISを倒せないのだとしたら？　あるいは、もしイスラム国を倒す能力を持つ唯一の国が、イランだったとしたら？　どちらも可能な代替手段だ。そのとき、アメリカはどう行動すべきだろう？　前提に疑いを投げかけることが、政策の成功には欠かせない。

政治的指導者に関しては、模擬演習とそれに相当するセミナーが、危機と緊急事態に備えて知識と理解を深めるためには欠かせない。すでにはちきれそうなスケジュールにこれらの演習を組み込むことはむずかしいだろう。また、実施すること自体に大きな抵抗があるだろう。そのときに頼れるのが、議会と傑出した元高官たちの存在だ。少なくともこうした演習を試してみるように、彼らにホワイトハウスを説得してもらうのだ。

第五に、二〇世紀の封じ込めと抑止の定義は、現在の世界にはもう当てはまらず、再定義が求められる。戦略と政策は特定の危険や脅威に対する特定の行動に集中するべきで、うわべだけの発言になってはいけない。ロシアはNATO加盟国に侵略したりはしない。脅しとして、「ハイブリッド戦争」という誤った名前をつけられた戦術を使うことはあるかもしれない。サイバー攻撃、ハッキング、プロパガンダ、経済的影響力、民族コミュニティの感情を煽ることなどが新たな武器として使用される。NATOはこうした武器の効力を弱める必要があるだろう。つまり、NATOは厳密な軍事同盟から、より広い政治的目的を持つ同盟に変わる必要がある。外縁部に位置するNATO加盟国にとって、「ヤマアラシ」戦略は不可欠だ。この戦略は、ロシアの介入に対して、地対空ミサイル、対戦車兵器、装甲車両などによる防衛手段を講じ、相手にも多量の血を流させる。NATOはロシアが使うかもしれない非軍事的ツールを監視するためにも資金や人員を提供することになるだろう。そのためには、一九六七年にNATOを変革した「ハーメル報告」を新たな形で取り入れる必要がある。

中国に対しては、パートナーシップの拡大が不可欠だ。中国がいわゆる「第一列島線」を突破することを防ぐ軍事能力をアメリカの同盟国に持たせ、中国の外洋海軍の野望を、野望のままにしておく。そうした新しい封じ込め政策が必要である。中国への直接攻撃または侵略は優れた考えではない。しかし、中国が世界規模でより大胆な軍事行動を展開することを防ぐ、または制限するための行動は必要だ。

第六に、処理能力の問題を解決しなければならない。通常の勤務時間後の動きにも確実に対応できるように、国家安全保障会議（NSC）には三人の副議長を置くべきだ。そして、三人が輪番で、小人数のスタッフとともに夜間の任務に就く。とくに重要なこととして、彼らはその間に起こった事件や出来事、差し迫った危機をただ上司に報告するのではなく、すぐにとるべき行動を推薦できるようにする。さらに、特定分野の専門家がNSCの上級職に就かなければならない。しかし全体としては、必要とされる上級スタッフの数は七五人から一〇〇人にとどめたほうがいい。ブレント・スコウクロフト指揮下のNSCが優れたモデルになるだろう。

第七に、議会は事後に情報を与えられるのではなく、最初から意思決定に参加しなければならない。そのための方法は二つある。上下両院の上層部の議員、すなわち議長や多数党院内総務は、事実上のNSCのメンバーか、少なくともオブザーバーになる。あるいは（それに加えて）、上院院内総務である副大統領が一二人程度のベテラン議員で構成される議会版のNSCを率いてもいい。この審議会が重要な問題について話し合い、ホワイトハウスに助言する。そうすることで、政権は政策をうまく始動させ、着地させるプロセスに議会を参加させることができる。

最後に、ISを打倒することに特定して言えば、これは組織に対する戦いではなく、思想と運動に対する戦いであることを理解しなければならない。イスラム国のこの二つの性格が、組織の適応能力を非常に高くしている。たとえば、資金源がつぶされ、占領した土地の一部を再び奪われても、ISは自爆テロを実行する子どもたちをリクルートすることで対応した。これは新しい戦術ではない。ヴェトナムでもアフリカでも、子どもの兵士が武装組織に取り込まれることは頻繁にあった。常備軍を倒すより、思想と運動を混乱させ破壊することのほうが、はるかにむずかしい。この現実は、十分には理解されてこなかった。また、ここでの解決策はイスラム世界の大部分の支持なしではうまくいかない。これには巧みでタフな外交手腕が求められる。たとえば、サウジアラビアとパキスタンの急進主義はまさしく現実的な危険の例だ。しかし、どちらの国でも効果的な対策が見つかってない。指導者たちの考え方を変えることが、最優先課題となる。

◆

以上のような提案のまとめとして、「ブラックホール」という概念を考えてみてほしい。ブラックホールは単なる物理的事象ではない。戦略のブラックホールは深宇宙に見つかるものよりも、さらに複雑かもしれない。アメリカとその同盟国は三つのブラックホールに対処しなければならない。しかし、アメリカが実際に行動を起こすかどうかはわからない。

第一のブラックホールは戦略に関するものだ。政権は国家安全保障戦略をあれこれ書き出してはいるものの、これらの文書は希望の羅列になり、目標、手段、目的、資源と結びついていない。そして、イスラム国やイスラム過激派から、核兵器や長距離ロケットの保有を目指す北朝鮮まで、さまざまな脅威を同時に相手にすることは、前世紀よりも手強い挑戦になる。当時の世界は大きく二つの対立するブロックで定義されていた。第一次世界大戦では連合国と枢軸国、第二次世界大戦では連合国とナチスやファシスト、そして冷戦時代には東西の対立というように。

第二のブラックホールは、ロシアの「積極的手段」に対する失敗に関するものだ。これは、第一のブラックホールとは切り離し、軍事力ではなく政治的戦略による対応が必要となる。ロシアが多くの民主国家の内政に介入していることは、今では広く知られている。ロシアがプロパガンダやフェイクニュースを、インターネットやテレビ、ソーシャルメディアなど、あらゆるメディアを通して広めていることもよく知られている。

第三のブラックホールは、「空洞化した軍隊」に成り下がる危険を避けられずにいることだ。内部コストの際限のない増加が、イスラム国、イスラム過激派、北朝鮮、あるいはロシアと中国よりも、アメリカ軍にとっての大きな脅威となっている。

これらの戦略的なブラックホールを埋めてしまわなければならない。本書はそれぞれにどう対処すべきか、その方法を提案してきた。

◆

こうした警告が無視され、提案した救済行動がとられないとすれば、何が起こるだろう？　我々は最悪の事態に備えておいたほうがいい。

望もうと望むまいと、また、大失態や計算ミス、九・一一のような危機がなくても、防衛予算は支出に追いつけない。職業軍人たちのための支出の増加——給与と年金、医療保険——と、高性能の兵器のための支出により、コストの非対称は複雑な従来型戦力を必要としない敵に有利に傾く。その結果は明らかだ。西側諸国はヴェトナム戦争後のアメリカをむしばんだ「空洞化した軍隊」を再び抱えようとしている。

アメリカはこのむずかしい問題から抜け出す方法を考えなければならない。頭脳の代わりにドルに頼ることも、時代遅れの概念に頼ることも、その手段ではない。二〇一五年一〇月は、アジャンクールの戦いから六〇〇年を迎えた月だった。五〇〇〇から一万のヘンリー五世の軍隊が、何倍もの規模のフランス軍を撃破した。イギリス軍は長弓と悪天候で泥沼のようになった戦場のおかげで、フランスの騎兵隊を文字どおり、その場に釘づけにした。その戦闘から引き出される頭脳ベースの戦略アプローチは、こう問いかけることだろう。何が新しい「長弓」になるだろう？　そして、自分たちではなく敵がわなにはまるような将来の戦略地政学的な戦場を形作るには、どうしたらいいのだろうか？

頭脳ベース・アプローチは、好ましい結果を約束するわけではない。しかし、このアプローチを用いずに、二一世紀型の思考法を取り入れず、財政的制約も認識しなければ、アメリカは将来の戦闘と紛争で間違いなくあっさり敗北し、無能な「空洞化した軍隊」が舞い戻るだろう。それは、ヴェトナム、アフガニスタン、イラク、テロとの戦いの失敗が繰り返されることを意味する。しかし、誰が耳を傾け、誰が率いてくれるだろうか？　これらの問いの答えは一つしかない。アメリカ合衆国大統領である。もし歴史の教訓が一つだけあるとすれば、それはこうだ。我々の大統領が、自分たちが始めた、あるいは挑発した紛争や介入で軍事力を行使するたびに、アメリカは敗北するか失敗してきた。

この警告は、軍事力を決して使ってはならないとか、使うべきではないという意味ではない。第二次世界大戦で勝利するためには軍事力が必要だった。別の形ながら、冷戦でも軍事力は必要だった。一九九一年にサダム・フセインをクウェートから追放するためにも。ISや他の思想的な武装勢力との戦いでも、軍事力は必要だ。しかし、アフガニスタン、イラク、リビアへの介入が教えてくれたように、軍事力だけでは十分ではない。政府全体のアプローチが求められるのに、そのアプローチを考え出すことに我々はうまくいっていない。

さらに、武力行使の決定は、法律、道徳、政治の境界を越え、すべてに重くのしかかる。たとえば、拷問の採用はアメリカの価値観に反するもので、この方法を支持する者たちが何を言おうと、うまく機能していない。無人攻撃機は敵の戦闘員やテロリストを殺すことでは非常に有能だが、巻き添え被害は避けられず、それが間違いなくアメリカに敵対する組織の戦闘員獲得につながっている。いずれにしても、それより重要なことは、敵を殺すことでは勝利への道が開かれないことだ。指導者の「捕獲」作戦でさえ、大きなマイナス面がある。弁護士に、軍事的判断を下す最終的な責任を与えることはできない。司令官と最高司令官がその責任を保持しなければならない。しかし、そのための指針が今では曖昧になり、決して明快にはならないかもしれない。それもまた二一世紀の現実だ。

第二の警告も重要だ。トランプ大統領は、アメリカは軍を再建する必要があると宣言してきた。これはかなり大胆な発言だ。というのも、米軍はすでに世界で最強の軍隊だからだ。今は一九七五年ではない。しかし、軍が限界まで拡大されてきたというのは本当だ。兵器システムの近代化は、短期作戦の支出を優先するために先送りされてきた。軍の規模を増すことは、多くの人にとって重要に思えるかもしれない。世界を見渡せば、中国とロシアが勢いを増し、中国は近海の小さな島の軍事化を進め、ロシアはウクライナとシリアに介入している。しかし、国防総省はそれよりはるかに大きな国内の脅威に直面している。その脅威とは、ヴェトナム戦争後の「空洞化した軍隊」が二一世紀型になって舞い戻ってくることだ。これについてはすでに警告したが、ここでもう一度繰り返しておきたい。

大統領選挙中にウェブサイトに掲載されたトランプの軍増強計画は、陸軍と海兵隊の地上兵力を約九万増やし、合わせて七〇万弱にする、また空軍には戦闘機を一二〇〇機追加し、海軍は戦艦を二八〇から三五〇に増やすという内容だった。二〇一七年の国防予算は約六〇〇〇億ドルで、不足分を埋めるために海外緊急作戦経費（OCO）から四〇〇億ドルを引き出す。このトランプの計画は、少なくとも七〇〇〇億から八〇〇〇億ドルの国防予算につながる。

より多くの資金を使っても、それだけではうまくいかない。いま行動しなければ、アメリカの軍隊が再び「空洞化した軍隊」になることは避けられないだろう。ヴェトナム戦争後には、予算を国防以外の目的に回したことがその発端となった。今回の大きな原因は、国内の際限のないコストの増加だ。現在、アメリカは中国、ロシア、北朝鮮などの「同格の競合国」からイスラムのテロリストまで、さまざまな課題と脅威に直面している。イランも地域内では大きな脅威とみなされている。したがって、それぞれに適切に対処しなければならない。しかし、議会はインフレを上回る毎年の予算増額を承認して、より大きな軍隊のための資金を提供するつもりはない。「空洞化した軍隊」の徴候は、すでに目につき始めている。即応性、近代化、維持管理が弱体化しているのだ。

内部コストの増加が続く理由はたくさんある。高度に訓練され、装備も万全な、志願兵だけから成る軍隊は、非常に高くつく。目覚ましい軍事能力を与える新しいテクノロジーもそうだ。乱用を制限するために調達に関する数多くの規制を設けるのは、気が遠くなるほどの時間と費用がかかる。議会が基地の閉鎖など、軍の効率化のための対策を拒否していることも、組織的なコストの増加につながっている。

そうした状況下にありながら、国防総省が現在なんとかうまく機能していることは驚きでさえある。二〇一一年予算管理法で定められた国防予算と裁量支出の制限と、正気とは思えない「予算一律削減」に耐えなければならないのだから。もし支出が上限を上回れば、内政支出および国防支出に対して五〇対五〇ベースで予算削減が強制され、すべての経費項目に一律で適用しなければならない。戦車一台、戦闘機一機、戦艦一隻を一〇パーセントだけ少なく買うことなどできるはずがない。それでも、法律はそう定めている。議員たちはこの強制削減がいかに不合理であるかは十分に理解している。しかし、ひどい立法の結果がいつもそうであるように、この予算一律削減もまだ連邦法として残っている。

幸いにも、内部コストの増加は抑え込むことができる。新政権による国防予算の増加が始まる前に、注意深く分析し、なぜもっと大きな軍隊が必要なのか、それがどう国家の安全保障に貢献するのか、そして重要なこととして、どのようにその支出を賄い維持するのかを決めなければならない。議会はその解決策の一部になる必要がある。合理化と調達に関する規制、そして新たな基地閉鎖を総合的に考えることが不可欠だ。国防総省は人件費、つまり、給与、医療保険、年金などのコストを低く抑えなければならない。さらに、承認された新しい兵器システムの「必要項目が増えていく」こととと、そのコスト超過をコントロールしなければならない。プログラムが成功するか失敗するかの瀬戸際にならないかぎり、必要不可欠な項目は変更してはならない。

残念ながら、「陸軍を強化し海軍を維持する」うえでの「何を」、「なぜ」、「どのように」を定義する、政治＝官僚＝防衛＝産業複合体は、この破壊的な相互作用に無関心でいる。それが変革を妨げる大きな原因になっている。

◆

健全な戦略的思考の枠組みを作り上げ、すべての問題に十分な理解と知識で取り組み、優れた意思決定をできるようにしても、現在のプロセスに見られる曖昧さ、特異性、不合理さのすべてが自動的に正されるわけではない。これだけでは、壊れた政府を修復することはできない。しかし、この「新世界無秩序」の時代には、健全な戦略的思考と、事実と現実についての深い理解なしでは、悲劇的な結果は避けられない。このままでは、アメリカは今よりもっと安全を欠き、衰退し、世界の状況に積極的に関わることもずっと減っていくだろう。

選択をするのは我々自身なのだ。

解説　豊かな経験に支えられた「実践的知識」の書

中本義彦

本書の原題を直訳すれば、『失敗の解剖――なぜアメリカは自らが始める全ての戦争で負けるのか』（***Anatomy of Failure: Why America Loses Every War It Starts***）となる。はっとさせられるタイトルである。たしかにヴェトナム、イラク、ソマリア、アフガニスタン、リビアなど、第二次世界大戦後のアメリカによる武力行使は、多くの場合、完全に成功してきたとはいいがたい。しかもアメリカは、第二次世界大戦終結から本書が執筆された二〇一七年までの七二年のうち、実に三七年間をこうした「戦争」に費やしてきたというから驚きである。本書は、ほとんど誰も提示してこなかったこの重要でかつシンプルな事実を直視し、なぜアメリカが「失敗」続きなのかを「解剖」しようと試みている。

著者のハーラン・ウルマンは、ヴェトナム戦争への従軍をきっかけに軍、大学、ビジネス、シンクタンクの世界に身を置きながら長年にわたって歴代政権にアドヴァイスを続けてきたワシントンの大御所的存在。豊かな学識と実務経験を兼ね備え、どの政権とも適度な距離を保ちながら、率直に意見を具申してきた。本書でも、こうした著者のバックグラウンドがうまく生かされており、そこからわれわれは多くを学ぶことができる。

一読してまず印象づけられるのは、大統領として選ばれてきた人物の資質・経験不足を著者が実感をこめて指摘していることである。ケネディ、レーガンにも十分な資格があったとはいいがたいが、カーターにはそれがほとんどなかった。そしてさらに深刻なのは、一九九二年当選のクリントン以降の四人の大統領である。これらの人物は、たしかに選挙に勝つ能力はもっていた。しかしそれは、統治する能力とは違うのだと著者は強調する。

戦後アメリカの「失敗」の主因はあくまで最終的判断を下す大統領の資質にある。こう説く本書は、「失敗」の病巣を「組織」に見出しがちな日本人には新鮮に感じられるものであろう。

第二に印象的なのは、著者が「失敗」の根源的な理由を探ろうとしていることである。この意味では本書は、国際政治学の古典であるE・H・カーの『危機の二十年』（岩波文庫）やジョージ・ケナンの『アメリカ外交五〇年』（岩波現代文庫）に類似している。どの著書も、特定の政策のみならずそれを生み出した考え方を問題にしている。カーは第二次世界大戦の危機の深層を「ユートピアニズム」に、ケナンは二〇世紀前半のアメリカ外交の欠陥を「法律家的・道徳家的アプローチ」に見出している。同じように、本書は二〇世紀後半から現在に至るアメリカの武力行使に焦点を当て、その失敗の根本理由を「健全な戦略的思考」（sound strategic thinking）の欠如に求めているのである。

とはいえ、もし本書にパズルを解くカギのようなものを期待している読者がいるとすれば、落胆することになるであろう。「健全な戦略的思考」はその種のものではまったくない。それは、（一）状況についての深い理解と知識、（二）変わりゆく戦略的環境の理解、（三）政策の目的は相手の意思を変えることだという認識、の三つの要素を結びつける思考法である。「常識の範囲にとどまっている」とか「実行は不可能だ」といった批判の声がただちに聞こえてきそうな概念なのである。

しかし、よく考えてみよう。そもそも戦略的思考の要諦は、こうした常識（コモンセンス）を忘れないことにあるのではなかろうか。それを実行に移すことの、難しさと大切さの双方を認識することにあるのではないか。マキアヴェリからクラウゼヴィッツを経て永井陽之助に至るすぐれた戦略思想家が口をそろえて述べているように、それは厳密な一般原則に転化される「技術的知識」（technical knowledge）よりも、自分の経験と他人の立場に身を置く疑似経験を通してはじめて体得される「実践的・伝習的知識」（practical or traditional knowledge）に近いのではないか。

そう考えているからこそ著者は、「繰り返される失敗と（数少ない成功の）物語を語ること」に重心を置くと巻頭で宣明し、「自分の経験」とワシントンで間近に見た「他人の経験」を読者に語り聞かせようとしているのである。

物語は一九六〇年代から現在までの歴代大統領の対外政策をたどるかたちで進められており、読者は著者とともに戦後アメリカ外交史を簡単に振り返ることができる。そしてそのなかで語られる事件のひとつひとつに、(一)「状況を深く理解する」とはどういうことか、(二)「変わりゆく戦略的環境を理解する」とはどういうことか、(三)「相手の意思を理解し、それに影響を与える」とはどういうことか、という問いに対するヒントを見出すことができる。

ケネディが訴えた「ミサイル・ギャップ」とその真実、「ドミノ理論」とヴェトナムの現実、ニクソンの「秘策」とアメリカの政治状況、レーガンの「悪の帝国」とソ連の実態、W・ブッシュの「悪の枢軸」とそのイデオロギー性。いずれもよく知られた話ではあるが、個々の「状況を深く理解する」必要性を読者に十分に教えてくれる。

「変わりゆく戦略的環境」と「相手の意思」を理解する必要性についても同様である。前者については、「スターウォーズ計画」とアメリカ軍の「空洞化」、冷戦の終焉と「帯域幅問題」の浮上、冷戦後における「機能しない国家」とその危険、情報革命の到来と「相互確証混乱」の成立などが提示されている。そして後者については、北大西洋条約機構（NATO）拡大／弾道弾迎撃ミサイル（ABM）制限条約脱退とロシアの認識、サダム・フセインの大量破壊兵器査察拒否とその意図、オバマの「アジア・シフト」と中国の反応などが鋭く分析されているのである。

幸いにも、こうした物語の多くは比較的フェアに語られている。著者自身も述べているように、現在のアメリカでは民主党と共和党がともに極端な左寄りか右寄りに向かっており、ワシントンの政策アナリストたちのなかにも、そうした傾向に引きずられている人が少なくない。しかし、コリン・パウエル元国務長官、ジョン・ケリー元国務長官、ジェームズ・ジョーンズ元国家安全保障担当補佐官らが本書推薦の辞を書いていることからも推測されるように、著者の立場に党派的・イデオロギー的なところはほとんど見られない。あえていえば共和党寄りだが、間違いなく穏健派である。

そうしたフェアな眼をもつ著者ならではの人物評やエピソードも興味深い。レス・アスピンやドナルド・ラムズフェルドなどに対する評価は、当時のワシントンの雰囲気を少なくとも部分的に伝えるものであろう。また、イラク戦争の前に国連安保理に証拠として提出された音声が「原稿を読んでいるだけ」だったと判明するエピソードなどはショッキングでさえある。トランプ政権については、マティス国防長官とマクマスター国家安全保障担当補佐官を「常識」の持ち主とみなしているが、周知のように、その後、両者はともに事実上解任されている。

第三に、本書においてもっとも印象深いのは、著者がアメリカの武力行使の多くについてバランスのとれた判断を下していることである。これは簡単にできることではない。

というのも、およそあらゆる武力行使には、正否と成否の両方の判断が必要となる。国際社会に存在する主権や人権といった原則と照らし合わせてみて、その武力行使は正当化されうるのか。そして、その武力行使は、結果的に国際秩序の形成や国益の追求に資するのか。原則と結果の二つのレベルの判断が必要となるが、厄介なことに両者は緊張関係にあることが多い。つまり、原則を追求すれば結果が出ないし、結果を出そうとすれば原則がなおざりになってしまう。

しかもここでいう原則も結果も、大きな問題を内包している。まず人権と主権は、これまた緊張関係にある。多くの場合、人権を守ろうとすれば主権を侵害することになるし、主権を尊重しようとすれば人権侵害を無視してしまうことになる。そして「結果」といっても、それはあくまでも予測しうる結果であり、情勢が絶えず動くだけに前もって結果を見きわめることはむずかしい。つまり、「慎慮」(prudence)が不可欠となる。

こうして、武力行使を判断する際には、原則と結果、人権と主権の間のバランスをとる感覚が重要になる。そして、少なくとも、相手国の国内秩序、相手国が位置する地域の秩序、そして国際社会全体の秩序に対する目測力と責任感が求められる。戦争の目的は、あくまでもよりよい平和の達成であり、人を殺すこと(ボディカウント)ではない。著者がいうように、「武力行使の決定は、法律、道徳、政治の境界を越え、すべてに重くのしかかる」のであり、本書はこうした視点をほとんどのケースについて忘れていないと思われるのである。

H・W・ブッシュの湾岸戦争は数少ない成功例であり、ケネディ／ジョンソン／ニクソンのヴェトナム、W・ブッシュ以降のイラクとアフガニスタンは最悪に近い失敗例である。ここまでは多くの読者にとっても、かなりの程度明白であろう。むしろ興味深いのは、その他の曖昧なケースについての本書の評価である。著者は、一九九二年のソマリアと二〇一一年のリビアを「正しい理由による武力介入であっても失敗に終わった痛恨の例」と呼ぶ。ユーゴスラビアについては、ソマリアの経験を引きずるクリントンに同情しながらも、地上軍投入（の脅し）を提案するクラーク将軍に賛意を示している。オサマ・ビンラディン殺害の決断については同意する一方で、無人攻撃機による「捕獲か殺害か」には反対。シリア内戦への不介入については留保つきで賛成。トランプとは異なり「イラン核合意」を高く評価しているから、この国への武力行使には反対することが予想される。

むろん読者はこうした著者の判断のすべてに同意する必要はなかろう。しかし、その背後にすぐれた「実践的知識」があることは認めるべきであろう。

本書との対話によって、読者はこの「実践的知識」を感じとることができる。そしてそれを踏まえたうえで、自分自身の戦略的センスを磨いていくことができるのである。

（なかもと・よしひこ　静岡大学教授／国際政治学）

主要参考文献

Caro, Robert A. *Master of the Senate: The Years of Lyndon Johnson*. New York: Alfred A. Knopf, 2002.

Chollet, Derek. *The Long Game: How Obama Defied Washington and Redefined America's Role in the World*. New York: PublicAffairs, 2016.

Halberstam, David. *The Best and the Brightest*. New York: Random House, 1972.〔浅野輔訳『ベスト&ブライテスト』、サイマル出版会、一九七六年〕

International Institute for Strategic Studies. *The Military Balance*. Published annually.

Powell, Colin, with Joseph E. Persico. *My American Journey: An Autobiography*. New York: Random House, 1995.〔鈴木主税訳『マイ・アメリカン・ジャーニー』、角川書店、一九九五年〕

Ullman, Harlan K. *A Handful of Bullets: How the Murder of Archduke Franz Ferdinand Still Menaces the Peace*. Annapolis, Md.: Naval Institute Press, 2014.

Woodward, Bob. *State of Denial: Bush at War*. Part III. New York: Simon & Schuster, 2006.〔伏見威蕃訳『ブッシュのホワイトハウス』、日本経済新聞出版社、二〇〇七年〕

リース，デイヴィッド 27
リーデル，ブルース 251
リックス，トマス 227
リッコーヴァー，ハイマン 87, 88
リッパート，マーク 240
リーヒ，ウィリアム 163
ルーズヴェルト，セオドア 121
ルーズヴェルト，フランクリン 38, 39, 41, 51, 163, 236, 294
ルメイ，カーティス 57
レ・スアン，ヌー・チャン 60
レイク，アンソニー 163
レーガン，ナンシー 104
レーガン，ロナルド 39, 92, **94-129**, 132-135, 139, 163, 169, 194, 207, 212, 217, 221, 270, 280, 299, 304, 305, 314
レーマン，ジョン 121, 123, 124
ローヴ，カール 204
ロジャーズ，ウィリアム 135
ロストウ，ウォルト 58, 68, 73
ロバートソン，ジョージ 211
ロング，ロバート・L・J 112
ロンメル，エルヴィン 200, 201
ワイン，グレヴィル 49
ワインバーガー，キャスパー 100, 106, 112, 127
ワシントン，ジョージ 37, 41
ワトキンス，ジェームズ 94, 109, 121

224, 225
ブロストロム，デイヴィッド 14
ベアード，ゾーイ 165
ヘイグ，アレクサンダー 112
ベーカー，ジェームズ
104, 132, 143, 149, 150, 154, 228
ヘーゲル，チャック 240
ヘクマティヤール，グルブッディーン
118
ペトレイアス，デイヴィッド
229, 239
ペリー，ウィリアム 182
ペロー，ロス 157, 161
ペロシ，ナンシー 228
ペンコフスキー，オレグ 48, 56
ペンス，マイク 286
ポインデクスター，ジョン 106
ホー・チ・ミン 76
ホーナー，チャック
142, 145, 153, 174, 176
ホフマン，スタンレー 63
ホロウェイ，ジェームズ 106

［マ行］

マイヤーズ，リチャード 208, 238
マクドノー，デニス 240
マクナマラ，ロバート 48-51, 53, 54, 62, 64, 67, 68, 70, 195, 286, 306
マクファーレン，ロバート・バド
104-106
マクマスター，H・R 286, 288
マクリスタル，スタンリー
279, 254, 255
マケイン，ジョン 234, 236, 238
マーシャル，ジョージ 163
マスキー，エドマンド 107, 133
マッカーサー，ダグラス 219, 303
マティス，ジム 285, 288
マトロック，ジャック 195
マーフィー，ジェームズ 32
マリン，ロバート 31
ミッチェル，ジョージ 143, 147
ミロシェヴィッチ，スロボダン
185-189
ミン，ズオン・バン・ビッグ
60, 61, 71
ムバラク，ホスニ 249
ムルシ，ムハンマド 249
メイヤー，エドワード・C・シャイ
120, 121, 123-125
メドヴェージェフ，ドミトリー
233, 234, 262
メトカーフ，ジョゼフ 113
モーガン，トーマス 174
モーラー，トーマス・H 82
モサデク，モハンマド 52

［ヤ・ラ・ワ行］

ヤヌコーヴィチ，ヴィクトル
263, 264
ヨーソック，ジョン 145
ライス，コンドリーザ
203, 204, 216, 218
ライス，スーザン 240, 271
ラヴロフ，セルゲイ 262, 270, 287
ラスク，ディーン 58, 62, 68
ラムズフェルド，ドナルド 101, 145, 174, 203, 207-209, 211-213, 215-217, 225-228, 231, 232, 238, 239, 310
リーガン，ドナルド 104

ナンス，マルコム 222, 223
ニクソン，リチャード
31, 39, 50, 52, **77-84**, 100, 102, 105, 129, 130, 133, 135, 203, 298, 311
ネグロポンテ，ジョン 222
ネタニヤフ，ベンヤミン 246
ノース，オリヴァー 105
ノリエガ，マヌエル 136, 138-140
ノリス，チャールズ 20-22

［ハ行］

ハウ，ジョナサン 137, 174, 180
パウエル，コリン
32, 106, 124-126, 128, 133, 134, 145, 147-149, 154-156, 158, 159, 163-168, 172, 180, 191, 198, 203, 204, 214, 216, 218-220, 222, 224, 225, 231
ハザン，ローレンス・ムティブ
258
パシャ，アフメド・シュジャ 275
ハース，リチャード 237
パターソン，リチャード 14
ハッカニ，ジャラルディン 118
ハッカニ，フセイン 242, 275, 276
ハート，ゲイリー 195
パネッタ，レオン 239, 240
ハミルトン，リー 228
ハリルザド，ザルメイ 214
ハルバースタム，デイヴィッド 59
バーレ，モハメド・シアド 178
パワーズ，フランシス・ゲーリー
272
ハンフリー，ヒューバート 77, 78
ビショップ，モーリス 113
ビッセル，リチャード 52, 63
ビンラディン，オサマ
199, 205, 211-213, 241, 242, 256, 272, 276, 279, 310, 316
フィリップス，ジェリー 14
フセイン，アシム 243
プーチン，ウラジーミル
195-197, 207, 233, 234, 241, 260, 262, 263, 267, 268, 270, 305, 318
ブッシュ，ジョージ・H・W
35, 40, 43, 44, 117, 128, 129, **130-160**, 161, 162, 166, 171, 178, 179, 190, 192, 195, 196, 295, 296, 301, 304
ブッシュ，ジョージ・W
40, 41, 118, 120, 196, **202-235**, 236-239, 241, 253, 255, 256, 263, 272, 277-279, 283, 284, 288, 298-300, 315
ブット，ズルフィカル 119, 272
ブット，ベナジル 243, 272, 274
ブーマー，ウォルター・E 150
ブラック，コーファー 212
ブラッドリー，ビル 195
フランクス，トミー 216, 224, 226
フランクス，フレデリック・M
150, 152, 174, 176
フランジア，アーニー 20, 21, 27
ブリードラヴ，フィリップ 264
フリーマン，オーヴィル 62
フルシチョフ，ニキータ
49, 50, 55-58, 64, 65, 264, 304
ブレア，デニス 286
ブレジネフ，レオニード
58, 79, 85, 98, 110
ブレジンスキー，ズビグニュー
84, 85, 87, 88, 163
ブレマー，L・ポール・“ジェリー”

サッチャー，マーガレット
107, 114, 115, 234
ザルダリ，アーシフ・アリ
243-245, 272, 275, 276
サンズ，ユージン 26
ジア，ウル＝ハク 119, 272, 273
ジエム，ゴ・ディン 60, 61, 65
シェルトン，ヒュー 188, 208, 212
シェワルナゼ，エドゥアルド 233
ジニ，トニー
200, 201, 217, 221, 224
ジャフィー，ローナ・S 156
シュミット，スティーヴ 235
シューメイカー，ピーター・J
232
シュルツ，ジョージ 112
シュレシンジャー，ジェームズ・R
82, 135, 157-159, 170
シュワルツコフ，ノーマン
145, 149, 150, 153, 154,
昭和天皇 307
ジョーンズ，ジェームズ
238-240, 243, 251, 255, 286
ジョンソン，リンドン
67-77, 83, 129
スクーン，ポール 113
スコウクロフト，ブレント
99, 107, 133, 134,
145, 148, 159, 163, 188, 203, 218, 327
スノーデン，エドワード 316
スミス，ラリー 168, 170
スミス，レイトン・“スナッフィー”
174
ズムウォルト，エルモ・バド
22, 86, 122, 124, 126, 156
セドラ，ラウル 191
ソラナ，ハビエル 185
孫子 75, 177, 321

［タ行］

ターナー，スタンスフィールド
86, 88
ダレス，アレン 49, 52, 63
チェイニー，ディック（リチャード）
132,
133, 143, 145, 151, 155, 156, 203, 204,
206, 214-217, 220, 225, 228, 229, 231
チャーチル，ウィンストン
268, 302
チャラビ，アフマド 224, 225
チョレット，デレク 251
デイ，J・エドワード 62
デイヴィス，レイモンド
242, 273-276
ティラーソン，レックス 285
ディロン，ダグラス 62
テネット，ジョージ 203, 212, 222
ド・ゴール，シャルル 62
ドニロン，トム 240
ドビンズ，ジェームズ 214
トランプ，ドナルド
41, 78, 138, 245-283,
284-292, 295, 301, 311, 312, 331, 332
トルーマン，ハリー 39, 43, 59, 304

［ナ行］

ナジーブッラー，ムハンマド
101, 118
ナン，サム
132, 147, 148, 165, 191, 195, 198

カダフィ，ムアンマル 116, 117, 127, 236, 257, 283, 295
カード，アンドリュー 210
ガーナー，ジェイ 224, 225
カルザイ，ハミド 214, 255
カールッチ，フランク 106, 134
カロ，ロバート 70
ギアンバスティアニ，エドモンド 215
キスリャク，セルゲイ 286, 287
キッシンジャー，ヘンリー 79, 82, 83, 105, 133, 135, 163
金正恩 234
キャメロン，デイヴィッド 249
ギャリソン，ウィリアム・F 180
キャンベル，ハロルド・N 161
キーン，ジャック 227, 229, 232
クイック，ジーン 11, 16
クエール，ダン 134, 158, 159
クライル，ジョージ 117
クラーク，ウィリアム 104, 105
クラーク，ウェズリー・K 185, 187-189
クラウゼヴィッツ，カール・フォン 29, 297, 317, 319
グラスピー，エイプリル 141, 144
クリストファー，ウォーレン 164
クーリッジ，カルヴィン 162
クリントン，ヒラリー 165, 237, 239, 240, 262
クリントン，ビル 40.41, 137, 157, 158, 160, **161-201**, 203, 239, 288, 301
クレキッチ，アレックス 21
クレシ，マフムード 274
クロウ，ウィリアム・J 88, 125, 133
クロンカイト，ウォルター 60, 72, 83
ケイシー，ウィリアム 98, 100
ケイシー，ジョージ 279
ゲーツ，ロバート 228, 238, 239, 309
ケネディ，エドワード・M 92
ケネディ，ジョセフ・P 51
ケネディ，ジョン・F 39, 44, **48-66**, 70, 73, 89, 122, 129, 206, 234, 299, 304, 305
ケネディ，ロバート 78
ゲラシモフ，ワレリー 289-291
ケリー，ジョン・フォーブス 220, 221, 240, 258, 270, 271, 275, 276, 305
ケリー，ジョン・フランシス 285
ケリー，P・X 93, 121
コーエン，ウィリアム 175, 178, 238
ゴードン，マイケル 165
コマー，ロバート 28, 123
コミー，ジェームズ 287
ゴルバチョフ，ミハイル 98-100, 111, 126, 159, 192, 195, 196, 234, 304
コルビー，ビル（ウィリアム） 98

［サ行］

サアカシュヴィリ，ミヘイル 233
サダト，アンワル 82
サダム・フセイン 40, 101, 102, 117, 118, 127, 130, 135, 140, 142-144, 146-151, 153-155, 159, 162, 176, 199, 200, 205, 217, 219-223, 225-227, 229-231, 234, 235, 297, 299, 301, 315, 331

人名索引

ゴチックは主対象となっているページを示す。

［ア行］

アイゼンハワー，ドワイト・D　24, 39, 49, 52, 54, 55, 59, 62, 63, 77, 89
アイディド，モハメド・ファラ　179-182
アインシュタイン，アルベルト　46, 122
アサンジ，ジュリアン　316
アスピン，レス　146, 147, 162-164, 166-170, 180-182
アット，オスマン・アリ　180
アーミテージ，リチャード　204, 216, 222, 225
アリスティド，ジャン＝ベルトラン　191
アル・アサド，バッシャール　99, 249, 250, 257, 259-263, 267, 283, 315
アレン，ジョン　258, 259
アレン，ディック（リチャード）　97, 104
アングルトン，ジェームズ　49, 64
アントノフ，アナトリー　268-271
イエイツ，サリー　287
ヴァン，ジョン・ポール　8
ウィートン，ウォード　170
ウィルソン，チャーリー　118, 212
ウェイド，ジェームズ・P　174
ウェストモーランド，ウィリアム　67
ヴォー・グエン・ザップ　74
ウォルフォウィッツ，ポール　155, 156, 214, 216, 220, 231, 232
ウッド，キンバ　165
ウッドワード，サンディ　107
ウッドワード，ボブ　212, 219, 238, 239
ウールジー，ジェームズ　163
エドニー，レオン・A・バッド　174
エマニュエル，ラーム　240
エリツィン，ボリス　159, 192, 195, 196
エルドアン，レジェップ・タイイップ　287
エンダラ，ギジェルモ　139, 140
オースティン，ロイド　259
オバマ，バラク　41, 197, 229, 234, 235, **236-284**, 286, 298, 300, 301, 306, 309, 315
オルブライト，マデレーン　162

［カ行］

カストロ，フィデル　52, 54
カーター，アシュトン　240, 271, 280, 282, 308
カーター，ジミー　39, **87-93**, 99, 117, 121, 129, 191, 198

著者

ハーラン・ウルマン（Harlan K. Ullman）

米戦略国際問題研究所（CSIS）、アトランティック・カウンシルのシニア・アドバイザー。1941年生まれ。米海軍士官学校卒業。ハーバード大学（国際政治・金融）、タフツ大学（法律・外交）で博士課程修了。安全保障の専門家として、米政府や経済界に助言し、米国内外のメディアに出演している。米国国防大学特別上級顧問、欧州連合軍最高司令官管轄下の戦略諮問委員会メンバーも務める。著書に *America's Promise Restored: Preventing Culture, Crusade, and Partisanship from Wrecking Our Nation* (2006, Carroll & Graf), *A Handful of Bullets: How the Murder of Archduke Franz Ferdinand Still Menaces the Peace* (Naval Institute Press, 2014) ほか。

監修者

中本義彦（なかもと・よしひこ）

静岡大学教授。1965年生まれ。ヴァージニア大学政治学部博士課程修了、Ph. D.（国際関係論）。著書に『政治学をつかむ』（有斐閣・共編著）、訳書に『スタンレー・ホフマン国際政治論集』（勁草書房）、『エリック・ホッファー自伝』（作品社）、パトリシア・オーウェンズ『戦争と政治の間』（岩波書店・共訳）ほか。

訳者

田口未和（たぐち・みわ）

翻訳家。上智大学外国語学部卒業。新聞社勤務を経て翻訳業に就く。主な訳書にトム・ミラー『中国の「一帯一路」構想の真相』、ティム・マーシャル『国旗で知る国際情勢』、シャーン・エヴァンズ『フォト・ストーリー 英国の幽霊伝説』（以上、原書房）、マイケル・フリーマン『デジタルフォトグラフィ』（ガイアブックス）ほか。

装幀　中央公論新社デザイン室

ANATOMY OF FAILURE
by Harlan K. Ullman

アメリカはなぜ戦争《せんそう》に負《ま》け続《つづ》けたのか
——歴代大統領《れきだいだいとうりょう》と失敗《しっぱい》の戦後史《せんごし》

2019年8月10日　初版発行

著　者　ハーラン・ウルマン
監修者　中 本 義 彦
訳　者　田 口 未 和
発行者　松 田 陽 三
発行所　中央公論新社
〒100-8152　東京都千代田区大手町 1-7-1
電話　販売 03-5299-1730　編集 03-5299-1740
URL http://www.chuko.co.jp/

DTP　市川真樹子
印　刷　大日本印刷
製　本　大口製本印刷

Published by CHUOKORON-SHINSHA, INC.
Printed in Japan　ISBN978-4-12-005224-8 C0031

中央公論新社既刊から

失敗の本質
――日本軍の組織論的研究

戸部良一
野中郁次郎ほか著

大東亜戦争での諸作戦の失敗を、組織としての日本軍の失敗ととらえ直し、これを現代の組織一般にとっての教訓あるいは反面教師として活用することを狙いとした本書は、学際的な共同作業による、戦史の初の社会科学的分析である。ロングセラー。

中公文庫

アメリカ海兵隊
――非営利型組織の自己革新

野中郁次郎著

一七七五年に英軍を模して創設されたアメリカ合衆国海兵隊は、独立戦争以来、重要な任務を遂行し、自らの存立を懸けて新たな戦術を考案し、組織の自己革新をなしとげた。本書は、その戦績をたどりながら、「最強組織」とは何なのかを分析する試みである。

中公新書

知的機動力の本質
――アメリカ海兵隊の組織論的研究

野中郁次郎著

ロングセラー『失敗の本質』と『アメリカ海兵隊』の新たなる展開。本書は二つの前著の問題意識をさらに発展・交差させて「知的機動力」に焦点を当て、最強の軍事組織の強さの秘訣を解き明かす。経営学の泰斗による研究の集大成。『ウォーファイティング』の邦訳を併録。

単行本

組織の不条理
——日本軍の失敗に学ぶ

菊澤研宗著

個々の人材は優秀なのに、組織となると不条理な方向に突き進んでしまう。現代日本においても、あらゆる組織に見られるこの病理の根源は何か。旧日本軍の「失敗」を「取引コスト理論」「エージェンシー理論」「所有権理論」など最新経済学理論での分析を通して追究。

中公文庫

新編　現代と戦略

永井陽之助著

政治的リアリズムの立場から戦後の経済重視・軽武装路線を「吉田ドクトリン」と定義づけ、軍事的リアリストへの批判を展開した国家戦略論の名著。岡崎久彦による反論、永井・岡崎対論「何が戦略的リアリズムか」を併録し、白熱の論争を再現する。文藝春秋読者賞受賞。

中公文庫

歴史と戦略

永井陽之助著

戦略を研究し戦史を読むことは人間性を知ることにほかならない——。クラウゼヴィッツ『戦争論』を中核とした戦略論入門に始まり、山本五十六の真珠湾奇襲、チャーチルの情報戦、レーニンの革命とヒトラーの戦争など、愚行の葬列である戦史に「失敗の教訓」を探る。

中公文庫

中央公論新社既刊から

国連事務総長
――世界で最も不可能な仕事

田　仁揆著

自ら指揮する軍隊も統治する人民も領土も持たない国連事務総長。東西冷戦下、そして冷戦終焉後の国際情勢のなかで、彼らはアメリカやソ連など超大国、あるいは第三世界の諸国とどのように対峙したのか。国際平和に貢献するとはどういうことなのか。四半世紀にわたり国連に奉職した著者が、「レジェンド」となったダグ・ハマーショルド、ノーベル平和賞を受賞したコフィ・アナンら歴代八人の事績と現職アントニオ・グテーレスの選考過程を辿って描く「もうひとつの戦後世界史」。

組織の不条理
——日本軍の失敗に学ぶ

菊澤研宗著

個々の人材は優秀なのに、組織となると不条理な方向に突き進んでしまう。現代日本においても、あらゆる組織に見られるこの病理の根源は何か。旧日本軍の「失敗」を「取引コスト理論」「エージェンシー理論」「所有権理論」など最新経済学理論での分析を通して追究。

中公文庫

新編　現代と戦略

永井陽之助著

政治的リアリズムの立場から戦後の経済重視・軽武装路線を「吉田ドクトリン」と定義づけ、軍事的リアリストへの批判を展開した国家戦略論の名著。岡崎久彦による反論、永井・岡崎対論「何が戦略的リアリズムか」を併録し、白熱の論争を再現する。文藝春秋読者賞受賞。

中公文庫

歴史と戦略

永井陽之助著

戦略を研究し戦史を読むことは人間性を知ることにほかならない——。クラウゼヴィッツ『戦争論』を中核とした戦略論入門に始まり、山本五十六の真珠湾奇襲、チャーチルの情報戦、レーニンの革命とヒトラーの戦争など、愚行の葬列である戦史に「失敗の教訓」を探る。

中公文庫

中央公論新社既刊から

国連事務総長
——世界で最も不可能な仕事

田　仁揆著

自ら指揮する軍隊も統治する人民も領土も持たない国連事務総長。東西冷戦下、そして冷戦終焉後の国際情勢のなかで、彼らはアメリカやソ連などの超大国、あるいは第三世界の諸国とどのように対峙したのか。国際平和に貢献するとはどういうことなのか。四半世紀にわたり国連に奉職した著者が、「レジェンド」となったダグ・ハマーショルド、ノーベル平和賞を受賞したコフィ・アナンら歴代八人の事績と現職アントニオ・グテーレスの選考過程を辿って描く「もうひとつの戦後世界史」。